Inviolabilidade Parlamentar
DO SENADOR AO VEREADOR

V549i   Veronese, Osmar
          Inviolabilidade parlamentar: do senador ao vereador / Osmar Veronese. – Porto Alegre: Livraria do Advogado Ed., 2006.
          171 p.; 23 cm
          ISBN 85-7348-419-5

          1. Inviolabilidade parlamentar. I. Título.

                                                CDU - 342.534.2

Índice para o catálogo sistemático:
Inviolabilidade parlamentar

(Bibliotecária responsável: Marta Roberto, CRB-10/652)

OSMAR VERONESE

Inviolabilidade Parlamentar
DO SENADOR AO VEREADOR

Porto Alegre, 2006

© Osmar Veronese, 2006

Revisão de
Rosane Marques Borba

Capa, projeto gráfico e diagramação de
Livraria do Advogado Editora

Direitos desta edição reservados por
Livraria do Advogado Editora Ltda.
Rua Riachuelo, 1338
90010-273 Porto Alegre RS
Fone/fax: 0800-51-7522
editora@livrariadoadvogado.com.br
www.doadvogado.com.br

Impresso no Brasil / Printed in Brazil

Aos meus pais, pelo desejo de que os filhos estudassem.
Ao(s) meu(s) filho(s), para que a falta desperte o desejo de aprender.

AGRADEÇO

A Luciane, por compartilhar sonhos e interlocuções.

Aos professores do Doutorado de Valladolid,
em especial aos Drs. Fernando e Juan,
exemplos de saber e humildade.

A Márcia e Luciano, por indicarem caminhos.

A Pavlova, Jonas, Romeu e Artur, por suavizarem a caminhada.

Aos servidores da Procuradoria da República de Santo Ângelo,
pelo constante auxílio.

Ao Ministério Público Federal,
pela inteligência de possibilitar intercâmbios enriquecedores.

A todos os que, mesmo não nominados,
auxiliaram neste percurso.

Não concordo com uma só palavra do que dizeis, mas defenderei até a morte vosso direito de dizê-lo.

Voltaire

Prefácio

Me propone Osmar Veronese que prologue su trabajo sobre la inviolabilidad de los representantes políticos y accedo gustosamente a ello. La satisfacción de encontrarme en esta tesitura deriva de dos circunstancias. La primera, la amistad que me une con el autor, que hace que la tarea encomendada, lejos de ser una carga, se me presente como la grata culminación, en cierto modo, de una labor intelectual profundamente rigurosa que he tenido el placer – y la fortuna, no lo oculto – de seguir de forma muy próxima. La segunda, porque el trabajo se proyecta sobre un ámbito, el *status* de los representantes políticos, especialmente querido para mí y sobre el que he tenido la oportunidad de investigar durante largo tiempo.

1. El autor ha planteado su investigación, metodológicamente, como un diálogo entre dos ordenamientos jurídicos, entre el Derecho brasileño y el español. Ordenamientos que, en la materia que nos ocupa, tratan de encontrar acomodo en la lógica de los Estados constitucionales contemporáneos. En efecto, en el vigente periodo constitucional español, el Tribunal Constitucional ha tenido que desplegar una extensa labor jurisprudencial para tratar de hacer compatibles las tradicionales prerrogativas de los parlamentarios, esto es, la inviolabilidad, la inmunidad y el aforamiento o fuero especial (no reconocidas, por cierto en España, a los representantes locales) con la existencia de los derechos fundamentales previstos en la propia Constitución, singularmente, los derechos al honor (artículo 18.1 de la Constitución española de 1978) y el derecho a la tutela judicial efectiva (artículo 24.1 de la misma norma).

En esta situación de *reconstrucción* jurisprudencial de las prerrogativas parlamentarias parecía que los contornos de la inviolabilidad habían quedado nítidamente fijados por el Máximo intérprete de la Constitución, poniendo éste especial énfasis en que las opiniones inviolables se hubieran emitido en el ejercicio de la función parlamentaria. Parecía, en fin, que los auténticos problemas de acomodo constitucional, de una construcción *constitucionalmente adecuada*, se planteaban más bien con respecto de la inmunidad parlamentaria, como son buena muestra algunas reformas constitucionales en países de nuestro entorno en orden a restringir los contornos de la prerrogativa (Italia sería, en este sentido, el ejemplo capital), o también la progresiva jurisprudencia constitucional española, que viene exigiendo, primero, que el pronunciamiento de la Cámara contrario al procesamiento de un parlamentario sea motivado (sentencia 90/1985, de 22 de julio, *asunto Barral*) y, por fin, más adelante, que esa motivación sea adecuada en términos constitucionales con el objeto de no lesionar los derechos fundamentales del querellante (sentencia 206/1992, de 27 de noviembre, *asunto Hormaechea*).

2. Para no perder de vista el *contexto del texto*, conviene recordar que el Derecho parlamentario se resiste aún, en parte, a ser comprendido según los cánones del Estado constitucional contemporáneo. Resistencia que se asienta en numerosos dogmas (a veces, incluso, mitos) entre los que trata de sobrevivir, casi desesperadamente, la vieja teoría de los *interna corporis acta* (o, si se prefiere, la versión continental de los *internal proceedings* del Parlamento británico). La resistencia sorprende, incluso, en sistemas como el español, en el que el Tribunal Constitucional, a través de la vía rituaria que le brinda el recurso de amparo contra actos no normativos de las Cámaras que lesionen derechos fundamentales, no ha tenido ningún reparo en fiscalizar la constitucionalidad, a efectos del respeto a los derechos fundamentales, de numerosos actos parlamentarios. La trascendencia de dicha jurisprudencia (en términos *inter partes* en el marco del proceso de amparo) no ha sido exclusivamente interna, entre *actores* del Parlamento, como sucede con los recursos de amparo interpuestos por los parlamentarios a los que se ha negado, por ejemplo, la utilización de una determinada fórmula para hacer efectivo el deber de juramento o promesa de acatar la Constitución (Sentencia 119/1990, de 21 de junio, *asunto Juramento de los Diputados de Herri Batasuna II*) o se les ha inadmitido, por la correspondiente Mesa de la Cámara, solicitudes de información o iniciativas parlamentarias de diversa índole. Y no ha sido exclusivamente interna porque, precisamente en el ámbito de las prerrogativas parlamentarias, lo que se ha contrapuesto es la actividad de las Cámaras con los derechos de ciudadanos ajenos a las mismas. En consonancia con lo expuesto, a la hora de realizar la oportuna ponderación, el órgano español de justicia constitucional se ha decantado, en materia de inviolabilidad parlamentaria, por acoger "la comprensión más estricta de la prerrogativa" con la finalidad de no convertirla en un privilegio que pudiera invocarse para justificar la lesión de derechos de terceros.

Pues bien, en un determinado momento del trabajo que ahora prologo, el autor, con evidente humor, opone metafóricamente la imagen de la certeza y la seguridad jurídica, como una ordenada parada militar, a la de la existencia de una jurisprudencia vacilante, incluso contradictoria, en la materia como una "samba en plaza pública". Asumiendo la inquietud de Osmar Veronese por el problema, apunto ahora otro quizá previo al anterior: conciliar la lucha contra las *inmunidades del poder*, en el seno del Estado constitucional, con el riesgo de la judicialización del Parlamento. Este último riesgo ha sido ya señalado hace tiempo, entre nuestra doctrina, por Alfonso Fernández-Miranda, quien deriva la cuestión de tres circunstancias: la naturaleza de las Cámaras parlamentarias como órganos constituidos (ya no soberanos) y, por ello, sometidas al ordenamiento jurídico; la necesaria protección a las minorías parlamentarias (la vieja relación dialéctica entre el Legislativo y el Ejecutivo ha sido sustituida por la relación dialéctica entre mayoría y minoría); y, por último, la tendencia a atribuir al poder judicial, como control externo, la solución de conflictos en los que haya de recabarse la tutela de derechos. La consecuencia de todo ello, si el control externo llega a convertirse en *activismo judicial*, es la degradación de la autonomía parlamentaria.

Y, sin embargo, el autor no muestra ningún entusiasmo en adscribirse a un fácil antiparlamentarismo (no tomo, aquí, el término en relación con una concreta forma de gobierno), en caer en los brazos de una construcción que busque otorgar legitimidad a unos jueces *demiúrgicos* que ordenan la realidad jurídica –y la social– a partir del *kaos* originado por los políticos (legitimidad, por cierto, en términos democráticos no conferida por las urnas). Soy consciente de que esa tentación puede ser poderosa a la luz de determinadas situaciones sociopolíticas muy concretas. Una vez más, el rigor intelectual de Osmar Veronese le lleva a renunciar a construir el Derecho (con mayúsculas) desde la coyuntura. Más al contrario, se advierte en el autor una honesta – y sana– intención en reivindicar la adecuada posición jurídica de los representantes políticos en el seno del Estado constitucional, sin la cual, seguramente, se debilite irremediablemente la cláusula *democrática* de dicho Estado.

3. Es cierto que el presente trabajo trasciende del ámbito parlamentario en sentido estricto para abarcar una realidad más amplia, la de los representantes políticos brasileños, en la que esta prerrogativa se extiende a los *vereadores* municipales, dado que, formalmente, el Estado brasileño se conforma como un federalismo de tres niveles. Y creo que, en este sentido, las sólidas observaciones que realiza Osmar Veronese, bien podrían ser la base para un futuro estudio más amplio sobre el *status* de los representantes locales que, a pesar de su *apariencia* parlamentaria, es necesario dotar de perfiles propios, a partir de la singular posición del municipio en relación con el estado y con la propia federación. Por todo ello, deseo que este trabajo tenga una doble naturaleza, de un lado, como señalaba al principio de este prólogo, es la conclusión de un periodo de investigación que el autor

ha desarrollado vinculado a la Universidad de Valladolid. De otro lado, anuncia el comienzo de una investigación más ambiciosa aún.

* * *

No quisiera concluir estas líneas sin aprovechar la oportunidad que se me brinda para indicar que el autor, Osmar Veronese, pertenece a un brillante grupo de Procuradores de la República que han escogido la Facultad de Derecho de la Universidad de Valladolid, y más concretamente el programa de doctorado en Derecho Constitucional, para ampliar su formación de postgrado. Todos ellos han dado muestra de una dedicación – y pasión – por las tareas investigadoras verdaderamente ejemplar. Y en este marco hay que entender el trabajo que ahora se publica, fruto de innumerables lecturas sí, pero también de numerosos intercambios de opiniones y debates, por lo tanto, en la mejor tradición universitaria.

Dr. Juan Fernando Durán Alba
Profesor de Derecho Constitucional
Universidad de Valladolid
(Valladolid, España, 12 de marzo de 2006)

Sumário

Introdução	17
1. A inviolabilidade parlamentar na história: buscando sentido e orientação nos rastros históricos	21
1.1. As raízes romana e inglesa de inviolabilidade	21
1.1.1. Precedentes antigos	23
1.1.2. Precedentes medievais	24
1.2. O instituto desenhado no seio do constitucionalismo francês	35
1.3. A evolução da matéria na Espanha	39
1.4. Os passos da inviolabilidade em terra *brasilis*	42
2. Na busca de compreender a inviolabilidade parlamentar	51
2.1. Inviolabilidade de atos contextualizados	55
2.1.1. No intento de ordenar	60
2.1.1.1. Atos albergados na inviolabilidade	99
2.1.1.2. Atos não protegidos pelo instituto	64
2.1.1.3. Atos invioláveis ou não, de acordo com a leitura feita da garantia	67
2.2. Descortinando seus caracteres	73
2.2.1. A proteção é jurídica	73
2.2.2. O alcance é perpétuo	76
2.2.2.1. A inviolabilidade e o seu tempo	77
2.2.3. Proteção irrenunciável	81
2.2.4. Garantia absoluta	82
2.2.5. A face exclusiva da garantia	84
2.3. Inviolabilidade e segurança do Estado Constitucional	89
2.3.1. A garantia nos estados de crise constitucional	89
2.3.2. Inviolabilidade e segredo de Estado	94
2.4. O instituto entre a segurança e os riscos	97
2.4.1. Conexão com a imunidade	97
2.4.2. A via política de responsabilização – maiorias *x* minorias	101
3. A inviolabilidade formatada por Legisladores e Magistrados brasileiros em cotejo com valores nucleares do Estado Democrático de Direito	105
3.1. Os (des)critérios do legislador	105
3.1.1. Instituto que "fixou residência" nas Constituições?	105
3.1.2. A pluralidade de veículos legislativos inviolabilizantes	106
3.1.3. Alguns "invioláveis" mais violáveis que outros?	111
3.2. O federalismo municipalista exsurgente da Constituição de 1988 estendendo a inviolabilidade aos vereadores	117
3.2.1. O município brasileiro no contexto do federalismo	117

  3.2.2. Inviolabilidade dos vereadores 124
  3.2.3. Limites constitucionais ao gozo da inviolabilidade pelos edis . . . 126
 3.3. As decisões dos Tribunais brasileiros ao estilo "samba em praça pública" . 129
  3.3.1. Alcance penal, e não civil 130
  3.3.2. Proteção para além das funções típicas do parlamento 131
  3.3.3. A redução da inviolabilidade à liberdade de expressão 137
 3.4. Direitos fundamentais e democracia como limites à ampliação da inviolabilidade 139
  3.4.1. Direitos fundamentais auxiliando na adequada formatação da inviolabilidade 140
  3.4.2. A retorsão como defesa de direitos fundamentais – palavras chocantes vão e vêm 147
  3.4.3. O princípio democrático como limite à inviolabilidade? 152

Considerações finais 159

Bibliografia 165

Introdução

A inviolabilidade em relação às manifestações realizadas por parlamentares no exercício da função é algo vivo desde o surgimento do constitucionalismo, cujo marco principal é a Revolução Francesa de 1789. Nesses mais de duzentos anos de existência das Constituições modernas, relevados os contratempos localizados, o instituto não só se tornou perene no local do nascimento, na França, mas aos poucos foi se incorporando em quase todas as Cartas Políticas ocidentais. Na amostra que mais interessa ao presente estudo, desde 1812, na Espanha, e desde 1824, no Brasil, fixou morada nas Leis Fundamentais, cujos eclipses só confirmam a regra, de sua marcante presença na vida político-institucional desses países. Tanto que em 1978 foi inserta na atual Constituição da Espanha, alcançando na seqüência os parlamentares autonômicos, e em 1988 foi expressamente prevista na brasileira, em relação aos Senadores, Deputados Federais, Deputados Estaduais, Distritais e Vereadores.

Se Constituição e inviolabilidade parlamentar estabeleceram um liame historicamente sólido, também é verdade que as garantias parlamentares, dentre elas a em comento, sempre foram objeto de questionamentos, de críticas, acusadas de acobertarem privilégios abomináveis, de servirem à impunidade, de protegerem abusos, de quebrarem a espinha dorsal do Estado de Direito, perpassada pela igualdade, enfim, de serem um estorvo ao Estado Constitucional. Toda vez que o Estado de raiz liberal é questionado, ou atravessa alguma crise, a inviolabilidade parlamentar, como um dos mais questionados subprodutos desse modelo estatal, padece ainda mais, mas resiste.

Falar de inviolabilidade pressupõe falar do Parlamento, visto que a nominada garantia surgiu nele e para ele. O Parlamento é o mais democrático e o mais transparente dos Poderes estatais, tendo surgido, na versão francesa, com a essencial função superadora da idéia de Estado Absoluto. Ao implementar uma tarefa tão extraordinária, teria tudo para ser a mais forte, a menos combatida, a mais prestigiada das funções estatais. Entretanto, não é isso que se constata nas democracias modernas, pois no modelo de Estado de bem-estar multiplicam-se as demandas em velocidade inversamente proporcional à capacidade de atendê-las, lógica produtora de crise, com reflexos agudos sobre as instituições parlamentares, até porque, normalmente, quem mais atende às demandas é o Poder Executivo. O Poder Legislativo, contudo, mantém força representativa, congrega diversidades, acostumou-se às crises, sofrendo ameaças e/ou afrontas à liberdade, desde a época medieval ate a liberal, constrangimentos que, num exercício de futurologia, tendem a se repetir no porvir.

Embora os institutos emergentes no cenário da Revolução Francesa permaneçam, na essência, os mesmos (veja-se a idéia de representação, por exemplo), esse regime das liberdades democráticas tem enfrentando sérios riscos, desafios que requerem solidez para superá-los. O terror, as guerras, a xenofobia, a miséria,... são componentes do cenário mundial a desafiarem o próprio sistema democrático. Em que pese o futuro da democracia ser uma incógnita, parece não ter surgido um regime mais interessante, melhor de se viver que a própria democracia.

Tendo por perspectiva essa preocupação, tudo o que possa ser feito para defender a democracia e suas instituições representativas, pelos estudantes ou militantes da política, do direito, das ciências sociais ou de matérias afins, parece plenamente justificado. Aqui surge o interesse em pensar a inviolabilidade parlamentar, um instituto eternamente criticado, cuja manutenção e alcance merecem, ao menos, reflexões. Que força é essa que faz de um instituto, mais atacado do que defendido, permanecer vivo, resistente e adaptável ao parlamentarismo, ao presidencialismo, à República ou à Monarquia? Que força é essa que amplia a inviolabilidade para os vereadores (consejales espanhóis), na Constituição brasileira de 1988, passando a proteger, pela primeira vez na história, os parlamentares dos mais de 5.500 municípios brasileiros (os que têm menos vereadores possuem 9 e o máximo é 55, de acordo com o número da população)? Que força é essa que faz com que os Tribunais brasileiros ampliem o alcance da inviolabilidade para além das funções típicas de parlamentar?

Respostas a essas e a outras interrogações serão buscadas ao longo deste estudo, que, longe de discutir a democracia ou o parlamento em tempos históricos ou atuais, tem um objeto bem mais restrito: examinar os acertos e equívocos patrocinados pelos legisladores e, especialmente, pelos intérpretes da inviolabilidade parlamentar prevista na Constituição brasileira, com ênfase na tendência ampliativa em curso capaz de abrigar atos de parlamentares que, em nenhum outro lugar do mundo, receberiam tratamento tão benevolente. Para tanto, o sistema da inviolabilidade parlamentar espanhol servirá de parâmetro, de modo que no cotejo entre ambos se indiquem os caminhos mais seguros ao instituto e ao constitucionalismo. No esquadrinhar o objeto do estudo de acordo com a proposta entabulada, será inevitável a abordagem, ainda que sumária, de temas correlacionados como o constitucionalismo, o federalismo, os direitos fundamentais, a democracia, entre outros, capazes de fornecer luzes delimitadoras à adequada formatação da inviolabilidade nos marcos estatais contemporâneos.

Quanto aos termos, convém asseverar que a palavra *inviolabilidade* será empregada no trabalho no sentido de proteção da expressão do parlamentar (palavras, opiniões, votos...), ou seja, a previsão constitucional que torna irresponsável a voz do parlamento, que impede a persecução penal, civil, administrativa,... ficando tão-somente aberta a possibilidade de correção a ser aplicada pela própria câmara parlamentar a que pertença o praticante do ato questionado.

A nomenclatura *inviolabilidade* é utilizada com sentidos coincidentes no Brasil e na Espanha, não se desconhecendo sua utilização diversa em Portugal, França e Itália (*irresponsabilidade, irresponsabilité, irresponsabilità ou insindicabilità*), e na Alemanha (*indemnität*), termos que não desnaturam a essência do instituto. No Brasil, são usados como sinônimos de inviolabilidade os termos imunidade substantiva, absoluta ou real, cláusula de irresponsabilidade ou indenidade, ou ainda imunidade material. Ainda no intento de aclarar as denominações, a garantia conexa conhecida no Brasil por imunidade formal, processual ou adjetiva, que proíbe a prisão provisória de parlamentar por crimes afiançáveis, prevê competência da respectiva câmara para decidir sobre flagrante de crime inafiançável e faculta a sustação de processo contra parlamentar (Brasil), ou impõe autorização prévia da assembléia para processamento criminal (Espanha e a maioria dos países que adotam ambas), é nominada *inviolabilidade* pelos portugueses, *immunität*, pelos alemães, *inviolabilité*, pelos franceses, e *immunità*, pelos italianos.

Será priorizada a utilização de terminologia brasileiro-espanhola, ao lado da preferência por *prerrogativa*, e não *privilégio*, por soar menos pejorativo e carregar menos atritos, sem maior rigorismo, até para não afastar a contribuição ao estudo de autores que não diferenciam essa nomenclatura ou até preferem privilégio, bem como porque um "policiamento" muito rigoroso é capaz de produzir violência, no caso, em relação ao conteúdo do instituto.

O estudo está estruturado em três partes. Na primeira, aborda-se brevemente a história do instituto, a começar pelos noticiados precedentes greco-romanos, seguidos dos ingleses e franceses, na busca da gênese da garantia. Ainda no campo histórico, os passos da inviolabilidade parlamentar nas terras espanholas e brasileiras são objeto de cognição sumária, sempre no intuito de colher elementos de percurso capazes de iluminar o modelo presente. A atenção à origem e ao desenvolvimento de determinado instituto fornece dados imprescindíveis para sua compreensão, ao tempo em que permite evitar a reincidência em erros porventura cometidos. A observância do percurso da inviolabilidade parlamentar, assim, auxilia no (re)posicionamento interpretativo da garantia acolhida nas Constituições contemporâneas.

A segunda parte do trabalho visa, num primeiro momento, a identificar quais os atos parlamentares são merecedores do selo de invioláveis, avançando, a seguir, na busca de vislumbrar o instituto a partir de suas características clássicas, quer dizer, ser proteção com os signos jurídica, perpétua, irrenunciável, absoluta e exclusiva. Um terceiro esforço se volta a descortinar a inviolabilidade parlamentar imbricada com os estados de crise constitucional (sítio, defesa,...) e de revelação de segredo de Estado. Ao encerrar o segundo capítulo, verte a análise da inviolabilidade parlamentar conexa com a imunidade, e a possível responsabilização do inviolável, político-disciplinarmente, perante sua casa legislativa. O intento deste capítulo é compreender a matéria em exame, fixar suas características, seu alcance, suas conexões, sua quadratura constitucional.

O terceiro capítulo inicia indicando a falta de critérios do legislador, mormente o brasileiro, para a eleição dos invioláveis e das espécies legislativas aptas a tanto, examinando, em seguida, os diferentes tratamentos dispensados aos detentores da garantia, pela jurisprudência pátria, por vezes desigualando situações com a utilização de critérios questionáveis. Na seqüência, o foco se volta à natureza federativa do município brasileiro, à inviolabilidade dos vereadores (parlamentares municipais) e aos limites constitucionalmente fixados ao gozo da garantia, por parte dos *edis*. Os desencontros jurisprudenciais patrocinados pelos tribunais brasileiros são matéria de análise adiante, na tentativa de demonstrar o equívoco da redução da garantia à liberdade de expressão, ou a eiva, ainda maior, da ampliação do alcance da inviolabilidade a atos políticos ou particulares do parlamentar, que historicamente e no direito comparado jamais estiveram ao abrigo da proteção. Por fim, sinaliza-se que a garantia deve guardar sintonia com os direitos fundamentais e com o princípio democrático, essências do Estado constitucional hodierno, no desejo de (re)estabelecer os contornos da inviolabilidade parlamentar, especialmente a brasileira, a parâmetros menos lesivos a bens jurídicos de igual estatura normativa.

No fundo, a pesquisa se orienta pela preocupação em torno da preservação e do aperfeiçoamento da democracia que passa pela responsável liberdade do Parlamento a ser auxiliada pela correta incidência das garantias parlamentares, particularmente da inviolabilidade a ser agora perscrutada.

1. A inviolabilidade parlamentar na história: buscando sentido e orientação nos rastros históricos

Dissentem os estudiosos do tema sobre a origem do instituto da inviolabilidade parlamentar. Na busca de uma classificação didática que, por um lado, enumere as principais teses sobre o tema e, por outro, acentue a ruptura de continuidade estamental ocorrida entre distintas épocas históricas, assim está organizado este primeiro capítulo: 1.1. As raízes romana e inglesa da inviolabilidade – nesse ponto serão abordados os 1.1.1. Precedentes Antigos e os 1.1.2. Precedentes Medievais (épocas em que a liberdade e o Parlamento não sucumbiam à tirania), particularmente os ingleses; 1.2. O instituto desenhado no seio do constitucionalismo francês, ou seja, o precedente liberal mais importante, vertente do processo revolucionário de 1789, será o segundo passo do estudo; 1.3. A evolução da matéria na Espanha, quer dizer, como se deu a recepção e a absorção nas diversas Constituições espanholas aparece como terceiro item do histórico, secundado pelo quarto e último a examinar: 1.4. Os passos da inviolabilidade em terra *brasilis*, analisando-se a trajetória constitucional percorrida pelo instituto, desde 1824 até os dias atuais.

1.1. As raízes romana e inglesa de inviolabilidade

O surgimento da inviolabilidade parlamentar que, ao lado da imunidade, nomenclatura adotada pelo ordenamento jurídico brasileiro, constitui-se, ao menos em tese, garantia de independência e liberdade do parlamento, seguramente não é fruto de construção jurisprudencial ou doutrinária (embora ambas tenham contribuído para estabelecer seus contornos), mas resultado de históricas disputas de poder. O estabelecimento de freios e contrapesos no exercício do poder, sua distribuição com um certo equilíbrio, encontra estágio mais avançado, maduro, quando se substitui a guerra de armas, pela "guerra" de palavras. Não que as disputas tenham desaparecido, no âmago a essência resiste, quer dizer, o poder se disputa, por ele se "peleia",[1] só que a humanidade foi ingressando num estágio superior, de substituir a baioneta pelo diálogo, e essa passagem vai agregando garantias, prerrogativas para algumas funções estatais, normalmente em favor daquelas alijadas, até então, do poder.

O contexto histórico de surgimento dessas prerrogativas é altamente mutante, não somente na relação passado-futuro, mas até mesmo em épocas históricas coincidentes, dependendo dos valores e da correlação de forças vigentes em determinado país.[2] Com os elementos constitutivos do atual instituto da inviolabilidade, é impossível medir o alcance de algo similar existente na antiga Roma, ou, noutro viés, no auge da "guerra fria". Embora formalmente pudesse integrar, de forma semelhante, constituições de países socialistas e capitalistas, materialmente era instituto de alcance distinto. Longe de estudar essas amplas e inegáveis diferenças, o objeto deste primeiro capítulo é identificar o antecedente mais próximo, aquele que, situado historicamente, possa ser apontado como a referência principal, que mais "genes" transmitiu à irresponsabilidade jurídica dos atuais parlamentares.[3]

---

[1] Peleia, entrevero ou salseiro, no linguajar gaúcho (gaudério), significa peleja, pugilato, contenda, briga, rusga, disputa, combate, luta entre forças beligerantes (http://pelotas.ufpel.edu.br/glossario.html). Em Espanhol, o termo é "pelea". Um episódio envolvendo a "Coluna Prestes", movimento militar desencadeado em outubro de 1924, no Rio Grande do Sul, liderado pelo Capitão Luís Carlos Prestes, do Batalhão de Engenharia de Santo Ângelo, também conhecido por "Cavaleiro da Esperança", serve para ilustrar a idéia de peleia. Durante dois anos, com a reputação de invencibilidade adquirida na marcha de 25 mil quilômetros, por várias regiões brasileiras, indo até a Bolívia, a Coluna adotou a estratégia de uma guerra de movimento, procurando desgastar o governo e dificultar seu combate, com seguidos avanços e recuos, tática que levou um dos seguidores a abandoná-la. Perguntado acerca dos motivos da deserção, ele teria respondido: "é muito volteio e pouca peleia".

[2] Ressalte-se que a ameaça à independência de membros de corpos representativos não é patrimônio da história dos Parlamentos liberais, mas perde-se no tempo, seguramente coincidindo com a própria existência de órgãos de caráter mais ou menos representativos. DURÁN ALBA, Juan Fernando. *Teoría general y régimen jurídico de las incompatibilidades parlamentarias en España*. Madrid: Congreso de los Diputados, 2001, p. 31-32. A referida obra, tese doutoral, faz um amplo e denso estudo acerca das incompatibilidades parlamentares e, ao contrário do que sugere o título, vai muito além da Espanha, visitando vários sistemas no direito comparado, tanto que a teoria geral proposta sobre a instituição estudada tem como um dos pilares justamente a comparação do ordenamento jurídico espanhol com outros sistemas de direito constitucional (p. 569).

[3] Acerca da importância de percorrer aspectos históricos de institutos para melhor os compreender, vale reproduzir o afirmado por Gabino BUGALLAL Y ARAUJO: "Nada suele suscitar idea tan acabada de una institución como el estudio de sus orígenes y desenvolvimiento, pues los hechos que la dan nacimiento y la moldean enseñan también los móviles que la determinaron y acaso los fines que con ella se trató de conseguir: y no es posible, de otra parte, adquirir noticia exacta de la institución misma si juzgamos solo ella por su estado actual y olvidamos sus antecedentes, su tradición y todo el proceso que justifica o explica su estructura presente", *Inviolabilidad parlamentaria*, Madrid: Discurso de recepción en la R.A.C.M.P., 1921, p. 555. Depois de mais de oitenta anos, o estudo mencionado é de uma atualidade e solidez impressionantes, características perenes somente das obras clássicas.

Convém asseverar, de imediato, que quanto mais distante o antecedente, tanto mais frágil o laço genético com o modelo atual da prerrogativa, não tanto pelo fator temporal, nem mesmo pela semelhança formal, maior ou menor, da previsão normativa, mas pela diversidade de contextos em que ele se apresenta. Uma coisa é ser inviolável na Antiguidade, outra é ser inviolável na Idade Média, e outra bem distinta é ser inviolável entre os modernos e contemporâneos. O eco e a garantia da palavra entre estes, parlamentares ou não, com todos os percalços possíveis, são infinitamente maiores do que foram em outros tempos. Essa metamorfose refletida mormente no âmbito estatal tempera os institutos no caldo cultural de seu tempo.

1.1.1. Precedentes Antigos

A tese de que a inviolabilidade possui origem romana é débil, sendo desprezada por quase todos os autores. Os que referem a experiência não propriamente a defendem como origem do instituto, mas a mencionam como marco histórico a não ser esquecido. Dizem que tal garantia não passou despercebida dos romanos, pois eram "intangíveis, invioláveis (*sacrosancta*) as pessoas dos tribunos e dos edis, seus auxiliares, tendo-lhes o povo romano outorgado por lei essa inviolabilidade e, para torná-la irrevogável, santificou-a com um juramento (*les sacrata*), punindo com a pena de morte os atentados contra essa regulamentação".[4] Acrescenta Moraes que essa inviolabilidade do tribuno era uma garantia ao exercício de suas funções ou fora delas, evitando acusação, prisão ou punição. Na mesma trilha, Amado Gomes noticia a inviolabilidade da pessoa dos *tribuni plebis*, sendo severamente punidos os que contra eles perpetrassem qualquer atentado.[5] Também Jacques aduz que a civilização greco-romana conhecia as prerrogativas parlamentares, "embora sob forma rudimentar".[6]

Essa inviolabilidade igualmente é propalada por Petit, segundo o qual, no ano de 260, os plebeus, pressionados, decidem sair de Roma, retirando-se para o monte Aventino, radicalização que propiciou uma concessão dos patrícios, numa espécie de tratado, segundo o qual a plebe passou a ter dois magistrados defendendo seus interesses, os *tribuni plebis*, declarados invioláveis e armados do direito de veto, podendo se opor, em Roma e em um raio de uma milha ao redor dela, às decisões de todos os magistrados, assim como às dos

---

[4] MORAES, Alexandre. *Direito constitucional*. São Paulo: Atlas, 2005, p. 395.

[5] GOMES, Carla Amado. *As imunidades parlamentares no Direito português*. Coimbra: Coimbra Editora, 1998, p. 21-22.

[6] JACQUES, Paulino. *Curso de Direito constitucional*. Rio de Janeiro: Forense, 1987, p. 248.

cônsules e do Senado.[7] Referindo-se aos tribunos, Cretella Júnior afirma serem magistrados plebeus, invioláveis e sagrados, não podendo ser acusados, presos, nem punidos, possuindo imunidades totais, "imunidades parlamentares".[8] Acerca do tribunato da plebe, Moreira Alves proclama ter perdurado durante todo o período do Principado, embora suas funções, vindas da República, se transferem para o Imperador, substituindo-se por novas atribuições, como a vigilância das sepulturas.[9]

Ao discorrer sobre o que denomina precedentes históricos da inviolabilidade dos componentes das Câmaras Legislativas, Portero Garcia afirma ser muito difícil encontrar, na Grécia Antiga, vestígios da imunidade pessoal em razão do forte sentido democrático, de obediência à lei, em sentido igualitário, que cria as instituições necessárias para que o magistrado e todo o funcionário que deva cumprir a lei esteja sujeito à responsabilidade exigível de toda a comunidade, incluídas as assembléias.[10]

Se é difícil aceitar a origem medieval do instituto, como se verá a seguir, muito mais difícil se coloca sustentar sua gênese em um Estado tão distante e tão diverso do Estado constitucional atual. Embora inegável a contribuição dos romanos ao direito e à humanidade, as diferenças institucionais e de relações de poder, de lá para cá, fazem possível afirmar não haver liame sólido entre as características do instituto da civilização romana com a atual inviolabilidade parlamentar. Definitivamente, não se encontra na civilização greco-romana a origem do instituto em exame, servindo a mencionada referência, tão-só como uma notícia histórica, como tal de muita importância.

1.1.2. Precedentes Medievais

A tese de que a inviolabilidade, com os atuais contornos, é produto medieval, especialmente do evolver político inglês, consolidado,

---

[7] PETIT, Eugène. Trad. Jorge Luís Curstódio Porto. *Tratado elementar de Direito Romano*. Campinas: Russell, 2003, p. 41.

[8] CRETELLA JÚNIOR, José. *Curso de Direito Romano*. Rio de Janeiro: Forense, 2002, p. 31.

[9] MOREIRA ALVES, José Carlos. *Direito Romano*. Rio de Janeiro: Borsoi, 1966, p. 44.

[10] PORTERO GARCIA, Luis. *Inviolabilidad e inmunidades parlamentarias*. Malaga: Universidad de Malaga, 1979, p. 22-23. O auto nominado reporta-se, também, ao pensamento de Platão, que desvinculava os melhores do cumprimento da lei – os filósofos, detentores do poder, dirigentes – os quais, por terem profundo conhecimento da vida, submetiam a própria lei ao saber, visualizando, em suas idéias, algum indicativo de inviolabilidade. Já em *Política* e *Leis* aparece a idéia do total submetimento dos governantes e súditos às leis, porque sem lei os homens não diferem dos animais mais selvagens, sem que fosse abandonado, de todo, seu pensamento primitivo: "... es lamentable que un gobernante, experto y virtuoso, tenga atadas las manos por sometimiento a la ley, de igual modo que es absurdo que un médico, conocedor de su ciencia, se obligara a receter con arreglo a un libro" (p. 23).

mais tarde, na Declaração de Direitos da Inglaterra, a *Bill of Rights* de 1689, encontra muito mais adeptos do que a apontada origem greco-romana.

Antes dos antecedentes ingleses, convém mencionar algo sobre a contribuição legada pela *experiência medieval espanhola*. A polêmica que se arrasta até os dias atuais sobre a origem do instituto em terras espanholas foi semeada pelos constituintes de 1812 e seus cronistas liberais, que justificaram suas inovações nos precedentes autóctones das Cortes medievais dos diversos reinos espanhóis.[11]

Ao apontar o que considera precedentes das imunidades, referindo-se a León e Castilla, Matínez Marina afirma que seriam inócuas as disposições legais protetivas, se os procuradores das Cortes não dispusessem, além de segurança pessoal, de liberdade para expor suas opiniões ou votos, sem risco ou temor, com fulcro nas instruções e poderes dos povos que representavam, como deviam fazer por foro e constituição, razão pela qual "el lugar donde se habían de celebrar Cortes no solamente debía estar quieto y tranquilo, sino también desembarazado de tropas, de la fuerza armada y de pretendientes poderosos de quien los votantes pudiesen recelar alguna violencia y opresión".[12]

Referindo-se às Cortes de Palência, 1312 (para que los votantes, tuviesen la posible libertad, acordaron *por consejo de la reina doña María* salirse todos de la ciudad y sacar de ella sus tropas; para que los vocales deliberasen sin riesgo, y sin temor y eligiesen por tutores a quienes más bien les pareciere), e de Burgos, 1506, afirma terem sido tomadas medidas para que os homens de armas e os pretendentes poderosos não exercessem coação, a fim de não impedir a liberdade dos representantes do povo, preocupando ou prevenindo o voto da nação, algo que não poderia se suceder nem mesmo pela presença e pelo respeito à "augusta persona del monarca", nem por qualquer despotismo.[13]

No caso de Tordesilhas, acentua o autor, quando o despotismo de Carlos V produziu a revolução "Comunidades", a junta do Governo estabelecida na cidade, para evitar um rompimento, redigiu um documento para enviá-lo ao Imperador, cujo outorgamento teria produzido a reconciliação e a paz, constando em um de seus capítulos que nas Cortes os Procuradores "tengan libertad de se ayuntar y conferir y platicar los unos con los otros libremente cuantas veces

---

11 FERNÁNDEZ-MIRANDA Y CAMPOAMOR, Alfonso. *Origem historico de la inviolabilidad e inmunidad parlamentarias*. Madrid: Revista de la Faculdad de Derecho de la Universidad Complutense, n° 10, 1986, p.175. O autor citado contextualiza, de forma brilhante, o instituto da inviolabilidade em perspectiva histórica, sendo uma das referências centrais ao presente estudo.

12 MARTÍNEZ MARINA, Francisco. *Teoría de las Cortes o Grandes Juntas Nacionales*. http://www.cervantesvirtual.com, Cap. XXV, 6.

13 Op. cit., Cap. XXV, 6-8.

quisieren, e que no se les dé presidente que entre con ellos, porque esto es impedirles que no entiendan en lo que toca a sus ciudades y bien de la república de donde son enviados".[14] Em seguida, em afirmação auto-explicativa, constata: "*Esta solicitud fue desatendida. Se enconaron los ánimos: hubo necesidad de usar de la fuerza armada, y con la desgraciada batalla de Villalar se eclipsó la gloria nacional y la libertad castellana*".[15]

A presença da inviolabilidade nas Cortes medievais espanholas também é apontada por Santamaría de Paredes, para quem, nas Cortes de Navarra, "los representantes de los tres brazos eram inviolables por razón de su cargo", e em Aragón "los diputados eran inviolables por sus opiniones (...) reconocido expresamente por el de Valderrobles de 1429".[16]

Finalmente, Huici Gõni, após aduzir que as Cortes de Navarra converteram em leis direitos importantes que asseguravam a liberdade e a eficácia da ação dos deputados, apontava o decreto de três de março de 1519, como possível antecedente da inviolabilidade, ao estatuir: "...queremos, ordenamos e mandamos que de aqui adelante no haya de ser fuera echado ningún Procurador, mensagero ni persona que tuviere poder y fuere llamado a los dichos estados, dellos ni de la negociación que en ellos se entenderá: ni inhibido, deffendido ni vedado, sino precediendo conocimiento de causa conforme a las leyes, fueros y ordenanzas deste Reyno".[17]

Embora a riqueza e a diversidade histórica da Espanha sejam inegáveis, as quais pulsam em seus monumentais "centros históricos", uma conjugação de fatores dissemina ceticidade sobre a tese de que a inviolabilidade encontra na medieval História espanhola uma raiz sólida.

Primeiro, poucos estudiosos do tema defendem o referido entendimento. Os que mais se debruçaram sobre a temática, levantando dados, ou desqualificam tal origem, ou passam ao largo, sequer mencionando-a.[18] Uma tese efetivamente robusta não angariaria tantos inimigos ou ignorantes, justamente entre seus mais dedicados estudiosos.

---

[14] Op. cit., Cap. XXV, 10.

[15] Op. cit., Cap. XXV, 10.

[16] SANTAMARIA DE PAREDES, Vicente, *Curso de Derecho Político*, Madrid, 1873, apud FERNÁNDEZ-MIRANDA Y CAMPOAMOR, Alfonso. *Origem historico...*, p. 178-179. Segundo o autor, o que existia em relação a Aragón, à época, era tão-somente uma ordem do rei estabelecendo alguma proteção aos chamados às Cortes, ou seja, no máximo um protótipo de imunidade, nada, entretanto, relativo à inviolabilidade, sendo este mais um indicativo de debilidade da tese.

[17] HUICI GÕNI, Mª de Puy, *Las Cortes de Navarra durante la Edad Moderna*, Pamplona, 1963, apud FERNÁNDEZ-MIRANDA Y CAMPOAMOR, Alfonso. *Origem historico...*, p. 179.

[18] Mencionando apenas alguns, FERNÁNDEZ-MIRANDA Y CAMPOAMOR; Alfonso, BUGALLAL Y ARAUJO, Gabino; FERNÁNDEZ-VIAGAS BARTOLOMÉ, Plácido; GARCIA, Eloy; MANUEL ABELLÁN, Angel; LOJACONO, Giuseppe...

Segundo, a falta de solidez dos dados apontados por seus defendentes depõe contra esse entendimento. A tese ecoa mais entre os historiadores e/ou políticos, cuja preocupação precípua é descrever os vícios e virtudes de uma época, do que desvelar o instituto em tela. Os exemplos reproduzidos para justificar a existência da inviolabilidade no período precedente à Constituição de 1812 não parecem capazes de demonstrar a efetiva vigência, à época, de uma irresponsabilidade jurídica absoluta a albergar palavra e voto no ventre da liberdade.

Nesse sentido, Bugallal y Araújo afirma ser difícil encontrar precedentes para explicar a inviolabilidade dos votos e das opiniões nas antigas Cortes, acrescentando que até mesmo Martinez Marina, um entusiasta defensor das instituições medievais representativas, limita-se a expressar que seriam de pouca ou nenhuma importância essas favoráveis disposições das leis se, além da segurança pessoal, os Procuradores das Cortes não desfrutassem de liberdade de pensar e expor, sem temor, o voto e a opinião formulados com suporte nas instruções e poderes dos povos que representavam.[19] Ao enumerar as garantias que com tal motivo se concediam, "se limita a señalar la necesidad de que el lugar donde se celebraban las Cortes estuviera quieto y tranquilo y desembarazado de tropas y de pretendientes poderosos", acrescentando que os Procuradores, por precaução, "para acuatelarse de la sagacidad y astucias del despotismo y precaver las conscuencias de un acuerdo precipitado", não expressavam "su dictamen en particular, ni votaben desde luego em público", reforçando, desse modo, tese contrária à sustentada.[20] A crítica feita é adequada, porque se o temor impunha o "refúgio do segredo", parece certo ter havido à época somente um simulacro de inviolabilidade.

Terceiro, até os apaixonados, por vezes, após intensa defesa, mencionam a constante quebra de tais garantias, redigidas, em sua maioria, para garantir alguma imunidade, e parcamente a inviolabilidade. Os votos secretos "protetivos", os pedidos de afastamento das tropas das sedes deliberativas do Parlamento e outras medidas apontadas como origem do instituto em estudo podem representar um "presente" real ou uma escaramuça parlamentar por liberdade e autonomia, normalmente inócua, mas não uma inviolabilidade de rosto hodierno.

Quarto, uma coisa são garantias construídas a partir do Parlamento e em seu favor, como foram as liberais. Outra são as concessões reais medievais, espécies de doação a título precário, resgatáveis a qualquer momento, ou melhor, a todo o momento em que a vontade do soberano fosse afrontada. Em outras palavras, a apontada inviola-

---

[19] BUGALLAL Y ARAUJO, Gabino. Op. cit., p. 559.

[20] Idem, p. 559.

bilidade medieval estava muito mais a serviço dos monarcas do que da (in)existente independência parlamentar. Essa descontinuidade histórica é tão mais evidente quanto mais distante buscam exemplos os autores. Assim foi em Roma, em Castilla y León, em Navarra, em Aragón etc. As inviolabilidades dos conselheiros reais, dos membros das assembléias e, finalmente, dos componentes das câmaras de representação popular eram uma concessão do rei ou senhor e tinham caráter pessoal. Somente na época do constitucionalismo a inviolabilidade parlamentar passa a se relacionar diretamente com a função, ainda que permaneçam atributos pessoais de linhagem ou estamento em ocasiões, especialmente nas câmaras altas.[21]

Em se levando em conta que as prerrogativas parlamentares (inviolabilidade e imunidade) visam a assegurar independência e liberdade ao exercício da função do Parlamento, e que isso pressupõe alguma autonomia frente ao rei, uma certa distribuição de poder, seria inócuo buscar a origem dessas garantias no Estado estamental, cuja tensa distribuição de domínio se resume à dualidade *Rex-Regnum*, mesmo considerando que esse Estado nem sempre fora o mesmo, tenha sofrido influências de tempo e espaço, inafastáveis de qualquer atividade humana.[22] Ainda que se possa vislumbrar algum liame a unir as instituições medievais e liberais, a leitura que se deve fazer delas, no contexto de distribuição de poder, de estrutura e funções do Parlamento e da própria distinção de regimes políticos, é completamente diversa.

Outros argumentos corroboradores desse entendimento serão expostos tão logo se examine a experiência inglesa, agora em foco.

Embora se buscará demonstrar que a *experiência inglesa* também não serve como antecedente gerador do atual instituto da inviolabilidade parlamentar, não se pode desprezar a Inglaterra como berço de importantes inovações jurídicas, motorizadas pela estabilidade constitucional – não houve rupturas tais como as experimentadas na maioria dos países ocidentais –, as quais, mesmo quando mal interpretadas, historicamente mal lidas, tiveram influência no porvir do direito comparado. Diferente dos "precedentes" anteriormente examinados, o parâmetro inglês tem um vulto jurídico mais expressivo e uma legião de seguidores nada desprezível. Sua importância é mais evidente quando se buscam na doutrina dados sobre o evolver histórico do instituto. Todos os estudiosos que se debruçam no desvelo do leito histórico da inviolabilidade parlamentar enfrentam os precedentes ingleses, ainda que, em alguns casos, para descaracterizar a experiência como origem da atual prerrogativa parlamentar.

[21] PORTERO GARCIA, Luis. Op. cit., p. 22.
[22] FERNÁNDEZ-MIRANDA Y CAMPOAMOR, Alfonso. *Origem historico...*, p. 177.

A inviolabilidade nasceu, segundo May e Anson, em função de práticas antigas que foram se afirmando por resoluções isoladas, judiciais ou legislativas, resultante da luta do Parlamento – Câmara dos Comuns –, cuja força ia aumentando, contra o Poder Real, a defender seus "direitos".[23] É na Inglaterra que se consagram as expressões *freedon of speech* – liberdade de discurso, de expressão, garantia de o parlamentar não sofrer julgamento pelos tribunais reais, por opiniões ou votos emitidos no exercício de sua função – e *freedom from arrest (or molestation)* – prerrogativa de não ser preso ou molestado por dívidas, questões civis, portanto, durante o mandato, previsão esvaziada de conteúdo desde a abolição de prisões por dívidas civis, ocorrida há séculos.

Nessa senda, Pinto Ferreira aduz ser o instituto colmatado na evolução da prática política inglesa, resultando plenamente vitorioso na *Bill of Rigths*, de 13 de fevereiro de 1689.[24] No mesmo sentido, Veloso aponta a "antiqüíssima origem anglo-saxônica", asseverando ter ela nascido "das práticas e dos costumes, incluindo-se fragmentariamente no direito constitucional inglês como resultado dos conflitos entre a Coroa e a Câmara dos Comuns, tendo o instituto, após secular sedimentação, firmado-se na"[25] declaração de direitos acima citada.

Há uma série de datas e acontecimentos nominados pelos estudiosos para demonstrar a construção inglesa das garantias parlamentares.

Alguns autores ventilam como ponto de partida do respeito às liberdades parlamentares a *Carta Magna* de 1215, submetendo o Rei ao Direito, ou até a convocatória parlamentar de Simón de Monfort, em 1264.[26] A Carta Magna estabelecia que os barões não podiam ser processados, tutelando claramente os interesses da classe baronesa, não a liberdade política do povo.[27] Ela espelha uma sociedade feudal, albergando, por conseguinte, direitos e privilégios dos estamentos sociais, sendo que o Rei se encontrava abaixo de Deus e da lei, porque

---

[23] MAY e ANSON, *apud* BUGALLAL Y ARAUJO, Gabino. Op. cit., p. 555.

[24] FERREIRA, Pinto, *Curso de Direito Constitucional*, p. 346.

[25] VELOSO, Zeno. *Imunidades parlamentares dos vereadores*. Brasília: Revista de Informação Legislativa n° 92, 1986, p. 147. Essa afirmação verte na introdução do estudo, sob a rubrica "generalidade, conceito, espécies", resultando claro que aplicável às duas espécies de imunidade vigentes no direito brasileiro. Não é outro o entendimento de HORTA, Raul Machado. *Imunidades parlamentares*. São Paulo: Revista de Direito Público, v.1, n° 3, 1968, p. 35, ao asseverar que tanto a inviolabilidade quanto a imunidade surgiram no singular ordenamento inglês, "a princípio se manifestando nas práticas, nos usos, nos precedentes e nos costumes, sujeitas aos eclipses impostos por vontades despóticas, para finalmente receber a consagração de textos que recordam a gradual conquista das liberdades britânicas", e de FRANCO, Afonso Arinos de Mello. *Prerrogativas do Poder Legislativo*. Rio de Janeiro: Revista de Ciência Política, v. 23, n° 3, 1980, p. 113, para quem "Foi na Inglaterra, como é sabido, que a competência e as garantias parlamentares se instituíram, gradativamente, pelo aluvião do direito costumeiro, do direito jurisprudencial e do direito estatutário ou legal".

[26] PORTERO GARCIA, Luis. Op. cit., p. 24.

[27] LOJACONO, Giuseppe. *Le prerogative dei membri del Parlamento*. Milano: Giuffrè, 1954, p. 5-6.

a lei era ele que fazia. Os privilégios frente à lei eram estabelecidos àqueles a quem o Rei havia concedido diretamente seu feudo e que compunham a *Curia Regia* ou o *Concilium Regis* (aos *capite tenente*), com funções governativas, legislativas ou judiciais,[28] nada próximo das atuais prerrogativas parlamentares.

Em 1397, o Parlamento votou um *bill* denunciando a deplorável situação da administração no reinado de Riccardo II da Inglaterra. O Rei, envolto em evidente crise, reagiu com moderação, disposto a negociar com o Parlamento. Entretanto, um ponto despertou a ira real, qual seja, os comuns denunciavam o escândalo dos costumes da Corte e seu custo, ingressando na esfera dos hábitos de vida, tendo Ricardo reagido como se afrontado pessoalmente.[29] Diante da reação, o nome do propositor da censura foi revelado – Thomas Haxey –, houve pedido de desculpas sob o argumento de inexistência de intento ofensivo, escusa aceita pelo Rei, o que não impediu o encarceramento, julgamento e condenação à morte do autor, acusado de traição,[30] cuja execução só não ocorreu graças à intervenção do arcebispo Arundel.[31] Dois anos mais tarde, em 1399, com a assunção de Felipe IV, Haxey pediu a anulação da condenação, o que, com a aquiescência das duas Câmaras, efetivamente ocorreu, aos fundamentos de ter sido a sentença contrária à lei, às regras de processo parlamentar e aos costumes dos Comuns, reconhecendo-se-a nula, sem nenhum valor nem efeito.[32]

Uma proposição de Strode, membro da Câmara dos Comuns, relativa a minas de estanho, custou-lhe perseguição e prisão, em 1512,[33] revelando a falta de proteção relativa à prática de atos próprios do Parlamento.

No ano de 1593, ao responder a uma habitual petição com que o "Speaker" da Câmara dos Comuns buscava o reconhecimento da irresponsabilidade parlamentar, o Lord Guardasigilli, em nome do Rei, afirmava que a liberdade de palavra estava concedida, não para que os Deputados dissessem tudo o que desejassem, mas, estabelecendo o curtíssimo alcance da garantia, "somente para dizer sim ou opor não".[34] [35]

---

[28] PORTERO GARCIA, Luis. Op. cit., p. 25.

[29] ZAGREBELSKY, Gustavo. *Le immunità parlamentari. Natura e limiti di una garanzia costituzionale*. Turin: Einaudi, 1979, p. 3.

[30] BUGALLAL Y ARAUJO, Gabino. Op. cit., p. 555.

[31] Como elemento a auxiliar seu não submetimento à pena capital, está o fato de ele ter sido ordenado padre, conforme informa ZAGREBELSKY, Gustavo. Op. cit., p. 4.

[32] BUGALLAL Y ARAUJO, Gabino. Op. cit., p. 556.

[33] Idem, p. 556.

[34] LOJACONO, Giuseppe. Op. cit., p. 8.

[35] Outras datas são apontadas como marcos de diferentes violações das prerrogativas: 1568, caso Cope, Wentworth y otros; 1571, caso de Strickland; 1621, caso Sir Edward Sandys. (BUGALLAL Y ARAUJO, Gabino. Op. cit., p. 556). Em 1541 os Deputados teriam reclamado ao

Em 1612, os Comuns afirmaram assim seus privilégios: "Que cada miembro tiene la libertad, al abrigo de todo obstáculo, de todo encarcelamiento o de toda vejación, salvo la censura de la propia Cámara, para, em lo tocante a cualquier *bill*, hablar, razonar o hacer una declaración sobre todos los asuntos del Parlamento o concernientes al Parlamento",[36] significando, sem dúvida, um marco histórico importante nessa longa metamorfose inglesa de consolidação das instituições.

O mais importante marco do evolver político inglês a representar uma raiz da inviolabilidade, ainda que truncada por circunstâncias histórico-políticas que a desnaturam como precedente imediato da atual, é encontrado na Bill of Rights, de 1689, cujo conteúdo do art. 9º[37] dispunha que a liberdade de palavra, de discussão e dos atos parlamentares não poderia ser incriminada ou questionada perante qualquer tribunal, e em nenhum lugar que não fosse o próprio Parlamento.

Além de alguns argumentos já antecipados quando da análise da experiência espanhola, outros se podem acrescer para mostrar o parentesco distante dos institutos gestados no ventre do estado medieval, ou até após ele, com a atual configuração constitucional das inviolabilidades.

Alguns dos pontos "altos" da história inglesa, em termos de inviolabilidade, apresentados pelos estudiosos do tema, e sucintamente aqui reproduzidos, são de uma pobreza auto-explicativa.

No episódio de 1593, a liberdade de expressão jungida a tão-somente poder dizer sim ou não, longe de ser uma prerrogativa era uma não-garantia. Quem diria até mesmo um simples "não" nesse contexto?

Noutra vertente, a leitura de institutos da *common law* por países seguidores da família de direito romano-germânica pode gerar equívocos. Ainda mais se o referencial for a experiência inglesa, cuja relativa ausência de rupturas institucionais faz o velho e o novo se mesclarem, uma história presidida pela mutação, pela constante incorporação de conteúdos novos a formas antigas.[38]

Monarca o reconhecimento do privilégio em relação às manifestações realizadas nos debates parlamentares, porém as violações pelo rei se sucederam, sobretudo nos tempos de Carlos I. Outrossim há logros parlamentares apontados, como a submissão dos ministros do Rei ao juízo do Parlamento, após a Petição de Direitos de 1628, concretamente a condenação e execução de Strafford em 1641, e a *Case of Proclamations*, impedindo o rei de alterar o direito e a criar novos delitos (PORTERO GARCIA, Op. cit., p. 25-26). Tais fatos são apenas mencionados visto não terem grande importância para desvelar o objeto do presente estudo.

36 *Apud* FERNÁNDEZ-MIRANDA Y CAMPOAMOR, Alfonso. *Origem historico...*, p. 190.

37 Na redação original: "That the freedom of speech and debates or proceedings in Parliament ought not to be impeached or questioned in any court or place out of Parliament".

38 FERNÁNDEZ-MIRANDA Y CAMPOAMOR, Alfonso. *Origem historico...*, p. 191.

Em alguns períodos medievais, sequer existiu Parlamento.[39] Quando existiu, seu papel era de coadjuvante, não se assemelhando ao papel central, nuclear, exercido pelo Parlamento liberal. Essa mudança de patamar de poder do Parlamento deve ser levada em conta na leitura a ser feita de suas garantias. O Parlamento medieval era um instrumento de governo na mão do Rei.[40] Ainda depois do regime monárquico representativo, o Rei da Inglaterra continuou a ser, por muito tempo, único legislador, porque o Parlamento não fazia lei, mas apresentava petições ao Rei para manifestar-lhe a vontade popular.[41]

O parlamentar medieval atuava como um comissionado juridicamente vinculado às instruções dos mandantes – burgos ou corporações –, poder real. Numa primeira etapa da evolução histórico-política inglesa, em meio à tensão Coroa-Parlamento, sua função era julgar as manifestações dos parlamentares, cujas condenações e prisões (dos que atacavam o Monarca) eram uma constante, razão pela qual não se pode falar de liberdade de expressão, nem de irresponsabilidade jurídica.[42]

O sentido inovador dos preceitos vertidos da Revolução Gloriosa, de 1689, é indiscutível, aumentando a importância e, por extensão, a proteção do Parlamento, como nunca antes. Não fosse o contexto do surgimento, estar-se-ia diante do desenho moderno das garantias. Mesmo assim, ela é a raiz anterior ao constitucionalismo moderno mais robusta, seguramente a maior fonte de inspiração dos revolucionários franceses quando esculpiam a inviolabilidade parlamentar.

O Parlamento forte e burguês surgido com a derrocada do antigo regime na Revolução Francesa de 1789-1799, entretanto, pouco tem a ver com as experiências anteriores, tanto em seu conjunto, em seu trabalho e, notoriamente, no protagonismo dos partidos políticos.[43] Na formulação racionalista revolucionária de 1789, a soberania se transladou do Monarca à Nação, e esta representada pela Assembléia Nacional ou Parlamento que, depositária da soberania, tinha tarefa de criar uma nova legalidade e enfrentar os velhos poderes Executivo e Judicial, emanados diretamente do Rei.[44] Essa ruptura que se projeta sobre o modelo de Estado se faz sentir sobre seus subprodutos (*v.g.*, a inviolabilidade), os quais adquirem outras roupagens, funções di-

---

[39] Idem, p. 196. O autor aduz não ter existido Parlamento na época de Eduardo I, de Eduardo el Confessor ou Ethelbert.

[40] ZAGREBELSKY, Gustavo. Op. cit., p. 5.

[41] LOJACONO, Giuseppe. Op. cit., p. 8.

[42] MANUEL ABELLÁN, Angel. *El estatuto de los parlamentarios y los derechos fundamentales*. Madrid: Tecnos, 2001, p. 14.

[43] TORRES MURO, Ignacio. *Los derechos de los parlamentarios*. Madrid: Revista de Derecho Político, nº 44, 1998, p. 259.

[44] MANUEL ABELLÁN, Angel. Op. cit., p. 17.

versas, requerem (re)interpretação, uma nova leitura sob o prisma moderno.

Correndo algum risco de confundir os institutos, no intuito de aclarar a *inviolabilidade*, mostrando quão diferente era a concreção das mencionadas prerrogativas parlamentares anteriores ao constitucionalismo, é importante estabelecer um breve paralelo com a *imunidade* parlamentar. O apanhado histórico desses institutos próximos, insertos no campo das garantias parlamentares, visa a demonstrar que o vínculo "consangüíneo" entre o atual modelo e os anteriores não resiste a uma investigação "genealógica" mais detida, tendo sido esfarinhado pelo sopro do vento do tempo.

Os ventilados precedentes medievais espanhóis das imunidades, por exemplo, eram concedidos graciosamente pelo Rei, tinham por objeto a segurança pessoal e patrimonial em uma viagem difícil, obrigatória e onerosa (do local da residência ao local da reunião),[45] e não a autonomia funcional do Parlamento (não eram garantias do Parlamento frente ao Rei, mas dádivas deste para os seus conselheiros se protegerem de "outros" perigos). Por isso seu alcance era meramente civil, excluídas as causas penais, e nunca podiam ser esgrimidas frente aos interesses do Rei.[46]

A proteção civil, impedindo os possíveis processos e prisões arbitrárias resultantes de dívidas, também era o fundamento da imunidade formal na Inglaterra, razão pela qual tal garantia não passa, naquele País, de uma "relíquia histórica", por ser um absurdo cultural-político isso ocorrer com qualquer pessoa, quanto mais com um parlamentar inglês.[47]

A imunidade parlamentar de cunho liberal, entretanto, protege os parlamentares de prisões e processos penais, cujas tentativas de ampliar para o campo civil têm sido sistematicamente rechaçadas.[48]

---

[45] A viagem para acudir ao chamado do Rei era extremamente árdua, num contexto em que comunicações eram péssimas, os caminhos longos e perigosos, os convocados tinham que atravessar uma infinidade de domínios, senhorios e aldeias, sendo constantes os roubos e abusos. Há uma série de casos enumerados para demonstrar a natureza diversa dessa prerrogativa, que à época também protegia os conselheiros reais contra prisões por dívidas e outros infortúnios, ameaças que foram desaparecendo junto com o próprio instituto da imunidade, hoje, na formulação inglesa, tão-só matéria-prima para os historiadores. Ver FERNÁNDEZ-MIRANDA Y CAMPOAMOR, Alfonso. *Origem historico...*, p. 186-200.

[46] FERNÁNDEZ-MIRANDA Y CAMPOAMOR, Alfonso. *Del intento de ampliar el ámbito material de la inmunidad a determinados procedimientos civiles.* Madrid: Revista Española de Derecho Constitucional, n° 12, 1984, p. 12.

[47] MORAES, Alexandre. Op. cit., p. 405.

[48] Como muro a impedir a expansão desmedida ao âmbito civil e, nos casos, reconhecidamente inconstitucional da imunidade parlamentar, aparecem a sentença do Tribunal Constitucional Espanhol n° 9, de 1990, declarando inconstitucional o chamado *suplicatório civil* previsto na LO 3/1985, e a decisão da Corte Costituzionale Italiana, Sentenza n° 24, de 20 de janeiro de 2004, declarando inconstitucional a Lei 140/2003.

Em suma, o Parlamento moderno não conheceu a imunidade na forma medieval, e o Parlamento medieval e seus sucessores pré-modernos tampouco conheceram a imunidade no sentido que lhe fora dado pelos liberais. Sob o alicerce desse paralelo, embora a ruptura entre a velha e nova inviolabilidade não seja tão escancarada como no caso da imunidade, é possível afirmar que somente os liberais conheceram efetivamente a irresponsabilidade jurídica dos parlamentares.

Um forte argumento para descartar o vínculo direto da inviolabilidade medieval-liberal é extraído do conceito de "liberdade".[49] A liberdade real, a única liberdade, é sempre uma concreção histórica, que só pode ser cabalmente explicada dentro de seus concretos pressupostos históricos. Nesse passo, a frase "liberdade de expressão" poderia ser aplicada, de alguma maneira, ao Senado Romano, aos Concílios de Toledo, ao Soviet Supremo da URSS ou ao Concílio Vaticano II: "pero en ninguno de esos casos responderá a la misma realidad conceptual que si la aplicamos a un Parlamento liberal".[50]

O estado de consciência medieval faz impensável a existência ou a pretensão de uma liberdade de expressão capaz de gerar uma irresponsabilidade jurídica. O indivíduo medieval, diluído num ser coletivo que lhe é dado, não pode sequer sonhar uma liberdade de expressão no sentido hodierno. A moldura atual do instituto pressupõe, assim, ruptura dos supostos de consciência medieval e a consolidação do que se chamou de "mentalidade moderna". Só desta ótica se pode explicar e compreender a inviolabilidade parlamentar moldada nos últimos dois séculos.[51]

Em data posterior e num contexto em que os ventos de liberdade sopravam mais fortes em boa parte do mundo, a Constituição americana, aprovada no Congresso de Filadélfia em 17 de setembro de 1787,[52] albergou expressamente a imunidade dos parlamentares, proibindo suas prisões durante as sessões e no transporte até elas, exceto nos casos de traição, felonia e violação da paz, bem como vedando serem eles incomodados ou interrogados por discursos ou opiniões emitidos no parlamento.

---

[49] O argumento da liberdade na história e sua conexão com o tema em estudo é mais um dos articulados por FERNÁNDEZ-MIRANDA Y CAMPOAMOR, Alfonso. *Origem historico...*, p. 185.

[50] FERNÁNDEZ-MIRANDA Y CAMPOAMOR, Alfonso. *Origem historico*, p. 185.

[51] Idem, p. 185.

[52] "The Senators and Representatives shall receive a Compensation for their Services, to be ascertained by Law, and paid out of the Treasury of the United States. *(See Note 6)* They shall in all Cases, except Treason, Felony and Breach of the Peace, beprivileged from Arrest during their Attendance at the Session of their respective Houses, and in going to and returning from the same; and for any Speech or Debate in either House, they shall not be questioned in any other Place." (The United States Constitution, Section. 6. Clause 1, Article. I, – http://www.house.gov/Constitution).

Importa frisar que nos Estados Unidos da América, por não ter havido estamentos ou revolução para derrubar o Antigo Regime, a razão da inserção da garantia parlamentar no ordenamento constitucional fora assegurar a liberdade do discurso e do debate no âmbito do Legislativo, até porque não estava em jogo a independência dos Poderes, marcada pela idéia dos *checks and balances*.[53] A maioria dos autores estudados, ou não faz qualquer referência a essa experiência, ou a faz "como gato sobre a brasa", embora pareça ter ela uma influência importante[54] nos precedentes europeus contemporâneos. Talvez porque nessa época nada se compara à rica experiência revolucionária francesa, de 1789, que consagrou a inviolabilidade e a semeou nas Constituições ocidentais posteriores, objeto de alusão no próximo item.

As marchas e contramarchas da história, sem dúvida, exercem influência sobre o porvir. Os institutos também são polidos no decorrer dos tempos, tais como o instituto da inviolabilidade, que pode encontrar alguma inspiração em ancestrais romanos e um parentesco um pouco mais próximo na experiência inglesa, cujos parâmetros, entretanto, não parecem suficientes para entender a inviolabilidade parlamentar no constitucionalismo contemporâneo.

1.2. O instituto desenhado no seio do constitucionalismo francês

A fórmula da inviolabilidade gestada pela Revolução Francesa parece ser a experiência histórica mais expressiva, que mais elementos proporciona para a compreensão da inviolabilidade constante nas Constituições contemporâneas. Aliás, grande parte dos institutos sustentadores do ideário dos revolucionários franceses, com parcas matizações, permanece íntegra, presente no constitucionalismo ocidental. Tudo indica que os franceses se inspiraram nas experiências precedentes, especialmente na inglesa e na estadunidense, porém a inserção da inviolabilidade no âmbito da separação dos Poderes, como garantia do parlamento frente aos demais Poderes do Estado (um dos fundamentos do instituto nas atuais constituições), só pode ser entendida no contexto vertente do ideário da Revolução de 1789.

Quando os representantes do terceiro estado se constituíram em Assembléia Nacional e juraram não se separar antes de dar à França uma nova Constituição, em 20 de junho de 1789, afirmavam o signi-

---

53 TORON, Alberto Zacharias. *Inviolabilidade penal dos vereadores*. São Paulo: Saraiva, 2004, p. 229.

54 De acordo com FRANCO, Afonso Arinos de Mello, a Constituição Francesa de 1793, além de inspirada no direito inglês, também o foi no novo direito americano, da Constituição de 1787, tanto que a Constituinte de 1793 chamou-se Convenção, por causa da Convenção de Filadélfia, sendo que a Assembléia francesa contava com o famoso publicista norte-americano Thomas Payne, que se naturalizou francês (Op. cit., p. 115).

ficado revolucionário daquele gesto e o início de uma nova época em que a burguesia emergente, com apoio mais ou menos instrumental de parte dos nobres e do clero e a ilusão do povo, reivindicava o direito de interpretar a soberania da Nação.[55]

Como sói acontecer nas disputas de poder,[56] o conflito com a autoridade régia era inevitável, tanto que Luis XVI, em recado duríssimo aos insurgentes, mandava-os refletir que nenhum dos seus projetos, nenhuma de suas deliberações teria valor sem a aprovação do Rei, porque ele era a garantia do direito de todos e toda a estrutura do Estado se regulava sob sua justiça e imparcialidade.[57] O questionamento acerca da aceitação da "ordem" do Rei para que os representantes do terceiro estado voltassem ao estado geral desencadeou o célebre incidente tendo Mirabeau por protagonista, o qual, com gesto e tom de indignação, disse que ali estavam pela vontade do povo e só abandonariam suas posições pela força das baionetas,[58] sendo complementado por Bailly, "que a nação reunida na assembléia não recebe ordem de ninguém".[59]

No desenrolar do acalorado debate, em 23 de junho de 1789, Mirabeau, então representando o terceiro estado, retoma a palavra, após um morno silêncio que se abateu sobre a Assembléia pelo rechaço à proposta real, e exalta a liberdade e a necessidade de defesa da inviolabilidade.[60] Após um curto debate, nessa mesma data,[61] uma

---

[55] ZAGREBELSKY, Gustavo. Op. cit., p. 7.

[56] Um dos resultados desse processo conflituoso foi a condenação à morte de "Luigi Capeto", em 21 de janeiro de 1793 (Zagrebelsky, Gustavo, op. cit, p, 10), demonstrando o deslocamento da inviolabilidade, que antes protegia o rei – embora invocada, a responsabilidade régia não foi capaz de evitar a execução da pena – e agora estendia sua aura protetora aos membros da Assembléia Nacional.

[57] ZAGREBELSKY, Gustavo. Op. cit., p. 7-8.

[58] "Oui, Monsieur, nous avons entendu les intentions qu'on a suggérées au roi ; et vous, qui ne sauriez être son organe auprès des Etats-Généraux, vous, qui n'avez ici ni place, ni droit de parler, vous n'êtes pas fait pour nous rappeler son discours. Cependant, pour éviter tout équivoque et tout délai, je déclare que si l'on vous a chargé de nous faire sortir d'ici, vous devez demander des ordres pour employer la force; car nous ne quitterons nos places que par la puissance des baïonnettes. D'une voix unanime, les députés se sont écriés : "Tel est le voeu de l'Assemblée" (*Assemblée ationale – Séance du mardi 23 juin 1789* – Moniteur Universel, 25 jun 1789, p. 48 – Extrait des débats – http://www.assemblee-nat.fr/)

[59] ZAGREBELSKY, Gustavo. Op. cit., p. 8.

[60] Na irretocável oratória de Mirabeau: "C'est aujourd'hui que je bénis la liberté de ce qu'elle mûrit de si beaux fruits dans l'Assemblée nationale. Assurons notre ouvrage, en déclarant inviolable la personne des députés aux Etats-Généraux. Ce n'est pas manifester une crainte : c'est agir avec prudence; c'est un frein contre les conseils violents qui assiègent le trône (*Assemblée ationale – Séance du mardi 23 juin 1789* – Moniteur Universel, 25 jun 1789, p. 48 – Extrait des débats – http://www.assemblee-nat.fr/histoire/mirabeau.asp).

[61] Embora alguns autores apontam data diversa a essa manifestação da Assembléia – Eloy GARCIA diz ter sido 20 de junho de 1789 (op. cit, p. 28); Angel Manuel ABELLÁN também indica 20 de junho de 1789 (op. cit, p. 19); Alberto Zacharias TORON aponta 21 de junho de 1789 (op. cit., p. 220) –, a decisão é de 23 de junho de 1789, sendo esta a data do lançamento da "pedra fundamental" da inviolabilidade parlamentar moderna.

moção foi aprovada por 493 votos contra 34, declarando a pessoa de cada Deputado inviolável, e que todos os particulares, todas as corporações, tribunal, corte ou comissão que ousasse, durante ou depois da sessão, perseguir, incriminar, deter ou fazer deter, arrestar ou fazer arrestar um Deputado, em razão de alguma proposição, opinião ou discurso feito por ele nos Estados Gerais, bem como todas as pessoas que prestassem ajuda a algum de ditos atentados, independente de quem ordenou, serão infames e traidores da Nação e culpáveis de crime capital. A Assembléia Nacional estabelecia que, nos casos mencionados, tomaria todas as medidas necessárias para encontrar, perseguir e castigar os autores, instigadores ou executores.[62] Esse é o precedente direto do qual provém a atual inviolabilidade parlamentar.

Complementando as garantias parlamentares naquilo que hoje conhecemos como imunidade, e até contendo indicativo de prerrogativa de foro, a Assembléia Nacional francesa, em 26 de junho de 1790, reservou-se o poder de estabelecer no futuro a regulação detalhada dos instrumentos constitucionais necessários para assegurar a independência e a liberdade dos membros do Parlamento, afirmando que até o estabelecimento dos tribunais penais e de uma nova Corte Nacional, os membros da Assembléia Nacional poderiam, em caso de flagrante delito, ser detidos conforme as ordens, igualmente poderiam – salvo o suposto anteriormente indicado – ser demandados e investigados judicialmente, porém não detidos, antes que o Corpo Legislativo, à vista das informações das peças de convicção, decidisse possível a autuação.[63]

O desenrolar desses fatos conflituosos marca o nascimento das prerrogativas parlamentares modernas, em sua dupla face: inviolabilidade e imunidade. Isso pressupôs um deslocamento jurídico da soberania (só o sujeito soberano pode gozar de inviolabilidade absoluta, conseqüência de sua posição no sistema institucional), do absolutismo régio à Assembléia Nacional, o que só foi possível graças à aliança dos deputados do terceiro estado, com os representantes do baixo

---

[62] "L'Assemblée nationale déclare que la personne de chaque député est inviolable ; que tous particuliers, toutes corporations, tribunal, cour ou commission qui oseraient, pendant ou après la présente session, poursuivre, rechercher arrêter ou faire arrêter, détenir ou faire détenir un député, pour raisons d'aucunes propositions, avis, opinions, ou discours par lui faits aux Etats-Généraux ; de même que toutes personnes qui prêteraient leur ministère à aucun desdits attentats, de quelque part qu'ils fussent ordonnés, sont infâmes et traîtres envers la Nation, et coupables de crime capital. L'Assemblée nationale arrête que dans les cas susdits, elle prendra toutes les mesures nécessaires pour rechercher, poursuivre et punir ceux qui en seront les auteurs, instigateurs ou exécuteurs." *Assemblée ationale – Séance du mardi 23 juin 1789* – Moniteur Universel, 25 jun 1789, p. 48 – Extrait des débats – http://www.assemblee-nat.fr/histoire/mirabeau.asp).

[63] GARCÍA LÓPEZ, Eloy. *Inmunidad parlamentaria y estado de partidos*. Madrid: Tecnos, 1989, p. 29-30.

clero e a fração liberal dos nobres.⁶⁴ Nesse conturbado contexto, além de garantir a incolumidade pessoal posta a perigo em função da atividade parlamentar, foi importante a conexão estabelecida entre o ente coletivo assembléia (superando o individualismo inviolável do Rei da época anterior) e a soberania nacional, depositada nos representantes da nação, tudo em sintonia com os princípios revolucionários emergentes.⁶⁵

Como em qualquer parlamento, quando está em debate algo polêmico, a inviolabilidade foi alvo de questionamentos, o que não impediu sua consagração constitucional, em 1791, cujo conteúdo previa serem os representantes da Nação invioláveis, não podendo ser perseguidos, acusados nem julgados em nenhum tempo pelo que dissessem, escrevessem ou fizessem no exercício de suas funções de representantes.⁶⁶ A garantia é estabelecida no bojo da afirmação da soberania do Parlamento, de seu auto-reconhecimento de legitimidade em face da caduca legitimidade monárquica, verbalizada por Robespierre não como um privilégio, mas sim como a consagração do "princípio de que nenhum poder deve elevar-se acima do corpo legislativo da Nação".⁶⁷

A Constituição Francesa de 1793,⁶⁸ embora garanta a inviolabilidade, reduz seu alcance, consagrando que os deputados não poderiam ser perseguidos, acusados nem julgados pelas "opiniões" emitidas no seio do corpo legislativo.

No berço francês da inviolabilidade, quando ainda "criança", a garantia sofre o primeiro revés, sendo derrogada em 12 de dezembro de 1793, aos fundamentos do interesse nacional, da justiça devida ao povo e ao sagrado princípio da igualdade, que não podia permitir que na investigação da culpabilidade e no castigo dos delitos se fizesse uma injusta distinção entre os representantes do povo e quaisquer outros cidadãos.⁶⁹ O período do terror Jacobino eclipsou essa e tantas outras garantias democráticas, uma época sangrenta a ser apagada, durante a qual a liberdade adoeceu, cedendo passo à gana dos ditadores, sustentada sobre o medo e a morte.

---

⁶⁴ ZAGREBELSKY, Gustavo. Op. cit., p. 9.

⁶⁵ Idem, p. 10.

⁶⁶ "Les représentants de la Nation sont inviolables: ils ne pourront être recherchés, accusés ni jugés en aucun temps pour ce qu'ils auront dit, écrit ou fait dans l'exercice de leurs fonctions de représentants" (Chapitre premier, Section V, Article 7°, Costitution du 3 Septembre 1791 – http://www.conseil-constitutionnel.fr). Reproduz-se no francês porque o texto foi traduzido livremente, e as versões encontradas, tanto para o castelhano quanto para o português, guardam dessemelhanças.

⁶⁷ GOMES, Carla Amado. Op. cit., p. 27.

⁶⁸ "Les députés ne peuvent être recherchés, accusés ni jugés en aucun temps, pour les opinions qu'ils ont énoncées dans le sein du Corps législatif " (Acte Constitutionnel, 1793, Article 43 – http://www.conseil-constitutionnel.fr).

⁶⁹ CARRO MARTÍNEZ, Antonio. *La inmunidad parlamentaria*. Madrid: Revista de Derecho Político, n° 9, 1981, p. 91.

Dois anos mais tarde, irmanada a outras garantias democráticas, a inviolabilidade ressurge, abrindo as minuciosas garantias dos membros do corpo legislativo, inserta na Constituição de 1795[70] (assegurando a irresponsabilidade, em qualquer tempo, em razão das palavras ou escritos no exercício das funções parlamentares), morada que tomou gosto, não mais abandonando o constitucionalismo, ao menos em terras francesas. Embora com outras palavras, a Constituição de 1795, em relação à inviolabilidade, resgata o previsto na Carta de 1791, esta que fora fonte primordial de inspiração do constitucionalismo ocidental.

A experiência histórica francesa demonstra que a inviolabilidade nem sempre teve idêntica redação: ora abrangia "proposição, opinião e discurso", ora "palavras, escrita e fazer", ora somente "opiniões", ora "dizer e escrita", (...) variando significativamente o linguajar. Parece claro, entretanto, que seu objeto sempre foi proteger a liberdade de expressão da função parlamentar inserida no âmbito do Parlamento (uma função de alto risco, ao menos no período inicial do constitucionalismo), tanto que a proteção aparece associada ao corpo legislativo. É razoável que assim tenha sido, porque a grave derrogação do direito comum exige um contexto que lhe dê suporte, não podendo ser uma aura protetora do parlamentar em todas as suas atividades, sejam públicas (mesmo quando age enquanto político, fora das típicas funções parlamentares) ou privadas, mas tão-só enquanto membro do parlamento agindo nessa condição.

De se anotar, ainda, acerca da previsão normativa, que a inviolabilidade segue o mesmo bailado das demais garantias democráticas: quando a democracia é sombreada, também se matiza, quando renasce, com ela ressurge, consoante farta exemplificação histórico-constitucional dos últimos duzentos anos. Sua matiz democrática, assim, é inegável.

1.3. A evolução da matéria na Espanha

O objeto de estudo, neste item, compreende alguns pontos relevantes da evolução constitucional da inviolabilidade parlamentar em terras espanholas, no intuito de demonstrar (des)semelhanças com a evolução da matéria no Brasil.

---

[70] La Constitution du 5 Fructidor ano III (22 a. out 1795) – "*De la garantie des membres du Corps législati*. Article 110. – Les citoyens qui sont, ou ont été, membres du Corps législatif, ne peuvent être recherchés, accusés ni jugés en aucun temps, pour ce qu'ils ont dit ou écrit dans l'exercice de leurs fonctions." www.conseil.constitutonnel.fr. O regramento constitucional das garantias dos membros do Corpo Legislativo se estende até o art. 123 da Constituição, pormenorizado, tudo indica, como afirmação contra o decadente período ditatorial.

Sem olvidar o exposto acerca das supostas garantias (ou ausência delas) parlamentares medievais, vale asseverar que, na matriz constitucional, a inviolabilidade foi recepcionada na Espanha na Constituição de 1812. Antes de fixar domicílio constitucional, entretanto, as Cortes Gerais e Extraordinárias, reunidas na ilha de León, em 24 de setembro de 1810, decretaram "...que las personas de los diputados son inviolables y que no se puede intentar por ninguna autoridad ni persona particular cosa alguna contra los diputados en los términos que se establezcan en el Reglamento general que va a formarse, y a cuyo efecto se nombrará una Comissión".[71]

O caráter genérico da previsão, de nítida influência francesa de 1789, visava a proteger a independência das Cortes frente a todos, subtraindo qualquer perseguição a seus membros até a promulgação do Regulamento,[72] entendimento nele mantido, uma vez que expressamente ali se previa que as pessoas dos deputados eram invioláveis e que em nenhum tempo e por nenhuma autoridade poderia ser interposta, contra os deputados, qualquer ação ou procedimento por suas *opiniones y dictámenes*.[73]

A Constituição Política da Monarquia Espanhola, promulgada em Cádiz, em 19 de março de 1812, contemplava no artigo 128[74] a inviolabilidade dos Deputados, mesclando-a com garantias procedimentais (imunidade), em texto cuja clareza não é seu principal atributo.

No que se refere à inviolabilidade, entretanto, não resulta qualquer dúvida acerca da proteção formal-constitucional às opiniões dos Deputados, cujo eco real não se faz sentir, quer dizer, a garantia se fez relativa, porquanto o Tribunal de Cortes, uma espécie de foro privilegiado, processou vários parlamentares por opiniões emitidas no exercício da função. Em 1814, por exemplo, o Deputado Lopez Reina é processado por ter defendido a Monarquia absoluta, palavras que foram consideradas anticonstitucionais, subversivas e escandalosas, sobre as quais foi obrigado a dar explicações, por escrito, o que não impediu a formação da causa e sua colocação à disposição do

---

[71] FERNÁNDEZ-MIRANDA Y CAMPOAMOR, Alfonso. *Origem historico...*, p. 202.

[72] Idem, p. 202.

[73] Capítulo IV, do Regulamento de 24 de novembro de 1810, conforme FERNÁNDEZ-MIRANDA Y CAMPOAMOR, Alfonso. *Origem historico...*, p. 203.

[74] "Art. 128. Los Diputados serán inviolables por sus opiniones, y en ningún tiempo ni caso, ni por ninguna autoridad, podrán ser reconvenidos por ellas. En las causas criminales que contra ellos se intentaren, no podrán ser juzgados sino por el Tribunal de Cortes en el modo y forma que se prescriba en el reglamento del gobierno interior de las mismas. Durante las sesiones de las Cortes, y un mes después, los Diputados no podrán ser demandados civilmente, ni ejecutados por deudas." (*Constitución Política de la Monarquía Española, Promulgada em Cádiz a 19 de marzo de 1812*, Título III De Las Cortes, Capítulo VI De la celebración de las Cortes – http://www.congreso.es. As normas espanholas reproduzidas foram captadas nesse endereço eletrônico, ou no http://www.cervantesvirtual.com., fontes que não serão repetidas.

Tribunal de Cortes, do que não foi notificado por fugir de Madrid.[75] Foram tantos os processos movidos contra parlamentares à luz do prescrito na Constituição dozeanista que na exposição chamada "de los Persas", de número 53, houve a afirmação que sob "(...) este sistema, el art. 128 siempre estuvo de más, aunque se escribió en el que los Diputados serían inviolables por sus opiniones, porque esto ha tenido más excepciones que palabras".[76]

A mescla das influências francesa (Constituição de 1791), britânica e dos precedentes autóctones produz uma recepção titubeante e confusa de instituições heterogêneas, projetando-se nos seguintes extremos:[77] a imunidade não se limita ao controle político do Parlamento sobre os órgãos jurisdicionais, mas supõe uma autêntica translação de competência jurisdicional sobre os deputados para a própria Câmara através do Tribunal das Cortes; a inviolabilidade, apesar da formulação teórica, não se estenderá na prática como absoluta irresponsabilidade jurídica dos parlamentares, se não que, assemelhando-se de fato à imunidade, vai permitir ao Tribunal das Cortes conhecer causas contra os deputados até por opiniões emitidas no exercício das suas funções parlamentares; o âmbito material da imunidade se estenderá não só aos procedimentos criminais, mas também aos civis, alcançando a proteção até um ano após a finalização do mandato, e a partir da promulgação da Constituição, ficando proibidas as demandas civis e a execução por dívidas durante o período das sessões e até um mês depois.

Essas confusões se explicam na recepção simultânea de influências contrapostas: a primeira verte da interferência inglesa, que embora não conheça imunidade parlamentar, contemplava a função jurisdicional do Parlamento; a segunda, a instituição do Tribunal de Cortes para processar os membros do Parlamento, inclusive por opiniões emitidas no exercício de suas funções parlamentares, revela a superposição da *freedom of speach* inglesa, que durante muito tempo não implicou irresponsabilidade jurídica absoluta, senão competência do Parlamento nessas causas contra seus membros; a terceira é fruto da interferência do privilégio medieval, que estabelecia uma exclusiva proteção civil dos representantes, indo, morando ou retornando, tese

---

[75] BUGALLAL Y ARAUJO, Gabino. Op. cit., p. 561-562. O autor menciona uma série de outros episódios, dentre os quais "... en el castillo de Santa Catalina de Cádiz al Diputado Sr. González, que habia dirigido a las Cortes una exposición 'poco decorosa' y se negaba a comparecer ante el Tribunal; como se formó también proceso por análogo motivo al Diputado señor García Quintana, que al fin fué absuelto, 'teniendo por compurgadas las faltas en que há incurrido, mediante su largo arresto y privación de dietas', concediéndole el retiro absoluto y apercibiéndole para que, en lo sucesivo, guardase el respeto debido a las Cortes" (p. 561), reforçando o entendimento da existência relativa da inviolabilidade.

[76] BUGALLAL Y ARAUJO, Gabino. Op. cit., p. 562.

[77] Conforme FERNÁNDEZ-MIRANDA Y CAMPOAMOR, Alfonso. *Origem historico...*, p. 203-204.

à época polêmica, mas que acabou espelhando as leis da Recopilação que concedia aos procuradores nas Cortes o direito de não serem demandados até voltarem a seus povos.[78]

Já no Estatuto Real de 1834, a redação foi melhorada, estendendo-se a inviolabilidade aos próceres e aos procuradores do Reino pelas opiniões e votos emitidos no desempenho de seu encargo.[79]

A Constituição de 1837 segue essa redação, superando as confusões da anterior, ao prever a inviolabilidade aos Deputados e Senadores por suas opiniões e votos no exercício de seu encargo,[80] alinhando-se ao modelo da *irresponsabilité* francesa, o qual marcou o porvir do constitucionalismo espanhol na regulação da matéria.

Assim, as demais Constituições Espanholas, datadas de 1845,[81] 1869,[82] 1876,[83] 1931[84] e a Constituição atualmente vigente, de 1978,[85] com pequenas modificações redacionais, mantêm-se fiéis à fórmula francesa e, pode-se dizer, ao próprio perfil que a inviolabilidade adotou no constitucionalismo ocidental.

Sublinhe-se, finalmente, cuidar-se de matéria consolidada no âmbito do constitucionalismo espanhol, a demonstrar estabilidade e coerência formal (conquistada após o vacilo inicial de 1812) – não havendo um debate agudo advogando sua abolição –, solidez afirmada pela interpretação dos Tribunais Espanhóis que, salvo exceções confirmando a regra, há mais de uma década pacificaram o entendimento sobre a matéria.

1.4. Os passos da inviolabilidade em *terra brasilis*

A forma como o Brasil, um dos filhos da família romano-germânica de direito, recebeu e cuidou, em suas diversas Constituições,

---

[78] Idem, p. 204.

[79] "Artículo 49. Así los próceres como los procuradores del Reino serán inviolables por las opiniones y votos que dieren en desempeño de su encargo".

[80] "Art. 41. Los senadores y los diputados son inviolables por sus opiniones y votos en el ejercicio de su encargo".

[81] "Art. 40. Los senadores y los diputados son inviolables por sus opiniones y votos en el ejercicio de su encargo". Constitución de la Monarquía española de 23 de mayo de 1845, Título V. De la celebración y facultades de las Cortes.

[82] "Art. 57. Los senadores y diputados son inviolables por las opiniones y votos que emitan en el ejercicio de su cargo". Constitución de la Monarquia Española, de 1 de junio de 1869, Título III – Del Poder Legislativo, Sección Primera – De la celebración y facultades de las Cortes.

[83] "Art. 46. Los senadores y diputados son inviolables por sus opiniones y votos en el ejercicio de su cargo." Constitución dela Monarquia Española de 30 de junio de 1876, Título V, De la celebración y facultades de las Cortes.

[84] "Art. 55. Los diputados son inviolables por los votos y opiniones que emitan en el ejercicio de su cargo". Constitución de la República Española de 9 de diciembre de 1931, Título IV – Las Cortes.

[85] "Art. 71. 1. Los Diputados y Senadores gozarán de inviolabilidad por las opiniones manifestadas en el ejercicio de sus funciones". Constitución Española de 1978, Título III, Capítulo I – De las Cámaras.

serve para compreender melhor a atual formatação constitucional da inviolabilidade parlamentar. As diversas Leis Fundamentais brasileiras são uma mostra da descontinuidade democrática, cujas lembranças permanecem vivas na realidade brasileira. É natural, assim, que a inviolabilidade tenha "dançado" ao sabor dos ventos conjunturais, fazendo desse instituto mais um dos que estão distante da estabilidade conquistada por outros países nos quais o Estado Social e Democrático de Direito é uma realidade.

Todas as Cartas Políticas brasileiras albergaram normas protetivas à atuação parlamentar, embora o alcance nem sempre tenha sido o mesmo. Antes mesmo de prever em norma constitucional, alinhando-se ao decreto das Cortes Constituintes portuguesas, de 10 de março de 1821, sancionado pela Regência de Lisboa,[86] que previa as chamadas Bases da Constituição, o Príncipe D. Pedro, em 5 de junho do mesmo ano, jurou solenemente o documento decretado pelas Cortes de Portugal, o qual previa, no art. 28, que "(...) os deputados das Cortes são, como representantes da Nação, invioláveis nas suas pessoas e nunca responsáveis pelas suas opiniões".[87] Esse documento transladado de Portugal e jurado em terras brasileiras, distribuído a todas as Províncias, constitui a primeira lei "nacional" a tratar da inviolabilidade.

A Assembléia Constituinte de 1823, que trabalhava sobre o projeto do Deputado Antônio Carlos de Andrade, o qual previa, no art. 72, serem os Deputados e Senadores invioláveis pelas opiniões proferidas na Assembléia, não pode deliberar sobre o tema, visto ter sido dissolvida no mês de novembro daquele ano, tendo discutido e votado somente até o art. 24 do referido projeto.[88]

A Constituição Imperial de 1824 assegurava a inviolabilidade dos Membros de cada uma das Câmaras pelas opiniões proferidas no exercício de suas funções.[89] Aparece nítida a influência francesa, mesclando a proteção somente das "opiniões", fórmula da Constituição de 1793, e a menção no "exercício de suas funções", tudo indica, importada da Constituição de 1791. De outra banda, ao redigir a imu-

---

[86] A influência dos colonizadores portugueses é outro fator a considerar, visto que, como em toda a colonização, mesmo que em determinado momento se estabeleça algum tipo de ruptura, sempre permanecem traços culturais na vida, especialmente, dos colonizados.

[87] FRANCO, Afonso Arinos de Mello. Op. cit., p 118.

[88] Idem, p. 118-119.

[89] "Art. 26. Os Membros de cada uma das Câmaras são invioláveis pelas opiniões que proferirem no exercício das suas funções". Constituição Política do Império do Brasil, de 25 de março de 1824, Título 4º - Do Poder Legislativo, Capítulo I – Dos Ramos do Poder Legislativo e suas atribuições. (http://wwwt.senado.gov.br). As normas brasileiras citadas no texto provêm desse endereço eletrônico, ou do seguinte: www.planalto.gov.br, fonte que não será repetida nas seguintes notas.

nidade parlamentar[90] não acobertando os casos de pena capital, aparece a influência do direito inglês antigo, que previa a suspensão da inviolabilidade nos casos de traição e felonia, ambos sancionados com pena de morte.[91]

Em verdade, cuida-se de um paradoxo assegurar-se garantias parlamentares em uma Constituição outorgada, marcada pela prévia dissolução da Constituinte e pela presença de um quarto poder, o Moderador[92] (uma concepção do pensador liberal Benjamin Constant, implementada por Dom Pedro I), constitucionalmente competente para nomear senadores, suspender magistrados e dissolver a própria Câmara dos Deputados. Esse contexto, aliado à previsão de voto censitário[93] e eleições indiretas, explica não se ter notícias de perseguições a parlamentares da época, pois os possíveis opositores tinham escassas chances de chegar ao Parlamento.

A iniciação brasileira da inviolabilidade possui alguma semelhança com a recepção espanhola, ao menos no aceitar influências diversas, oscilações que também estiveram presentes no direito francês resultante da Revolução de 1789.[94]

A Constituição brasileira de 1891[95] previu serem os Deputados e Senadores invioláveis por opiniões, palavras e votos emitidos no exercício do mandato. A mudança das palavras "no exercício das suas funções", previstas na Constituição de 1824, por "no exercício do mandato", na redação da Constituição Republicana, pode suscitar

---

[90] "Art. 27. Nenhum Senador, ou Deputado, durante a sua deputação, pode ser preso por Autoridade alguma, salvo por ordem da sua respectiva Câmara, menos em flagrante delito de pena capital".

[91] FRANCO, Afonso Arinos de Mello. Op. cit., p. 119.

[92] "Art. 10. Os Poderes Políticos reconhecidos pela Constituição do Império do Brasil são quatro: o Poder Legislativo, o Poder Moderador, o Poder Executivo e o Poder Judicial. Art. 98. O Poder Moderador é a chave de toda a organização Política, e é delegado privativamente ao Imperador, como Chefe Supremo da Nação, e seu Primeiro Representante, para que incessantemente vele sobre a manutenção da Independência, equilíbrio e harmonia dos mais Poderes Políticos. Art. 99. A Pessoa do Imperador é inviolável e sagrada: Ele não está sujeito à responsabilidade alguma. Art. 101. O Imperador exerce o Poder Moderador I. Nomeando os Senadores, na fórma do Art. 43. V. Prorrogando, ou adiando a Assembléia Geral, e dissolvendo a Câmara dos Deputados, nos casos, em que o exigir a salvação do Estado; convocando imediatamente outra, que a substitua. VII. Suspendendo os Magistrados nos casos do art. 154".

[93] "Art. 94. Podem ser eleitores, e votar na eleição dos Deputados, Senadores e Membros dos Conselhos de Província todos os que podem votar na Assembléa Parochial. Exceptuam-se: I. Os que não tiverem de renda líquida anual duzentos mil réis por bens de raiz, indústria, comércio, ou emprego. II. Os Libertos. III. Os criminosos pronunciados em queréla, ou devassa".

[94] No Inquérito nº 1296-3, o Ministro do STF, Nelson JOBIM, analisando essas oscilações francesas (ora prevendo a inviolabilidade no seio do Parlamento, ora no exercício das funções parlamentares), afirma não serem meras modificações estilísticas, mas alterações de proposições jurídicas a lhe darem conteúdo significativo diverso. Na versão "exercício das funções" estaria admitida a incidência do instituto para atos praticados fora do âmbito físico parlamento (Diário da Justiça, nº 155, 14 de agosto de 1997, Seção I, p. 36779).

[95] "Art 19 – Os Deputados e Senadores são invioláveis por suas opiniões, palavras e votos no exercício do mandato".

interpretação diversa, dependendo da resposta dada às perguntas: o que significa exercer as funções de Deputado e Senador? No que divergem *exercer as funções* de *exercer o mandato* parlamentar? O possível dissenso repousa, não propriamente nas diferenças de grafia, mas no alcance a ser dado ao instituto da inviolabilidade, debate que permanece vivo até nossos dias. Ao comentar essa Constituição, Maximiliano asseverava que "a prerrogativa não isenta de processo o representante pelo que ele diz na qualidade de homem particular e fora do Congresso, na imprensa, em palestras, disputas, conferencias ou *meetings*".[96]

A Norma Fundamental de 1934,[97] ao contemplar as garantias clássicas dos parlamentares, mesclou os termos das anteriores Constituições ao prever que a inviolabilidade assegurava o parlamentar no *exercício das funções do mandato*. Uma Constituição democrática, efêmera, que deve ter "assistido com desprezo" às inúmeras violações de direitos ocorridas sob sua vigência, como a quebra da própria inviolabilidade parlamentar, quando Deputados foram presos no recinto do Congresso por atos que em tese deveriam estar protegidos por ela.[98]

A Constituição de 1937,[99] resultante do golpe que implantou o Estado Novo, inspirada na Constituição polonesa de 1935, restringiu a proteção aos parlamentares, o que, nas circunstâncias políticas brasileiras de então, sequer precisava ter ocorrido, dado o não-funcionamento do Poder Legislativo, tendo a função legislativa estatal sido restringida aos Decretos-Leis presidenciais. Da simples leitura do dispositivo, verte não só a restrição, mas também algo muito próximo da supressão formal da inviolabilidade, pois se ela não servia para proteger o parlamentar nos casos de difamação, calúnia, injúria, ultraje à moral pública, provocação pública ao crime, manifestação contrária à existência ou independência da Nação ou incitamento à subversão violenta da ordem política ou social, pouca ou nenhuma garantia oferecia, nem mesmo em tese.

---

[96] MAXIMILIANO, Carlos. *Commentarios – Constituição Brasileira de 1891*. Rio de Janeiro: Jacinto Ribeiro dos Santos, 1918, p. 293. O comentário, reproduzindo conforme redação original, é amparado no pensamento de PIMENTA BUENO, BARBALHO, TUCKER e ARISTIDES MILTON.

[97] "Art 31 – Os Deputados são invioláveis por suas opiniões, palavras e votos no exercício das funções do mandato".

[98] Ilustrativo, nesse sentido, o relato de FALCÃO, Alcino Pinto. *Da imunidade parlamentar*. Rio de Janeiro: Forense, 1955.

[99] "Art 43 – Só perante a sua respectiva Câmara responderão os membros do Parlamento nacional pelas opiniões e votos que emitirem no exercício de suas funções; não estarão, porém, isentos da responsabilidade civil e criminal por difamação, calúnia, injúria, ultraje à moral pública ou provocação pública ao crime. Parágrafo único – Em caso de manifestação contrária à existência ou independência da Nação ou incitamento à subversão violenta da ordem política ou social, pode qualquer das Câmaras, por maioria de votos, declarar vago o lugar do Deputado ou membro do Conselho Federal, autor da manifestação ou incitamento".

Superando o noticiado período autoritário, a Constituição de 1946[100] possui redação muito próxima da estabelecida em 1934, com a supressão da palavra "funções", o que não modifica a essência do dispositivo, nem mesmo resolve a polêmica ainda viva acerca dos limites da incidência da inviolabilidade.

A Carta Política de 1967,[101] surgida no momento inicial, e se assim se pode classificar uma ditadura, mais ameno do regime militar instituído em 1964, reproduz a redação contida na Constituição de 1946. O período de turbulência político-institucional vivido pelo Brasil, à época, reflete-se, por um lado, nas constantes tentativas de afirmar as prerrogativas parlamentares, por parte do Poder Legislativo, e por outro, no freqüente desrespeito a elas, patrocinado pelo Executivo. O célebre episódio da negativa de autorização para processamento do Deputado Márcio Moreira Alves, que desencadeou o Ato Institucional n° 5, de 13.12.1968,[102] é símbolo da resistência parlamentar.[103] Embora formalmente existentes, as garantias foram cedendo na

---

[100] "Art 44 – Os Deputados e os Senadores são invioláveis, no exercício do mandato, por suas opiniões, palavras e votos."

[101] "Art 34 – Os Deputados e Senadores são invioláveis no exercício do mandato, por suas opiniões, palavras e votos."

[102] "Art 2° – O Presidente da República poderá decretar o recesso do Congresso Nacional, das Assembléias Legislativas e das Câmaras de Vereadores, por Ato Complementar, em estado de sitio ou fora dele, só voltando os mesmos a funcionar quando convocados pelo Presidente da República. (...) Art 4° – No interesse de preservar a Revolução, o Presidente da República, ouvido o Conselho de Segurança Nacional, e sem as limitações previstas na Constituição, poderá suspender os direitos políticos de quaisquer cidadãos pelo prazo de 10 anos e cassar mandatos eletivos federais, estaduais e municipais. (...) Art 5° – A suspensão dos direitos políticos, com base neste Ato, importa, simultaneamente, em: I – cessação de privilégio de foro por prerrogativa de função; II – suspensão do direito de votar e de ser votado nas eleições sindicais; III – proibição de atividades ou manifestação sobre assunto de natureza política; IV – aplicação, quando necessária, das seguintes medidas de segurança: a) liberdade vigiada; b) proibição de freqüentar determinados lugares; c) domicílio determinado, § 1° – o ato que decretar a suspensão dos direitos políticos poderá fixar restrições ou proibições relativamente ao exercício de quaisquer outros direitos públicos ou privados. (...) Art 10 – Fica suspensa a garantia de *habeas corpus*, nos casos de crimes políticos, contra a segurança nacional, a ordem econômica e social e a economia popular. Art 11 – Excluem-se de qualquer apreciação judicial todos os atos praticados de acordo com este Ato institucional e seus Atos Complementares, bem como os respectivos efeitos." (http://www.acervoditadura.rs.gov.br).

[103] O Deputado Federal Márcio Moreira Alves, do então MDB, da tribuna da Câmara discursou convocando o povo e, particularmente, as mulheres brasileiras a resistirem ao regime militar, boicotando o desfile de 7 de setembro (data da Independência do Brasil) – sendo esse fato uma espécie de símbolo a justificar o endurecimento militar. Em suas palavras, dirige-se aos pais para que pensassem "... que a presença de seus filhos nesse desfile é um auxílio aos carrascos que os espancam e os metralham nas ruas", boicote voltado a superar a farsa por ele denominada "democratura" e restabelecer a democracia. A eloqüente defesa da negativa de autorização para processamento de Moreira Alves, feita pelo seu colega Mário Covas, inicia dizendo que "a Casa" está sendo submetida a julgamento, a qual, do banco dos réus, aguarda o veredicto a ser exarado pelos próprios ocupantes, por acusação de injúria às Forças Armadas mediante a arma "palavra". A seguir, manifesta sua crença no povo, em seus "delegados", na palavra ("ainda quando viril e injusta", por acreditar "na força das idéias e do diálogo, que é o seu livre embate"), no regime democrático, no Parlamento ("ainda que com todas as suas demasias e fraquezas, que só desaparecerão se o sustentarmos livre, soberano e independente) e na liber-

vida real, à força, às cassações e até ao "sumiço" físico de parlamentares, como Rubens Paiva.

Dando seqüência ao endurecimento do regime militar, a Emenda Constitucional nº 1, de outubro de 1969,[104] na prática uma nova Constituição, porquanto maior que a anterior e regulando amplamente as instituições constitucionais, busca inspiração, talvez, na Constituição de 1937, para aniquilar a inviolabilidade parlamentar, retirando sua incidência dos casos de injúria, difamação, calúnia e dos previstos na Lei de Segurança Nacional.[105] Antes do reestabelecimento democrático-normativo propiciado pela Constituição de 1988, houve emendas constitucionais que modificaram a redação do mencionado art. 32, quais sejam, a Emenda Constitucional nº 11, de 17 de outubro de 1978,[106] e a Emenda Constitucional nº 22, de 5 de julho de 1982,[107] as quais mantiveram uma aparência de inviolabilidade parlamentar.

Finalmente, a atual Constituição brasileira de 1988 tinha na sua redação original[108] um texto mais enxuto do que o resultante da Emenda Constitucional nº 35,[109] de 20 de dezembro de 2001,[110] em relação à inviolabilidade.[111] Parece evidente que a previsão original

---

dade ("esse vínculo entre o homem e a eternidade, essa condição indispensável para situar o ser à imagem e semelhança de seu criador"). Ao encerrar seu discurso, apelava: "não permitais que um delito impossível possa transformar-se no sepultamento da democracia, no aniquilamento de um Poder, no cântico lúgubre das liberdades perdidas". Após os debates, em votação secreta, dos 369 votantes, 216 votos foram contrários à autorização de instauração de processo contra o Deputado Márcio Moreira Alves, fato utilizado como justificativa para recrudescer a ditadura (Discursos reproduzidos em KURANAKA, Jorge. *Imunidades parlamentares*. São Paulo: Juarez Oliveira, 2002, p.243-247).

[104] "Art. 32. Os deputados e senadores são invioláveis, no exercício do mandato, por suas opiniões, palavras e votos, salvo nos casos de injúria, difamação ou calúnia, ou nos previstos na Lei de Segurança Nacional."

[105] Para se ter uma idéia da amplitude da então Lei nº 6.620, de 17 de dezembro de 1978 (então Lei de Segurança Nacional), era punível divulgação, por qualquer meio, de "fato verdadeiro truncado, de modo a tentar indispor o povo com as autoridades" (art. 14) ou "Manifestar solidariedade à greve proibida" (art. 42, VI), de modo que a tipicidade "aberta" das condutas aqui descritas é mais um elemento a demonstrar que a inviolabilidade, ao lado de outras garantias fundamentais, sucumbiu no período em exame.

[106] "Art 32. Os deputados e senadores são invioláveis no exercício do mandato, por suas opiniões, palavras e votos salvo no caso de crime contra a Segurança Nacional."

[107] "Art. 32. Os deputados e senadores são invioláveis, no exercício do mandato, por suas opiniões, palavras e votos, salvo no caso de crime contra a honra."

[108] "Art. 53. Os Deputados e Senadores são invioláveis por suas opiniões, palavras e votos."

[109] "Art. 53. Os Deputados e Senadores são invioláveis, civil e penalmente, por quaisquer de suas opiniões, palavras e votos".

[110] Acerca das Emendas à Constituição brasileira, a atual, aprovada em 05 de outubro de 1988, conquistou o triste *record* de ser a mais emendada da história, com mais de meia centena de modificações. Sobre a falta de seriedade do Brasil no (des)cuidar da Lei Fundamental, ver VERONESE, Osmar. *Constituição: Reformar para que(m)?* Porto Alegre: Livraria do Advogado, 1999.

[111] Sobre o direito de emenda, sua conexão com o direito de participação, exigência do princípio democrático e pluralista, ver o excelente estudo de REDONDO GARCIA, Ana Maria del Carmem. *El derecho de Enmienda en los procedimientos legislativos de las Cortes Generales*. Madrid: Congreso de los Diputados, 2001.

de serem os parlamentares "invioláveis" e a resultante da emenda que confirmou serem eles invioláveis, "civil e penalmente", não significou qualquer alteração de conteúdo do instituto, objeto de estudo adiante.

Algumas observações da inviolabilidade parlamentar no Brasil e na Espanha podem ser importantes.

Primeiro, a nomenclatura e a natureza das garantias parlamentares, abrangendo aqui a imunidade, são coincidentes. Isso pode ser explicado pela descendência dos sistemas jurídicos, ou seja, Brasil e Espanha são filhos do sistema de direito romano-germânico. Nenhum dos dois países se alinha à família de direito denominada *common law* e nenhum deles viveu revoluções socialistas, situações que normalmente imporiam outra leitura dos institutos jurídicos.

Sem desprezar alguma possível influência herdada dos Estados Unidos da América, é possível afirmar que a matriz jurídico-constitucional da inviolabilidade recepcionada por ambos os países é francesa, sendo este o parâmetro principal para entender em perspectiva histórica o instituto em estudo. Até mesmo a época da incorporação nas Constituições não é tão diversa, sendo que a Espanha o previu primeiro na Constituição de 1812, e o Brasil, na Carta de 1824.

Em ambas as experiências, as rupturas institucionais estiveram presentes, não só quanto a modelos de Estado, mas também na alternância de períodos de ditaduras com períodos democráticos. Franco na Espanha e os militares no Brasil são, respectivamente, as últimas experiências ditatoriais vividas pelos referidos Estados. Depois de períodos autoritários, a Espanha, na década de setenta, e o Brasil, na década de oitenta, instauraram democracias, as quais reinam até os dias de hoje. Os dois países são capitalistas e governados, atualmente, por líderes socialistas.

No Brasil, diferentemente do que ocorre na Espanha, as garantias dos Deputados Estaduais, por conseguinte, também a inviolabilidade, estão previstas na Constituição Federal,[112] tendo idêntica configuração constitucional das previstas aos Deputados Federais. Assim, todos os Deputados integrantes do Parlamento das Comunidades Autônomas brasileiras gozam de imunidade e inviolabilidade, por expressa disposição da Constituição Federal. Da mesma forma, os vereadores (*consejales* espanhóis) integrantes dos mais de 5.500 Parlamentos municipais brasileiros possuem inviolabilidade parlamen-

---

[112] "Art. 27. O número de Deputados à Assembléia Legislativa corresponderá ao triplo da representação do Estado na Câmara dos Deputados e, atingido o número de trinta e seis, será acrescido de tantos quantos forem os Deputados Federais acima de doze. § 1º Será de quatro anos o mandato dos Deputados Estaduais, aplicando-se-lhes as regras desta Constituição sobre sistema eleitoral, *inviolabilidade, imunidades*, remuneração, perda de mandato, licença, impedimentos e incorporação às Forças Armadas."

tar,[113] por obra do Constituinte originário, uma inovação não presente em qualquer antecedente, embora não possuam imunidade.

As semelhanças apontadas possibilitam um estudo comparativo do instituto na atualidade dessas Federações, buscando detectar os acertos interpretativos e indicar possíveis equívocos, objeto de estudo a seguir.

---

[113] "Art. 29. O Município reger-se-á por lei orgânica, votada em dois turnos, com o interstício mínimo de dez dias, e aprovada por dois terços dos membros da Câmara Municipal, que a promulgará, atendidos os princípios estabelecidos nesta Constituição, na Constituição do respectivo Estado e os seguintes preceitos. (...) VIII – inviolabilidade dos Vereadores por suas opiniões, palavras e votos no exercício do mandato e na circunscrição do Município."

2. Na busca de compreender a inviolabilidade parlamentar

Fixada a origem francesa da inviolabilidade parlamentar moderna e descritos alguns episódios de sua evolução histórica (com o intuito de ilustrar a experiência trasmitida na sua trajetória),[114] é necessário vislumbrar o instituto em seu conteúdo, em sua extensão, no lastro dos beneficiários, enfim, esquadrinhar suas características principais como forma de melhor compreender o desenho que dele fazem legislador e intérprete.

Ser inviolável no exercício de determinada função considerada pelo legislador importante para a sociedade é ter uma proteção legal que impede reprimendas judiciais ou administrativas em razão da prática de determinados atos. Não se cuida de uma prerrogativa exclusiva dos parlamentares, variando as pessoas e/ou instituições protegidas de acordo com o momento histórico de cada país, alcançando hoje, por exemplo, nas Constituições da Espanha, o Rei;[115] do Brasil, os advogados;[116] de Portugal, os Juízes;[117] na Itália, o Presidente;[118] isso sem mencionar as previsões infraconstitucionais.[119] Embora di-

---

[114] Ao contrário dos soldados que retornavam dos campos de batalha da Guerra Mundial, mudos, incapazes de trasmitir sua (empobrecedora!) experiência, consoante relato de Walter BENJAMIN, no texto " O narrador...", (p. 56), a inviolabilidade historicamente posicionada tem muito a legar ao atual instituto constitucional.

[115] "Art. 56/3. La persona del Rey es inviolable y no está sujeta a responsabilidad (...)"

[116] "Art. 133. O advogado é indispensável à administração da justiça, sendo inviolável por seus atos e manifestações no exercício da profissão, nos limites da lei."

[117] "Art. 216/2: "Os juízes não podem ser responsabilizados pelas suas decisões, salvas as excepções consignadas na lei", previsão conexa à do art. 203, que assegura a independência do Poder Judiciário: "Os tribunais são independentes e apenas estão sujeitos à lei."

[118] "Art. 90. Il Presidente della Repubblica non è responsabile degli atti compiuti nell'esercizio delle sue funzioni, tranne che per alto tradimento o per attentato alla Costituzione. In tali casi è messo in stato di accusa dal Parlamento in seduta comune, a maggioranza assoluta dei suoi membri."

[119] Apenas exemplificando, no *Brasil*, o *Ministério Público*: "41. Constituem prerrogativas dos membros do Ministério Público, no exercício de sua função, além de outras previstas na Lei Orgânica: *V – gozar de inviolabilidade pelas opiniões que externar ou pelo teor de suas manifestações processuais ou procedimentos*, nos limites de sua independência funcional (Lei 8.625/1993)"; a *Magistratura* "Art. 41 – Salvo os casos de impropriedade ou excesso de linguagem, o magistrado não pode ser punido ou prejudicado pelas opiniões que manifestar ou pelo teor das decisões que proferir" (LC. 35/1979), na *Espanha*, os *Defensores del Pueblo* "art. 6.2 El Defensor del Pueblo

versas, no fundo, essas inviolabilidades guardam uma mesma essência, quer dizer, protegem determinados atos de alguém que os pratica no exercício de uma função de relevância pública, com arrimo constitucional.

Há, ainda, as imunidades diplomáticas, de alcance externo, imbricadas à soberania Estatal, que tornam os embaixadores e outros servidores diplomáticos invioláveis em relação a determinado ordenamento e, internamente, as previsões constitucionais de inviolabilidade de natureza diversa, como a de domicílio, de correspondência, das cortes, de personalidade, de consciência, dentre outras. Em comum, guardam apenas a característica de concederem uma proteção jurídica extra às pessoas e/ou aos bens juridicamente tutelados.[120] O objeto deste estudo se restringirá à inviolabilidade dos parlamentares, com especial enfoque à dos vereadores, embora as demais, em determinados momentos, poderão ser referidas.

A inviolabilidade parlamentar, ao lado de outras garantias insertas no campo do denominado Direito Parlamentar (vertentes do Direito Público), é prerrogativa destinada a garantir a atuação independente do Poder Legislativo em relação aos demais Poderes do Estado e da sociedade. Objetiva tornar as atividades parlamentares imunes das pressões externas, preservando a liberdade, a autonomia e a independência do parlamento, não amordaçando seus membros. Encontra fundamento no princípio representativo – salvaguardar a representatividade democrática, tendo por fim proteger a liberdade de expressão do deputado enquanto representante de cidadãos que o elegeram.[121] Protege, assim, a função exercida pelo parlamentar, sendo prerrogativa de caráter institucional inerente a um dos Poderes do Estado, só sendo conferida ao parlamentar em razão do cargo e do mandato que exerce. Como norma constitucional exorbitante do direito comum, redigida em favor dos parlamentares, visa a garantir o exercício do *munus* público com altivez, sem receio de perseguições penais, civis, administrativas ou disciplinares desencadeadas com lastro em suas manifestações, orais ou escritas, protegendo o parlamentar na função de possível pressão capaz de macular sua atuação, manchando a representação e desconstituindo a vontade do eleitor.

---

gozará de *inviolabilidad. No podrá ser detenido, expedientado, multado, perseguido o juzgado en razón a las opiniones que formule o a los actos que realice en el ejercicio de las competencias propias de su cargo* (LO 3/1981).

[120] Consta no dicionário de Língua Portuguesa: "*inviolabilidade*: prerrogativa pela qual certas pessoas (parlamentares, agentes diplomáticos estrangeiros) e certos lugares ficam livres da ação da justiça"; *inviolável*: do latim *inviolabile*, que está legalmente protegido contra qualquer violência e acima da ação da justiça" (HOLANDA FERREIRA, Aurélio Buarque de. *Novo dicionário aurélio da língua portuguesa*. Rio de Janeiro: Nova Fronteira, 1986, p. 965).

[121] GOMES, Carla Amado. Op. cit., p. 55.

Consoante definido pelo Tribunal Constitucional Espanhol, a inviolabilidade é uma prerrogativa de natureza substantiva que garante a irresponsabilidade jurídica dos parlamentares pelas opiniões manifestadas no exercício de suas funções, entendendo por tais as realizadas em atos parlamentares e no seio de qualquer das articulações das Cortes Gerais ou, por exceção, em atos exteriores à vida das Câmaras que sejam reprodução literal de um ato parlamentar, sendo finalidade específica da garantia assegurar, através da liberdade de expressão[122] dos parlamentares,[123] a livre formação da vontade do órgão legislativo a que pertençam.[124]

A inviolabilidade parlamentar, também denominada imunidade material, substantiva, absoluta ou real, ou ainda cláusula de irresponsabilidade ou indenidade, visa a assegurar a liberdade de expressão dos parlamentares, significando que eles não responderão, nem penal, nem civilmente, nem administrativa, nem disciplinarmente, por suas opiniões, suas palavras, seus votos, sua atuação. Desse modo, o parlamentar, ao se pronunciar, ao criticar, ao votar, não cometerá[125] os

---

[122] Alguns autores diferenciam direito de opinião de direito de expressão: "enquanto a opinião diz respeito a um juízo conceitual, uma afirmação do pensamento, a expressão consiste na sublimação da forma das sensações humanas, ou seja, nas situações em que o indivíduo manifesta seus sentimentos ou sua criatividade, independentemente da formulação de convicções, juízos de valor ou conceitos" (ARAÚJO, Luiz Alberto David e NUNES Jr., Vidal Serrano. Curso de direito constitucional. São Paulo, Saraiva, 1998, p. 75). Embora a especificação seja interessante, ela não será adotada no presente estudo pelas seguintes razões: o Tribunal Constitucional Espanhol e os autores espanhóis estudados não a fazem; a expressão aqui abrange qualquer manifestação (suponha-se que o parlamentar utilize música, pintura, fotografia, ou aja como um ator em um teatro, com ou sem juízo crítico, independente de se revestir ou não da fórmula opinião; e as próprias Constituições adotam outros termos, para além da opinião, como proposições, palavras, votos, entre outros. Entendimento semelhante parece ter sido acolhido na seguinte decisão: "I – Se o gesto deseducado do vereador, na Câmara, em meio a desentendimento, é hoje em dia, algo que dificilmente poderia ofender o sentimento médio de pudor, não há que se falar de ato obsceno. II – A exteriorização do pensar, em meio a atrito, no exercício da atividade, faz incidir a inviolabilidade prevista na Carta Magna. III – O evento não poderia ter adentrado à esfera penal. Habeas corpus concedido." (STJ, Quinta Turma, Min. Félix Fischer, DJ 12.04.1999, p. 165).

[123] Cuida-se de uma "liberdade de expressão qualificada em razão da especial posição que ocupam os parlamentares", devendo-se entender a opinião em sentido *lato*, "como toda a declaração de vontade funcional do deputado" (GOMES, Carla Amado. Op. cit., p. 32).

[124] No redação original: "La inviolabilidad es un privilegio de naturaleza sustantiva que garantiza la irresponsabilidad jurídica de los parlamentarios por las opiniones manifestadas en el ejercicio de sus funciones, entendiendo por tales aquéllas que realicen en actos parlamentarios y en el seno de cualquiera de las articulaciones de las Cortes Generales o, por excepción, en actos exteriores a la vida de las Cámaras que sean reproducción literal de un acto parlamentario, siendo finalidad específica del privilegio asegurar a través de la libertad de expresión de los parlamentarios, la libre formación de la voluntad del órgano legislativo al que pertenezcan (STC 243/1988)". Texto traduzido livremente, com substituição da palavra *privilégio*.

[125] Não é pacífica a tese de que a inviolabilidade seja uma causa excludente do próprio crime, havendo autores que defendem se cuidar de causa pessoal de exclusão da pena, ou de causa funcional de exclusão ou isenção da pena, causa de irresponsabilidade, causa de incapacidade penal, causa de exclusão do injusto penal, causa impeditiva da aplicação ou paralisadora da eficácia da lei, muitas dessas teses coincidentes na essência, variando tão-somente a nomenclatura. Acerca da polêmica natureza jurídico-penal da inviolabilidade, que aqui se passa ao largo,

chamados crimes de opinião ou crimes de palavra, como os delitos contra a honra, apologia do crime ou do criminoso, vilipêndio oral a culto religioso, dentre outros. Nessas circunstâncias, enquanto qualquer do povo, praticando as condutas tipificadas na lei penal, comete crime, o parlamentar não o cometerá, pois para ele "o fato típico deixa de constituir crime, porque a norma constitucional afasta, para a hipótese, a incidência da norma penal".[126] Os tipos penais não alcançam "a tribuna",[127] como não a alcançam quaisquer normas que tipifiquem uma conduta sujeita à responsabilidade pessoal ou patrimonial, seja penal, civil, administrativo-sancionadora ou laboral-disciplinária,[128] porque norma hierarquicamente superior (constitucional) os afasta da atuação dos congressistas.[129] Como não há crime, não há inquérito policial, não há processo, bem como, em razão desse fato, não há qualquer responsabilização civil (danos morais, p. ex.), e até mesmo, em princípio, não deve haver responsabilização administrativa e disciplinar, tudo em atenção ao comando normativo da Lei Maior.[130] Por isso, mesmo que ética e politicamente reprováveis, não é incomum ouvirmos expressões de parlamentares tachando colega ou terceiro de "canalha", "ladrão" ou outra ofensa, sem qualquer sanção, exceto a possibilidade de haver responsabilização político-disciplinar a ser imposta pelo próprio Poder Legislativo, tema a ser abordado mais adiante. Por se tratar de irresponsabilidade meramente jurídica, não ficará a salvo do juízo moral das gentes, não se eximindo do direito de crítica,[131] não se descartando possível "reprimenda popular", como uma não-reeleição de um parlamentar que exagerou no linguajar chulo.

Importa, neste capítulo, perscrutar as características da inviolabilidade, a começar por sua abrangência.

---

ver FERNÁNDEZ-MIRANDA Y CAMPOAMOR, Alfonso. *Las prerrogativas parlamentarias de inviolabilidad y inmunidad*, in *Comentarios a las leyes politicas*, Vol VI, (Dirigidos por ALZAGA VILLAMIL, Óscar). Madrid: Editoriales de Derecho Reunidas, 1989, p. 317-323.

[126] SILVA, José Afonso da. *Curso de Direito constitucional positivo*. São Paulo: Malheiros, 2001, p. 535.

[127] PONTES DE MIRANDA, Francisco Cavalcanti. *Comentários à Constituição de 1967*. São Paulo: Revista dos Tribunais, Tomo III, 1967, p. 5-6.

[128] FERNÁNDEZ-MIRANDA Y CAMPOAMOR, Alfonso. *Las prerrogativas...*, p. 322.

[129] Na precisa lição de FELDENS e STRECK, "Fazer o contrário é reduzir o problema ao plano (inferior) da infraconstitucionalidade. É como se, em vez de interpretarmos as leis em conformidade com a Constituição, passássemos a interpretar as Constituições em conformidade com as leis e, quiçá, com leis anteriores à Constituição, o que implicaria fazer uma leitura inconstitucional da própria Constituição!" (FELDENS, Luciano, STRECK, Lenio Luiz. *Crime e Constituição: a legitimidade da função investigatória do Ministério Público*. Rio de Janeiro: Forense, 2003, p. 116).

[130] MORAES, Alexandre. Op. cit., p. 399.

[131] PEREZ SERRANO JÁUREGUI, Nicolas. *Tratado de Derecho político*. Madrid: Cívitas, 1976, p. 779.

2.1. Inviolabilidade de atos contextualizados

Responder à pergunta acerca de quais atos e em que contexto devem ser praticados para merecerem o selo de invioláveis é um dos maiores desafios dos estudiosos do tema. Isso pressupõe esclarecer o que significa exercício do cargo ou do mandato, ou das funções parlamentares, visto que as manifestações para serem classificadas como invioláveis devem estar contidas nessa definição.

Pressuposto fático imprescindível da inviolabilidade é a existência de Parlamento. Consoante Pimenta Bueno, "a inviolabilidade dos representantes da nação quanto às opiniões que proferirem no exercício de suas funções é um atributo, uma condição essencial e inseparável da existência das assembléias legislativas (...)".[132] Isso é elementar, mas importante, porque transmite a idéia do público, da conexão necessária entre o indivíduo e o coletivo, da inserção do parlamentar na instituição. Assim, a extensão protetiva da inviolabilidade está necessariamente associada a uma atuação institucionalmente relevante.

Repisando, não se trata de proteger um âmbito especial de liberdade para os parlamentares enquanto indivíduos, mas para o Parlamento enquanto órgão fundamental do Estado representativo.[133] É garantia de independência do Poder Legislativo, estendendo-se ao congressista em razão de seu *munus*. Em outras palavras, os atos jurídicos só são dignos da garantia se praticados por parlamentares enquanto componentes do órgão colegiado de que formam parte, é dizer, mediante esses atos os parlamentares participam da atividade própria do órgão legislativo.[134]

A existência da garantia se fundamenta na necessidade de tutelar a liberdade de formação da vontade do parlamento, prevenindo que o temor das represálias e eventuais responsabilidades jurídicas aniquilem a liberdade de expressão.[135] Alicerça-se, também, no assegurar aos invioláveis a possibilidade de exercer suas funções sem se afastar de dito exercício pela necessidade de se defender de acusações, fundadas ou não, às quais suas posições lhes expõem de modo particular.[136] É, assim, uma espécie de proteção à liberdade intelectual posta a serviço da formatação da vontade do órgão legislativo a que pertence o parlamentar.

---

132 PIMENTA BUENO, José Antonio. *Direito Público brasileiro e análise da Constituição do Império.* Brasília: Editora Universidade de Brasília, 1978, p. 119. Cuida-se de uma reedição da obra deste que é considerado o maior constitucionalista brasileiro do Império.
133 FERNÁNDEZ-MIRANDA Y CAMPOAMOR, Alfonso. *Del intento de ampliar*, p. 14.
134 PUNSET BLANCO, Ramón. *Inviolabilidad*, p. 128-129.
135 FERNÁNDEZ-MIRANDA Y CAMPOAMOR, Alfonso. *Del intento de ampliar*, p. 14.
136 PIZZORUSSO, Alessandro. *Las inmunidades parlamentarias: un enfoque comparatista.* Madrid: Revista de las Cortes Generales, n° 2, 1984, p. 42.

Em síntese, não é por ser parlamentar que os atos praticados por alguém gozam de inviolabilidade, mas, além de ser parlamentar, os atos jurídicos por ele praticados devem estar a serviço da formação da vontade da câmara, carregando a legitimação institucional, estando impregnados de alguma oficialidade. Desse modo, possíveis atos levados a efeito em agitação social, praticados pelo político, por mais importantes à democracia que sejam, não carregando as características acima mencionadas, estão a descoberto da inviolabilidade.

Quando a doutrina corretamente assevera cuidar-se de proteção precípua da instituição parlamentar (é evidente o caráter público, e não particular, da garantia), não está a negar o alcance pessoal da inviolabilidade, visto não ser possível proteger o Parlamento, senão protegendo seus membros. Não se constitui garantia pessoal, senão de caráter real, protegendo a função parlamentar em si, e só indiretamente aproveita a seu titular, sendo de índole objetiva, e não subjetiva, porque pretende assegurar o bom desempenho da atividade de legislador e fiscal que corresponde ao parlamentar, não favorecer desnecessariamente ao que haja obtido tal investidura.[137] Esse vínculo funcional-pessoal protege o parlamentar também na vida privada para que não sofra represálias em decorrência de atos praticados no exercício de sua função. Assim, se de um lado não podem recair sobre ele processos criminais e civis, de outro ele não pode ser vitimado na via administrativa e na vida privada (supondo que ele mantenha vínculo profissional com o poder público ou com empresa privada) com base em atos acobertados pela inviolabilidade. Numa espécie de valoração possível, primeiro aparece a característica funcional-institucional, depois, decorrente e contida nela, brota a garantia individual de seus membros, sem que uma exclua a outra. Proteger a função institucional significa defender seus membros dos possíveis efeitos perversos oriundos do estrito exercício de sua função pública. Entretanto, essa situação de especial liberdade para os membros só importa ao ordenamento jurídico na medida em que afeta a liberdade da instituição.[138]

Estabelecidas essas premissas que de certa forma indicam a natureza das funções parlamentares dignas de serem acobertadas pela inviolabilidade, convém aclarar mais sobre a matéria adotando por parâmetro principal as Constituições brasileira e espanhola, as quais, embora possuindo redação divergente, guardam, na essência, instituto similar.

Em que pesem as palavras acerca de quais atos parlamentares estão cobertos pelo instituto tenham consagração constitucional diversa (*opiniões* – Constituição brasileira de 1824, Constituições espanholas

---

[137] PEREZ SERRANO JÁUREGUI, Nicolas. Op. cit., p. 779.
[138] FERNÁNDEZ-MIRANDA Y CAMPOAMOR, Alfonso. *Las prerrogativas*, p. 325.

de 1812 e 1978; *opiniões e votos* – Constituição brasileira de 1937; Constituições Espanholas de 1869, 1876, 1931; *opiniões, palavras e votos* – Constituições Brasileiras de 1891, 1934, 1946, 1967 e 1988; *propositions, avis, opinions, ou discours* – Constituição francesa de 1789), não parece haver discrepância quanto ao alcance protetivo da inviolabilidade, ou seja, é um *plus* à liberdade de expressão (preserva um âmbito qualificado de liberdade de crítica e de decisão),[139] aqui entendida no sentido amplo, compreendendo a palavra, a manifestação, a opinião, a escrita, o voto,[140] enfim o instrumental necessário para o bom exercício da função parlamentar. Tudo isso cabe no âmbito da inviolabilidade, mesmo no caso das Constituições "mais econômicas".

Outro vetor da nomenclatura constitucional adotada ou desprezada diz respeito à proteção projetada sobre o exercício do cargo, ou do mandato, ou das funções parlamentares. A atual Constituição espanhola diz serem invioláveis as opiniões dos Deputados e Senadores manifestadas "en el ejercicio de sus funciones",[141] ao lado de os proibir "ostentar sus privilegios" em reuniões de Parlamentares que se celebrem "sem convocatória regulamentaria".[142] Já a vigente Constituição brasileira omite qualquer referência a respeito quando se refere aos Deputados e Senadores,[143] adotando expressamente a terminologia "no exercício do mandato", ao regrar a inviolabilidade dos Vereadores.[144] Disso se pode extrair que as inviolabilidades espanhola e brasileira (inclusive neste caso, entre parlamentares municipais e federais) é diversa? A resposta é não! Quais as razões?

Primeiro, uma breve mirada histórica ajuda a (re)posicionar o instituto em seu leito. Consoante já examinado, o risco representado

---

[139] STC 51/1985 (www.tribunalconstitucional.es). As demais decisões do Tribunal Constitucional citadas no texto também foram buscadas na página mencionada, razão pela qual não será repetida a fonte.

[140] Para Alfonso Fernandez-Miranda y Campoamor, a ausência da palavra *votos* na Constituição espanhola "...no es sino la omissão de um término reiterativo, pues el voto es, obviamente, la formulación de una opinión" (*Las prerrogativas*, p. 315). Entretanto, combate Francisco Granados Calero, "(...) no toda manifestación, verbal o escrita, por un parlamentario en el ejercicio de sus funciones entraña la formulación de su derecho de votar que es algo mucho más específico y a la vez transcende para la conformación de la decisión colegiada, susceptible de traducirse en norma interpretativa"(*Diputados y Senadores: su igualdad ante la ley*. Madrid: Revista de las Cortes Generales, n° 17, 1989, p. 42). Ambos desejam dar o mesmo alcance à inviolabilidade, divergindo quanto ao significado de voto-opinião. Levando em conta que, mesmo soando redundantes, a especificação parece evitar dúvidas, parece desejável o exagero à falta. A omissão da palavra voto, no entanto, não é tão grave a ponto de aniquilar o alcance da prerrogativa. Independente das preferências dos intérpretes constitucionais, o rosto do instituto historicamente visualizado é um só, não mudando substancialmente sua abrangência pela inclusão ou omissão de alguma dessas palavras. Basta dizer que a atividade é inviolável e o intérprete já assimilará seu conteúdo e alcance, valendo-se da interpretação histórico-finalista.

[141] Art. 71.1 da Constituição Espanhola de 1978.
[142] Art. 67.3 da Constituição Espanhola de 1978.
[143] Art. 53, *caput*, da Constituição Brasileira de 1988.
[144] Art. 29, VIII, da Constituição Brasileira de 1988.

pela transferência de poder, do absolutismo régio à Assembléia Nacional francesa, justificou o surgimento da garantia, impedindo que os representantes da Nação fossem perseguidos, acusados ou julgados pelo que dissessem, escrevessem ou fizessem no exercício de suas funções de representantes.[145] Ao se autoconceder inviolabilidade, de quem estaria o Parlamento a se proteger? É evidente que do poder representado pelo antigo regime, decadente, contra as medidas repressivas do Governo, dos poderosos executivos,[146] e dentro do espectro Parlamento-parlamentar, não das relações estabelecidas do indivíduo e/ou do político com o povo, à época apoiando os representantes da Nação, reunidos na Assembléia.

Segundo, nas previsões constitucionais do direito comparado e na interpretação delas exsurgente, sempre fora majoritário o entendimento de que a proteção se voltava às atividades típicas do Parlamento, não dos Parlamentares-políticos, quando agiam desvinculados da atividade da respectiva Câmara.

Entendimento similar foi sustentado no evolver histórico do ordenamento jurídico brasileiro. Por exemplo, Carlos Maximiliano, ao comentar a Constituição brasileira de 1891, corretamente delimitava o alcance do instituto ao afirmar que os congressistas, para exercer com desassombro sua missão de fiscais do Executivo, denunciadores de abusos, malversações e condescendências culposas, eram dispensados do rigor da prova judiciária e investidos de ampla irresponsabilidade pelo que fizessem no exercício do mandato, cujo alcance não se limitava aos discursos, pareceres e votos proferidos no edifício das Câmaras, mas abrangia as opiniões emitidas fora, no desempenho de comissão parlamentar, asseverando, entretanto, não estar isento de processo o parlamentar pelo que diz na qualidade de homem particular e fora do Congresso, na imprensa, em palestras, disputas, conferências ou *meetings*.[147]

Na mesma trilha, segue Pontes de Miranda, ao interpretar a Constituição brasileira de 1946 (democrática) e as Constituições de 1967 e 1969 (ditatoriais), aduzindo somente se estender a garantia sobre o proferido ou escrito no exercício da função, na câmara ou em qualquer lugar por incumbência dela, sendo punível, contudo, o que o Deputado ou Senador disser ou escrever fora da câmara e da função, *e.g.*, em banquetes para que não foi por ela designado, em *meetings*, jornais ou livros.[148]

---

[145] Capítulo primeiro, seção V, artigo 7°, *Constituição Francesa de 1791* (http://www.conseil-constitutionnel.fr/textes/constitution/c1791.htm).

[146] CARRO MARTÍNEZ, Antonio. Op. cit., p. 91.

[147] MAXIMILIANO, Carlos. Op. cit., p. 293. O comentário, reproduzindo conforme redação original, é amparado no pensamento de PIMENTA BUENO, BARBALHO, TUCKER e ARISTIDES MILTON.

[148] Ver *Comentários à Constituição de 1967*. São Paulo: RT, Tomo III, 1967, p. 6-7.

Acerca da coerente interpretação feita pelos autores supramencionados, duas observações se impõem: mesmo em períodos distintos, de democracia e de ditadura (época de arremedo real da garantia), a interpretação do alcance da inviolabilidade dado pelos doutrinadores coincidia; tranqüilamente poderiam esses autores afirmar que a inviolabilidade "no exercício do mandato" acobertava toda a atividade do político enquanto seu mandato vigorasse, mas não o fizeram por compreender o instituto em sua justa dimensão. Assim, não deve prosperar o entendimento de que a ausência das palavras "no exercício do mandato", ou "das funções", na redação atual da inviolabilidade dos parlamentares federais brasileiros, signifique que toda a atividade política do parlamentar, tenha ou não relação direta com o exercício de seu mandato, encontra-se envolta pela imunidade.[149] [150]

Na lição de Pertence, não se deve, por demasiado apego à literalidade, converter a garantia em privilégio desenganado de deputados e senadores, algo distanciado das inspirações teleológicas que têm lastreado a caracterização das imunidades como prerrogativa e garantia do Poder Legislativo, mais do que dos seus membros.[151]

O terceiro argumento a inibir o alargamento indiscriminado da extensão da inviolabilidade parlamentar é a posição nuclear, central, assumida pelos direitos fundamentais no atual estágio do constitucionalismo e da humanidade. Se é verdade que as garantias parlamentares são estatuídas no seio do Estado Democrático de Direito, também é verdade que esse Estado possui em seu cerne os direitos fundamen-

---

[149] À luz da redação então vigente, o ex-Deputado Federal e atual Ministro do Supremo Tribunal Federal, Nelson JOBIM, defendia esse entendimento, afirmando que a Constituição valorou a "atividade política dos parlamentares", abrangendo "uma gama de funções e tarefas de natureza vária. É nos partidos, cuja responsabilidade é maior do que a dos não parlamentares; é nas eleições; é nos debates na mídia, etc.", despacho publicado no DJ de 14 de agosto de 1997, p. 36781. Comungava de entendimento um tanto amplo, Raul Machado HORTA, em artigo publicado à luz da Constituição de 1967, para quem as infrações que o parlamentar cometesse em reunião com seus eleitores, para prestar contas do exercício do mandato, ou as que decorressem de cartazes, circulares ou cartas, por via da imprensa ou de outra forma, estão compreendidas no exercício do mandato; caso contrário, estar-se-ia negado a ele a comunicação necessária com a fonte do próprio mandato (Op. cit., p. 36-37). Bem mais expresso é Zeno VELOSO: "Não é só o discurso, feito na Tribuna, que está abrangido pela imunidade. Também os pareceres e votos nas Comissões, entrevistas dadas a jornais, rádios, televisões, e, enfim, toda a opinião que se relacione com o exercício do mandato, todo o ato que nele explícito ou implícito. Aliás, é menos da Tribuna e mais pelas páginas da imprensa livre que o Parlamento moderno exerce verdadeiramente seu mandato" (Op. cit., p. 152).

[150] Esse posicionamento, que agora reviso, chegou a me seduzir quando afirmei que, se assim não fosse, estar-se-ia restringindo sua atuação política, tolhendo a garantia de que sua articulação com os correligionários e, especialmente, com os eleitores que lhe delegaram o mandato, fosse franca, sem amarras, sem subterfúgios, sem medo de represálias legais (VERONESE, Osmar. Im(p?)unidade parlamentar? São Paulo: Revista dos Tribunais, 2002, n° 797, p. 474 e Santo Ângelo: Revista Direito e Justiça, reflexões sócio-jurídicas, URI, 2002, n° 1, p. 139).

[151] Teor do voto do Ministro Sepúlveda PERTENCE, proferido no Inquérito 396-4-DF, de 21.09.1989 (www.stf.gov.br). As demais decisões do Supremo Tribunal Federal também foram buscadas nessa página, que não será repetida.

tais. Não se pode aceitar, na "era dos direitos",[152] momento histórico vivido pela humanidade, o aniquilamento quase ilimitado de determinados direitos fundamentais em nome de uma extensão irrazoável da inviolabilidade a albergar qualquer atuação do político-parlamentar.

Pode-se afirmar, ainda, que o bom funcionamento das instituições parlamentares, núcleo central em um sistema democrático, é algo essencial para a defesa dos direitos fundamentais.[153] Disso ninguém discorda, mas o bom funcionamento do Parlamento passa pela adequada interpretação das garantias parlamentares, evitando-se os excessos injustificados de proteção, turbinadores de abusos, geradores de impunidade e causas de mau funcionamento de qualquer poder.

Além do mais, o ponto de partida a orientar o intérprete é que essas garantias são instituídas no seio do Estado Democrático de Direito, cujos pilares maiores são a democracia e a realização dos direitos fundamentais,[154] tema a ser retomado adiante.

Por isso, a inviolabilidade parlamentar deve ter uma interpretação adequada, nem tão estreita que signifique sua negação enquanto garantia, nem tão ampla a ponto de esfarinhar direitos fundamentais e acobertar qualquer irresponsabilidade parlamentar.

2.1.1. No intento de ordenar

Definir os limites das prerrogativas parlamentares é precisar a fronteira entre a impunidade e a imunidade.[155] Essa fronteira, esse limite passa, necessariamente, pela leitura do instituto feita pelo intérprete. Como classificar os atos parlamentares dignos ou indignos de figurarem entre os invioláveis? Algumas pistas já foram indicadas na abordagem dos itens anteriores, porém é possível avançar na especificação de critérios a deixarem mais clara a posição aqui assumida.

As funções típicas do Parlamento historicamente edificadas são a produção de leis e o controle do governo.[156] Na atualidade, a fonte

---

[152] Alusão à obra de BOBBIO, Norberto. *A era dos direitos*. Rio de Janeiro: Editora Campus, 1992.

[153] Ver, nesse sentido, MARTÍN-RETORTILHO BAQUER, Lorenzo. *El "amplio margem de liberdad" en el uso de los privilegios parlamentarios y su incidência sobre los derechos fundamentales*. Madrid: Revista Española de Derecho Constitucional, n° 11, 1984, p. 135.

[154] STRECK, Lenio Luiz. *Jurisdição constitucional e hermenêutica: uma nova crítica do direito*. Porto Alegre: Livraria do Advogado, 2002, p. 670.

[155] GRANADOS CALERO, Francisco. Op. cit., p. 40.

[156] A doutrina constitucional classifica como *funções atípicas* do Poder Legislativo as tarefas administrativas (administrar o quadro de servidores, o patrimônio...) e julgar (caso de processo de *impeachment*, por exemplo), ordenação didática tendo por parâmetro as três funções clássicas do Estado. Embora função atípica, não há ato mais contundentemente conectado à função de fiscalização exercida pelo Legislativo do que a destituição política do Presidente da República, acusado de cometer crime de responsabilidade. Assim, para efeito do aqui pretendido, todas as funções constitucionais do Parlamento devem receber igual tratamento, independente se típicas ou atípicas.

principal a dar suporte normativo à atuação do Parlamento é a Constituição. Ao visualizar na Lei Fundamental do Estado o assento existencial e fonte de legitimação jurídica do Parlamento enquanto função estatal, é imperativo fixar nesse diploma o ponto de partida para se definir as funções/competências do Legislativo, como tais dignas da inviolabilidade.

A Constituição espanhola prevê no art. 66, § 2°, que as Cortes Gerais exercem a potestade legislativa do Estado, aprovam seus pressupostos, controlam a ação do governo e têm as demais competências que lhe atribua a Constituição. A Constituição brasileira enumera as competências do Poder Legislativo principalmente nos extensos artigos 48 a 52, cuja essência não vai além de regular idênticas funções expressas sucintamente na Lei Maior espanhola.

Seguindo a lógica normativo-hierárquica, leis que regulamentem as previsões constitucionais normatizadoras das funções do Legislativo e os regimentos internos das assembléias, obedientes aos limites constitucionais, são parâmetros especificadores do que podem e devem fazer os parlamentares no exercício de suas funções.

O trabalho de qualquer parlamentar não se circunscreve à sua atuação no plenário e nas comissões, estendendo-se a audiências públicas, reuniões com associações de bairros, inspeções em obras públicas por incumbência da assembléia, dentre outras, funções cujas manifestações devem ser invioláveis, independente do local em que praticados.[157] Daí a se incluir qualquer atividade do político dentre as protegidas, parece ser exagero admitido por algumas decisões de tribunais brasileiros.

A especial proteção às atividades dos parlamentares, não importa onde nem a forma com que adquirem seus atos (inclusive se veiculados pela imprensa), desde que praticadas no exercício das atividades funcionais do Parlamento, parece razoável carreguem a proteção em estudo. Entretanto, as manifestações "do político em sentido amplo e desvinculadas dos afazeres concretos da Câmara, embora seja um direito, como o é para os cidadãos em geral, devem estar sujeitas às mesmas condições que se impõem a todos".[158] Nessas situações, quando o político é mais um dos cidadãos a participar de determinado evento, não carregando consigo a "vontade da câmara", em respeito ao princípio da igualdade, desveste-se-lhe da inviolabilidade e emprestam-se-lhe as demais normas protetivas, as quais podem ser invocadas também por seu possível desafeto. Mais do que adequado, nessas circunstâncias alheias ao funcionamento das casas legislativas, que as armas legais sejam iguais, sob pena de o ordenamento jurídico legitimar possíveis "massacres" do não-parlamentar.

---

[157] TORON, Alberto Zacharias. Op. cit., p. 381.

[158] Idem, p. 385.

Suponha-se uma campanha eleitoral, com o político-parlamentar podendo assacar qualquer acusação, mesmo que falsa, enquanto seu adversário, se o fizer, estará cometendo crimes. Não se pode legitimar tamanho abuso, cabendo ao intérprete posicionar o ditame constitucional "quaisquer palavras"[159] no contexto do Estado Democrático de Direito. No ensinamento de Brossard, "não precisava dizer que era no exercício do mandato, porque a imunidade é exatamente para proteger o mandato parlamentar. Por isso se diz que, longe de ser um privilégio pessoal, é uma prerrogativa institucional, é uma prerrogativa do Poder Legislativo".[160]

Na feliz afirmação de Zagrebelsky, entendimento diverso conduz a garantia a privilégio pessoal, a cobrir todas as atividades do parlamentar, sem a coligação necessária ao cumprimento das funções parlamentares, estabelecendo uma ampla zona de impunidade reconhecida a pessoas como pessoas, e não às pessoas em razão das funções nas quais estão investidas.[161]

Nessa perspectiva, um ato para ser qualificado de inviolável deve ser praticado por parlamentar no exercício de sua função de integrante do Parlamento (contribuindo para a formação da vontade da câmara), não se classificando nem além, nem contra aqueles constitucionalmente enumerados como de competência do Poder Legislativo.

A enumeração (jamais exaustiva) dos atos contidos na inviolabilidade tem sido outro critério utilizado pelos doutrinadores para delimitar a abrangência da inviolabilidade parlamentar. Isso ocorre em razão da dificuldade de se estabelecer parâmetros doutrinário-jurisprudenciais seguros, não havendo, para tanto, uma fórmula imune a críticas. Na tentativa de ir estabelecendo o alcance da garantia, conformando seu conteúdo, é possível classificar: a) atos albergados na inviolabilidade; b) atos não protegidos pelo instituto; c) atos invioláveis ou não, de acordo com a leitura feita da garantia.

2.1.1.1. Atos albergados na inviolabilidade

Em consonância com o perfil da garantia que se está a desenhar, é possível estabelecer uma gama de atos parlamentares como dignos

---

[159] Redação do atual art. 53, *caput*, da Constituição brasileira.

[160] Em seu voto no Inquérito 396-4-DF, de 21.09.1989, o então Ministro do STF Paulo BROSSARD afirmou que a nova redação dada pela Constituição de 1988 não alterou a concepção tradicional da imunidade material (inviolabilidade) consagrada no Direito pátrio. Adiante, acrescentou que, em razão de ser uma prerrogativa do Poder, uma regra de direito objetivo não pode ser renunciada pelo parlamentar. Ao final, arrematou: "O fato de o texto atual não repetir 'no exercício do mandato', para mim, não põe nem tira coisa alguma, pois só pode ser mesmo no exercício do mandato. Não fora assim, não seria uma prerrogativa institucional e, sim, um odioso privilégio pessoal."

[161] ZAGREBELSKY, Gustavo. Op. cit., p. 40.

de figurarem entre os invioláveis, atos cujo posicionamento doutrinário e jurisprudencial, majoritário, incluem entre os merecedores da proteção.

O critério principal, neste item, é que devem ser invioláveis todas as manifestações proferidas em reuniões, sessões ou eventos convocados pela respectiva câmara ou por ela acreditados. São ocasiões nas quais está a atuar o parlamentar, não simplesmente o político, nem o particular/cidadão, quer dizer, é imprescindível o vínculo parlamentar-função. No linguajar da Constituição espanhola, só poderá ostentar as prerrogativas (invocá-las protetivamente) o parlamentar que estiver atuando em reuniões celebradas sob convocatória regulamentar, sob pena de não haver vinculação das Câmaras, nem mesmo sua atuação ser considerada exercício da função.[162] Em outras palavras, nos atos oficiais do parlamento a que pertence determinado agente político, ou naqueles nos quais participa em nome de sua casa legislativa, por incumbência dela, estará ele a salvo de persecuções extra-parlamentares.

Nessa trilha, os discursos proferidos, os votos, as manifestações escritas, se realizadas no exercício da função – impregnados de oficialidade –, indubitavelmente são invioláveis. Assim, o parlamentar que, em um ato oficial da assembléia respectiva (sessão, reunião de uma comissão ou outro evento típico da função legislativo-fiscalizadora, ou até de representação), profere um discurso, apresenta um parecer escrito, vota ou de alguma forma se manifesta, estará protegido pela imunidade material.

Na busca de delimitar onde principia e até onde vai a inviolabilidade, Pontes de Miranda estabelece só se referir ao que se profere, ou escreve, no exercício da função, "discursos no recinto, pareceres e votos proferidos no edifício do corpo legislativo ou nas sessões conjuntas, opiniões emitidas no desempenho de comissões de sua câmara, discursos proferidos nas sacadas, ou à porta do edifício da câmara, quando em resposta a manifestações à própria câmara, ou em qualquer lugar por incumbência dela".[163]

Na mesma toada, reproduz Di Ciolo uma decisão da "Giunta per le autorizzazioni a procedere" italiana sobre um pedido de autorização para processamento de um deputado que aceitou uma promessa de dinheiro para apresentar e sustentar dois projetos de lei, na qual assenta o significado de "opiniões expressas e votos emitidos no exercício de suas funções", previsto na Constituição italiana. No caso específico, estava-se diante de uma atividade delituosa coligada com uma típica atividade parlamentar, qual seja, a iniciativa legislativa. Para a referida Junta, opiniões expressas e votos emitidos "compreen-

---

[162] Art. 67.3 da Constituição espanhola.
[163] PONTES DE MIRANDA, Francisco Cavalcanti. Op. cit., p. 6.

de e esgota toda a atividade típica, própria e exclusiva do ofício parlamentar, que se expressa, de parte de cada um dos componentes da Assembléia, mediante discursos, expressão de votos, apresentação de moções e interpelações, apresentação de proposições de lei, explicações de voto e, em geral, o uso de todos os instrumentos previstos e oferecidos pelos Regulamentos das Câmaras".[164]

Na dicção do Tribunal Constitucional espanhol, a prerrogativa é substantiva e assegura a irresponsabilidade jurídica dos parlamentares no exercício de suas funções, expressas em atos parlamentares, quais sejam, os praticados no seio das articulações das Cortes Gerais ou os exteriores à vida das Câmaras que sejam a reprodução literal de um ato parlamentar.[165]

Assim, em sendo ato praticado por parlamentar no exercício de sua função, em eventos promovidos pela câmara a que pertence ou a ela representando, a incidência dessa garantia é inafastável. Revestidos dessa qualidade, os atos parlamentares serão invioláveis, blindados pela perpetuidade, pelo caráter absoluto e pela irrenunciabilidade, características a serem examinadas adiante.

2.1.1.2. Atos não protegidos pelo instituto

Noutro extremo, podem-se apontar atos que, indubitavelmente, estão desabrigados da inviolabilidade, ou por se cuidar de matérias em relação às quais não incide a garantia, ou por se tratar de situação em que está a atuar, não o parlamentar, mas o particular, o cidadão.

A primeira gama de atos excluídos de proteção diz respeito aos que não se revestem do caráter de manifestações ou opiniões, ou seja, qualquer tipo penal, civil ou administrativo que não praticado por opiniões, palavras ou votos, pode ser objeto de persecução extraparlamentar. As vias de fato, por exemplo, não são opiniões, razão pela qual a inviolabilidade não compreende os atos de violência, nem poderia amparar, por hipótese, o fato de alguém disparar sobre um colega no ardor da discussão.[166] Ânimo exaltado é quase rotina parlamentar a contar com proteção constitucional. Contudo, quando essa animosidade desgarrar para a violência física, estará desabrigada da inviolabilidade.

Para ser contundente, num Estado em que a vida e a dignidade são direitos fundamentais, constituem seu próprio núcleo, é impensável considerar inviolável um crime contra a vida, como um homicídio, bem como um atentado violento ao pudor, por exemplo, mesmo que

---

[164] CIOLO, Vittorio di. *Il Diritto Parlamentare nella teorie e nella pratica. Aspetti generali e profili strutturali*. Milan: Giuffre Editore, 1980, p. 150.

[165] Sentença 243/1988, fundamento terceiro, B.

[166] BUGALLAL Y ARAUJO, Gabino. Op. cit., p. 598.

praticados no plenário da câmara e durante uma sessão regularmente convocada.

Igualmente incabível incluir nesse rol outras espécies de ilícito (sonegação, estelionato, concussão, peculato...), mesmo que sua prática guarde estreito vínculo com o exercício da função parlamentar. Questão importante diz respeito a possível voto, ou opiniões ou palavras, em si invioláveis, conjugados com corrupção ou outros crimes a eles acoplados. Nessas situações, prescindindo-se dos atos classificados como invioláveis, se os fatos anteriores ou posteriores forem praticados com *animus delinquendi,* constituindo-se, por si, matéria punível, perfeitamente possível e até necessário infligir persecução e penalização.[167]

Por hipótese, um parlamentar recebe dinheiro de uma empresa para votar a favor de um projeto de lei de seu interesse. Não se pune o voto em si, mas a corrupção, a atuação anterior configuradora de uma figura típica autônoma. Nesses episódios, uma espécie de cisão de fatos se impõe para, de um lado, respeitar a inviolabilidade constitucional, e de outro, combater o crime de corrupção representado pela "compra do parlamentar".

Também não parece adequado sustentar a incidência da inviolabilidade nos casos em que parlamentares votam por colegas ausentes, como no exemplo das falsidades dos Senadores espanhóis, que votaram com "manos e pies",[168] e dos Deputados "pianistas"[169] brasileiros, os quais votaram por companheiros. Se o fundamento da garantia é proteger a formação da lícita vontade do parlamento, parece evidente se estar diante de uma forma ilícita de formação dessa vontade, razão pela qual, se da conduta resultar tipicidade penal, deve-se admitir, para além da responsabilidade político-disciplinar, a responsabilização judicial.[170] Ademais, fere o bom-senso admitir como normal uma fraude, um atuar antiético capaz de ferir os mais elementares preceitos de justiça. Definitivamente, cuida-se de um não-voto, de um ato

---

[167] BUGALLAL Y ARAUJO, Gabino. Op. cit., p. 599.

[168] ATS 21 septiembre 1992 (Causa Especial n° 690/91), do Tribunal Supremo.

[169] A prática de parlamentares votando por colegas, por isso chamados de "pianistas", não é tão rara no Brasil. O caso mais recente ocorreu em 1998, quando um Deputado votou, em três oportunidades, por um colega, recebendo como sanção censura por escrito, embora a Comissão de Constituição e Justiça da Câmara tivesse proposto a cassação de ambos. Mas já em 1985, dois Deputados foram flagrados votando duas vezes e, por isso, punidos com censura por escrito pela Mesa Diretora da Câmara. Em outras oportunidades (em 1988 houve investigação dos votos de Senadores do Maranhão e em 1991 foram investigados dois Deputados) não fora infligida qualquer sanção.

[170] Não comungam desse entendimento GONZÁLEZ CUSSAC, Josè, CUERDA ARNAU, Maria Luisa. *Aproximación al Derecho Penal parlamentario: inviolabilidades.* Madrid: Cuadernos de Derecho Publico n° 1, 1997, p. 109-112, para quem a demanda em relação aos senadores espanhóis, antes noticiada, deveria ter sido rechaçada pela simples incidência da inviolabilidade parlamentar (art. 71.1 da Constituição Espanhola).

de corrupção que a inviolabilidade não pode proteger, prática a ser extirpada do seio do Estado Constitucional.

Pensando em situações mais afastadas do Parlamento, quando se estiver diante de opiniões, palavras ou votos que não guardam qualquer vínculo com a atividade parlamentar, não há dúvida que seu praticante decai da garantia. Suponhamos um parlamentar, sócio de determinado clube esportivo, que, ao exercer seu direito de associado, vota ou se manifesta nas eleições da diretoria de sua entidade. Ao fazê-lo, excede-se, praticando crimes de palavra. Obviamente, como qualquer associado desse clube, pode responder criminal, civil ou administrativamente, visto que a inviolabilidade não visa a proteger o parlamentar (nessa situação agindo como particular, como cidadão), quando, *v.g.*, envolver-se em "bate-boca" em defesa de seu time de futebol.[171] Não há razoabilidade em privilegiá-lo em tal situação, pois é possível até que seu interlocutor não o conheça, não havendo justificativa para sopesar diferentemente ofensas idênticas. Se a interpretação do comando "quaisquer opiniões", contido na Carta política brasileira, não estiver conectada ao exercício da função parlamentar, até situações absurdas como essa poderiam estar incluídas na proteção constitucional. Um contra-senso!

Hipoteticamente, poderia o encontro acima ter transcorrido nas dependências físicas de determinada casa legislativa. Sugerindo possibilidades mais concretas, suponhamos que, em determinada cidade interiorana, exista um clube de futebol que não possua sede social, e consegue, cedida ou alugada, a sede administrativa da Câmara de Vereadores para realizar o evento descrito acima. Os crimes contra a honra porventura cometidos são praticados na tribuna e no plenário da casa legislativa. Em que pese ali ser o palco preferido da prerrogativa constitucional em epígrafe, não há possibilidade de se incluir tais atos entre os cobertos pela imunidade material. Esfarinha-se, assim, o critério da espacialidade, quer dizer, não é o local, mas o ator e seu contexto (a natureza do ato) que definem o inviolável.[172]

Assim, condutas que não praticas por opiniões, palavras ou votos, ou mesmo as praticadas por esse meio, se desconectadas da função parlamentar, decaem da proteção.

---

[171] Nesse diapasão: "As manifestações sobre matéria alheia ao exercício do mandato não estão abrangidas pela imunidade material dos deputados e senadores (...). Com base nesse entendimento, o Tribunal recebeu queixa-crime oferecida contra deputado federal, dirigente de clube de futebol, por crime contra honra de empresa em face de declarações proferidas em emissoras de rádio no sentido de que a querelante teria organizado um esquema para beneficiar um time em uma partida de futebol, manifestações estas que não se relacionam sequer remotamente com a atividade parlamentar" (INQ 1.344-DF, rel. Min. Sepúlveda Pertence, 7.8.2002. – Informativo 276).

[172] Não se desprezam as ricas experiências constitucionais dos Estados Unidos da América (1787) e da França (1789, 1793 e 1848), as quais limitaram a inviolabilidade ao espaço físico das Assembléias, algo historicamente interessante, mas que hoje não encontram suporte no constitucionalismo comparado.

2.1.1.3. Atos invioláveis ou não, de acordo com a leitura feita da garantia

Há fatos da vida praticados por parlamentares (atos "de parlamentares", e não "atos parlamentares") em que a incidência da inviolabilidade vai depender do alcance dado ao instituto pelo intérprete. Nessas situações, excluídas as enumeradas nos itens anteriores, está a atuar o político, existindo, ainda que remotamente, algum liame entre o homem e a função pública. É justamente esse liame, para alguns forte o suficiente para atrair o manto da inviolabilidade, para outros débil, incapaz de incluir tais atos entre os merecedores da especial garantia constitucional, com a interpretação que dele se fizer, o "divisor de águas" entre o ato inviolável e o indigno de tal classificação.

Quais são esses atos? Todos aqueles praticados pelo político sem a convocatória da respectiva câmara legislativa, ou levados a efeito nos eventos em que participa sem estar oficialmente investido da representação de sua casa parlamentar. Encontram-se nessa zona movediça, de conformação doutrinária e jurisprudencial, todos os atos praticados por parlamentares que não se enquadram nos critérios anteriormente enumerados.

Para os defensores da ampla tese de que a função parlamentar hodierna se desenvolve mais pela via da imprensa livre, em palestras, em contato com os eleitores, do que pelo exercício dos atos tipicamente parlamentares, qualquer opinião emitida em comícios (*meetings*), conferências, entrevistas, caberia no âmbito da irresponsabilidade, por vislumbrarem em todos esses atos um nexo funcional, o intento de tutelar o contato representante-representados ou do parlamentar com o eleitor.[173]

Em outras palavras, toda a atividade política do parlamentar estaria protegida, o que inclui o exercício do mandato e de suas funções, mas vai além, abrangendo uma gama de funções realizadas nos partidos, nas eleições, nos debates da mídia, cuja responsabilidade é maior que a dos não-parlamentares.[174]

Os adeptos da mencionada corrente de pensamento defendem que o ato parlamentar deve ser todo aquele vinculado ao exercício da função de representante de uma determinada e qualificada corrente de opinião, que tenha relação com o mandato legislativo, dentro ou fora da câmara, regimentalmente contemplado ou não.[175] Nessa con-

---

[173] Conforme noticia ZAGREBELSKY, Gustavo. Op. cit., p. 42.

[174] O parágrafo reproduz o pensamento do Ministro do Supremo Tribunal Federal, Nelson Jobim, expresso no Inquérito n° 1296-3, cujo voto se encontra publicado no Diário da Justiça, n° 155, 14 de agosto de 1997, Seção I, p. 36781.

[175] GÓMEZ BENÍTEZ, José Manuel. *La inviolabilidad y la inmunidad parlamentaria*. Madrid: Revista de la Facultad de Derecho de la Universidad Complutense, n° 64, 1982, p. 27.

cepção, a função parlamentar não pode ser circunscrita ao âmbito estrito das câmaras, dado o papel intermediário entre o Parlamento e os partidos políticos exercido pelos grupos parlamentares, e, portanto, o exercício das funções parlamentares não se circunscreve aos salões das câmaras, mas abrange todas as atividades realizadas com a presença política do Deputado no País.[176]

Noutra linha de pensamento, que pode ser classificado de mais tradicional ou clássico, só estão albergados pela inviolabilidade os atos parlamentares, isto é, aqueles praticados no exercício da função e do mandato parlamentar. Quer dizer, a irresponsabilidade abrange todas as declarações proferidas pelo parlamentar, mas apenas e só enquanto o discurso corresponder à tradução da vontade do órgão de que faz parte.[177]

Os atos destacáveis do mandato parlamentar – atos da vida pessoal do parlamentar, atividades políticas levadas a efeito fora do hemiciclo (reuniões públicas, artigos de jornal, agressões verbais a jornalistas ...) – estão desabrigados da garantia constitucional em comento.[178] Isso sempre levando em conta não haver, nessas situações, a vontade da casa legislativa, quer dizer, esses atos passíveis de investigação e punição judicial devem ser facilmente desconectados da função parlamentar, sem que isso represente prejuízo ao exercício do *munus*. Explicando melhor, se uma reunião pública for convocada pelo órgão legislativo, em um bairro da cidade, para discutir o orçamento do município, se a notícia do jornal reproduz literalmente um ato parlamentar, ou se a agressão verbal ao jornalista se deu durante uma sessão da assembléia, tais atos não são destacáveis do mandato parlamentar e como tais dignos de integrarem o rol dos invioláveis. Os mesmos atos praticados em um comício, em uma reunião com correligionários, em uma entrevista de rádio ou em qualquer outra ocasião, separáveis da "oficialidade do mandato parlamentar", transbordam do âmbito de proteção do instituto em relevo.

À luz da Constituição de 1891, Carta que inaugura a República brasileira, a doutrina não hesitava em reconhecer a possibilidade de processamento do representante pelo que dissesse na qualidade de homem particular, de político, dissociado do estreito exercício da função parlamentar.[179] No mesmo diapasão, interpretaram-se Cartas Políticas posteriores, considerando-se punível o que o parlamentar dissesse ou escrevesse fora da câmara e da função, em banquetes para que não foi designado pelo órgão legislativo, em comícios, jornais ou

---

[176] MANZELLA, Andrea. *Il Parlamento*. Bologna: Il Mulino, 1977, p. 188.

[177] GOMES, Carla Amado. Op. cit., p. 34.

[178] GOMES, Carla Amado. Op. cit., p. 34. O pensamento exposto no parágrafo reproduzido é baseado em GICQUEL, Jean. *Droit constitutionnel et institutions politiques*. Paris: 12 ed., 1993.

[179] MAXIMILIANO, Carlos. Op. cit., p. 293.

livros,[180] por suas manifestações particulares (privadas), desligadas da atividade oficial de legislador.[181]

Ao examinar a possível responsabilização do parlamentar, Pontes de Miranda pontuava: a) se o parlamentar não estava em sessão da câmara ou em reunião de alguns de seus órgãos, como alguma comissão de que é membro, qualquer manifestação por parte dele, que seja crime ou ato ilícito de direito privado, estará fora da inviolabilidade; b) se a câmara a que pertence estava em sessão, ou reunião de comissão ou de outro órgão de que ele é membro, e a manifestação foi fora da sessão ou reunião, há responsabilidade civil e penal; c) se a opinião foi fora da sessão da câmara a que pertence o deputado ou senador, ou da reunião de comissão ou outro órgão, mas quando o parlamentar exerce função oficial de que fora incumbido, está inviolável; d) se o parlamentar, interpelado ou entrevistado, ou em rádio ou televisão, ou em conversa, ou em mesa redonda, ou em qualquer lugar, repete o que disse na câmara a que pertence, ou na reunião da comissão, ou em solenidade que representou a entidade congressual, a repetição fora das funções não tem proteção do instituto em estudo; e) se o parlamentar responde penal ou privatisticamente por algum dependente, responde o parlamentar porque tal responsabilidade nada tem com o exercício das funções; f) se o deputado acrescente ao que disse em sessão, comissão ou função externa que lhe coube, algo que seja ofensivo, ou mais ofensivo, pode ser responsabilizado penal e privatisticamente; g) publicar, na íntegra ou em extrato fiel, o dito em sessão ou reunião da câmara, não é base para responsabilidade penal ou civil, mas o é a repetição ou reafirmação (*e.g.* "conforme eu disse", "já dissemos na câmara"), ou, se terceiro o fizer com adesão ou concordância; h) a publicação do enunciado em sessão ou reunião secreta, ou antes do momento de se publicar, ou se depende de deliberação do plenário ou da mesa, ou da presidência da comissão, constitui crime e ato ilícito passível de emanar ações penais ou civis; i) a publicidade normal do que disse o parlamentar, isto é, a publicidade em que a reprodução é enunciado de fato, comunicação de conhecimento do que se passou na câmara legislativa, não constitui crime, nem dá ensejo à responsabilidade civil; entretanto, a publicidade que se faz com comentários alarmantes ou favoráveis; a publicidade em matéria paga; a publicidade em dois ou mais dias, porque normal é a publicação única; a publicação com letras maiúsculas, ou

---

[180] PONTES DE MIRANDA, Francisco Cavalcanti. Op. cit., p. 7.

[181] DAMÁSIO DE JESUS. *Código de processo penal anotado*. São Paulo: Saraiva, 1989, p. 57, interpretação feita da atual Constituição brasileira, que, por possuir redação sem os tradicionais "no exercício do mandato" ou no "exercício das funções", injetou ânimo nos defensores das teses mais amplas.

em cores, ou em tipos de letra grifa, que não constam na publicação oficial, pode ensejar responsabilidade.[182]

Além de ser uma interpretação de longa trajetória em solo pátrio, esse entendimento encontra eco no direito comparado, num indicativo de ser esta a melhor forma de ler o instituto historicamente esculpido, mesmo que necessárias parcas matizações. Na Itália, é firme o entendimento de que a insindicabilidade não cobre o parlamentar quando age fora da própria função, em comícios ou em sede jornalística,[183] sendo o entendimento ampliado considerado por Lojacono como demagógico, em contraste com a *ratio juris* da prerrogativa (estabelecida exclusivamente para a tutela da função), não se podendo confundir *mandato político*, que intercorre entre eleitor e eleito, e *função parlamentar*, que deve ser exercida no interesse de toda a Nação.[184]

Da França, Burdeau ensina que a irresponsabilidade cobre todos os atos da função parlamentar, porém somente esses, submetendo-se o parlamentar à aplicação do direito comum desde que o ato não esteja motivado pelo exercício direto da função, por exemplo, se participa de uma greve ou publica artigos caluniosos em uma revista.[185]

Na Espanha, é vencedor o entendimento de que se excluem da proteção todos os atos alheios à função parlamentar, como aqueles que, tendo relação com a função pública do representante, não contribuam para a formação da vontade do Parlamento, como reuniões com eleitores, atividades jornalísticas, reuniões de partidos ou de particulares, ainda que na sede oficial do Parlamento. Não é a função política em relação à sociedade o que a inviolabilidade deve proteger, mas sim sua função jurídica em relação ao Estado. Na dialética com a sociedade, a própria essência do sistema pluralista exige o mesmo trato para o representante majoritário e para o minoritário, a mesma capacidade de denúncia e de comunicação pública e os mesmos limites para quem ostenta um mandato jurídico-político e para quem aspira ostentá-lo, e inclusive para quem, sem vocação política ou vontade representativa, se manifesta sobre pessoas ou instituições. Aceitar a inviolabilidade, não como proteção da livre formação da vontade do Estado, mas como protetora da posição política de quem, por sua posição política ou representatividade social, está sujeito à ira ou à vingança, é ampliar a extremos o instituto, é não compreender a instituição.[186]

---

[182] PONTES DE MIRANDA, Francisco Cavalcanti. Op. cit., p. 8-9.

[183] TOSI, Silvano. *Diritto parlamentare*. Milano: Dott. A. Giuffré Editore, 1993, p. 72. No mesmo sentido, BISCARETTI DI RUFFIA, Paolo. *Derecho constitucional*. Madrid: Tecnos, 1982, p. 381.

[184] LOJACONO, Giuseppe. Op. cit., p. 62.

[185] BURDEAU, Georges. *Derecho constitucional e instituciones políticas*. Madrid: Editora Nacional, 1981, p. 701.

[186] FERNÁNDEZ-MIRANDA Y CAMPOAMOR, Alfonso. *Las prerrogativas...*, p. 326-329. O autor diz que estender a inviolabilidade a um âmbito de radical irresponsabilidade é não compreender

Os protegidos pela garantia são os atos parlamentares (não do parlamentar) regimentalmente regulados, na sede parlamentar ou naquelas atividades exteriores que expressem qualquer articulação orgânica das Câmaras.[187] As funções parlamentares não são nem mais nem menos que as funções previstas nos Regimentos e demais normas que os complementam, quando se cumprem conforme as prescrições procedimentais precisas e sempre que as atuações se dirijam a completar a vontade do órgão coletivo, merecendo, nesses termos, presunção *iuris et de iure* de adequação constitucional à garantia da inviolabilidade, resultando impossível incluir nesse âmbito a atuação extraparlamentar dos deputados e senadores, a situar-lhes numa posição de superioridade não justificada em relação ao restante dos cidadãos.[188] Não estorva a inviolabilidade castigar certos atos reprovados pela moral e apenados pela lei, praticados pelo indivíduo componente da Câmara, que constituem delito com existência própria, pois para sua execução se requerem atos perpetrados fora do exercício de suas funções, possíveis de serem definidos e examinados separadamente da apreciação da justiça ou da legalidade do voto dado ou da opinião emitida, caindo, portanto, sob plena ação dos tribunais.[189]

A essas alturas da exposição já está claro que a posição assumida neste estudo é a que acaba de ser exposta, ou seja, os atos desbordantes da atuação típica do parlamentar no exercício de sua função ficam excluídos do rol dos invioláveis, por razões já semeadas no texto, às quais se podem acrescentar as seguintes.

A tarefa do intérprete é vigiar o ser, guardando-o com o devido cuidado.[190] Zelar pelo "ser" inviolabilidade significa impedir que ele se transforme num gigante quase indomável, ou, noutro extremo, num raquítico incapaz de defender aqueles bens que a Lei Fundamental de um país lhe impõe como tarefa.

Agigantar a inviolabilidade para além dos atos parlamentares pode ter como justificativa a idéia de um aprofundamento democrático, da ampliação da liberdade dos político-parlamentares, de algo novo e avançado no contexto dos novos paradigmas hodiernos, época da comunicação em tempo real, da sociedade em rede, do tempo

---

a inviolabilidade, acrescentando ser incapaz de conceber como operaria a disciplina parlamentar frente aos abusos produzidos em atividades alheias ao parlamento.

187 PEÑARANDA RAMOS, Jose Luis. *La dimensión actual de las prerrogativas parlamentarias*, in Comentarios a la Constitucion Española de 1978, vol VI, (Dirigidos por ALZAGA VILLAAMIL, Oscar). Madrid: Cortes Generales, Editoriales de Derecho Reunidas, 1996, p. 343-344.

188 MORALES ARROYO, José Maria. *Las prerrogativas parlamentarias a la luz de la jurisprudencia constitucional*. Madrid: Revista de las Cortes Generales, n° 12, 1987, p. 207.

189 REGUERAL Y BAILLY, Salustino G. *La Inviolabilidad y la Inmunidad*. Madrid: Imprenta de la Viuda de Prudencio Pérez, 1915, p. 20.

190 STRECK, Lenio Luiz, apoiado em Sorge. *Jurisdição constitucional e hermenêutica: uma nova crítica do direito*. Porto Alegre: Livraria do Advogado, 2002, p. 191.

intemporal,[191] da consolidação de muitos Estados como sociais e democráticos de direito. Embora respeitando os patrocinadores dessa tese,[192] tem-se que ela se presta justamente ao contrário. Pensar assim é defender uma volta ao passado, render um tributo à irresponsabilidade, fazer coro com a impunidade. Ora, o Estado de Direito é um Estado de responsabilidade do homem público. Está no seu âmago a superação do absolutismo, regime no qual Deus e os governantes possuíam a mesma estatura legal, quer dizer, estavam acima dela.

A responsabilidade é atributo inafastável do exercício da autoridade, é seu corolário, quem exerce poder há de ser responsável. O poder irresponsável não passa de tirania, contrária ao Estado de Direito, sendo mais respeitável quanto mais responsável se mostra.[193] De outro lado, não pode se mostrar tão débil a ponto de ser uma negação do poder. O equilíbrio de ser poder responsável passa, no tema em evidência, pela conexão da inviolabilidade com o exercício da função parlamentar e a possibilidade de persecução dos atos extraparlamentares.

Em muitos casos, será difícil delimitar se determinado agir se encontra ou não protegido pelo instituto constitucional. Nessas situa-

---

[191] Alusão ao termo utilizado por CASTELLS, Manuel. *A era da informação: economia, sociedade e cultura*. A sociedade em rede. São Paulo: Editora Paz e Terra, V. I, 1999.

[192] Esse pensamento foi defendido pelo Deputado Federal José Roberto Batochio, quando dos debates acerca da Emenda Constitucional n° 35, *litteratim*: "Só se é Deputado nos dias úteis ou também no sábado, no domingo e à noite? Apenas no recinto da casa ou também na base? Onde quer que se vá, sempre se será Deputado, e a liberdade de expressão tem de ser assegurada" (Diário da Câmara dos Deputados, dezembro de 2001, p. 62518). Na mesma oportunidade, Deputado Gerson Peres: "O Parlamentar é a dualidade cidadão-mandato numa unidade de substância: a palavra. Ao falar, provoca o contraditório, e no contraditório surgem o debate e as emoções. Das emoções surge a demanda, às vezes, suscetível ao ataque pela palavra agressiva, impensada (...). Fora do âmbito do exercício de suas funções, não deixa de ser Parlamentar. A tarefa de puni-lo cabe à instituição, por quebra de decoro, se houver" (Diário da Câmara dos Deputados, dezembro de 2001, p. 62525-6). Mais enfático foi o Deputado Fernando Coruja: "Não podemos deixar que outro Poder julgue quando estamos ou não no exercício do mandato. Do contrário, pode acontecer de um Deputado, sentado à mesa de um bar, numa praia, ao ser interrogado por um jornalista sobre determinada atitude do Governo Fernando Henrique Cardoso, declarar que acha que foi um absurdo, que realmente aconteceu muita roubalheira naquele órgão, etc., e ser julgado, pelas suas declarações, pelo Supremo" (Diário da Câmara dos Deputados, dezembro de 2001, p. 62526). *Data venia*, absurdo é não permitir que se julgue alguém que, nessas circunstâncias, cometeu um crime. No mesmo debate na Câmara, o Deputado Ibrahin Abi-Ackel combatia a visão alargada dos seus colegas, aduzindo defender a redação que desde 1824 consta nas Constituições brasileiras, acrescentando: "(...) se a alocução 'quaisquer' passar a constar do art. 53 da Constituição, o crime de discriminação racial, por exemplo, deixa de existir. Senadores e Deputados poderão dirigir-se a um homem de cor com as expressões mais vis e mais deformantes de sua condição de raça mas são invioláveis por quaisquer palavras e opiniões. Da mesma forma, se um inspetor de trânsito tiver a audácia de fazer uma recomendação a um Parlamentar, em virtude da má localização de seu carro, S. Exa. poderá dirigir à farda que o homem veste e ao corpo que veste a farda todos os insultos imagináveis, porque é inviolável por quaisquer palavras e votos que porventura profira" (Diário da Câmara dos Deputados, dezembro de 2001, p. 62527). Nas suas palavras, fora cometido esse "aleijão" no art. 53 da Carta Magna.

[193] JACQUES, Paulino. Op. cit., p. 299-300.

ções, recomenda-se exame cauteloso, eqüidistante, a fim de aferir o liame da conduta com o *munus* público, cuidando, de um lado, de proteger a importante função do representante do povo e, de outro, de coibir "o carteiraço", a covardia que se afasta da imunidade para se transmudar em impunidade.

Na precisa lição de Fernandez-Miranda y Campoamor, o alcance e os efeitos da inviolabilidade, há muito tempo, estão fixados com precisão na doutrina e na prática parlamentar, em formulação escorreita e cheia de rigor jurídico, ajustada à tradição do Direito espanhol e do Direito Comparado, sendo desnecessário qualquer lei orgânica para tanto.[194]

A interpretação deve ser sempre conjuntural e relativa, sendo o "grau de liberdade, consolidação e independência do Parlamento que determina a necessidade de reforçar interpretações extensivas ou restritivas do conceito".[195] Ora, como nenhum critério é suficiente, interpretar de acordo com o "passo do tempo", com o momento histórico-político, com o estágio de evolução do Estado, é a forma mais prudente de ler um instituto acalentado no seio do próprio Estado. E diante de que Estado se está? Diante da proposta de universalização de um Estado Democrático de Direito, cuja espinha dorsal é a democracia e a igualdade. Qualquer exceção a esses princípios deve ser lida sob a perspectiva finalística do modelo estatal traçado. Urge, pois, solidificar uma interpretação historicamente afinada, teleológica e finalisticamente comprometida, sistemática e conjunturalmente adequada. O exagero não se presta à construção do Estado, enquanto a supressão pode representar riscos a sua edificação.

2.2. Descortinando seus caracteres

Fixado o alcance da inviolabilidade, nem restritivo nem ampliativo, mas de acordo com sua *ratio*, com seu evolver histórico-político, torna-se possível examinar as principais características a ela atribuídas, de ser uma garantia jurídica, perpétua, irrenunciável, absoluta e exclusiva.

2.2.1. *A proteção é jurídica*

O campo de proteção conferido pela inviolabilidade parlamentar é jurídico, quer dizer, fica excluída toda a possibilidade de sanção

---

[194] FERNÁNDEZ-MIRANDA Y CAMPOAMOR, Alfonso. *Las prerrogativas*, p. 316.

[195] FERNÁNDEZ-VIAGAS BARTOLOMÉ, Plácido. *La inviolabilidad e inmunidad de los Diputados y Senadores – La crisis de los privilegios parlamentarios*. Madrid: Civitas, 1990, p. 45.

penal, civil, administrativa ou disciplinar, tanto as possíveis de serem infligidas pelo Poder Judiciário, quanto as de serem aplicadas pela Administração Pública e até pelas empresas ou associações privadas. Havendo um vínculo jurídico a sustentar/fundamentar determinada sanção, estará ela defesa se os fatos que em tese dariam suporte à reprimenda incluem-se entre os invioláveis. Assim, o ato inviolável não pode render qualquer penalização criminal, qualquer condenação civil (possível dano moral, p. ex.), qualquer medida jurídico-disciplinar (suspensões aplicadas em expedientes militares, demissões do serviço público...), qualquer censura jurídico-laboral (ser suspenso de suas atividades, ou ser demitido de uma empresa privada[196] com fundamento em alguma ação protegida pela inviolabilidade),[197] ou até ser expulso de uma associação privada.[198]

A irresponsabilidade é jurídica, e não moral, porque o público e a imprensa mantêm plena possibilidade de crítica, de se opor às opiniões e aos votos proferidos pelos parlamentares no exercício de suas funções.[199] Nem se pense na hipótese de suprimir a possibilidade de um "juízo moral" da opinião pública, do "julgamento do povo", do direito de crítica, do debate aberto, da oposição, porque a democracia só consegue cavalgar no "lombo" dessa liberdade. Possível supressão implicaria tirania, algo diametralmente oposto ao fim do Estado Democrático de Direito, que acalenta em seu ventre a inviolabilidade.

Embora alguns autores entendem que a inviolabilidade exclui também a responsabilidade política do parlamentar,[200] importa reco-

---

[196] Tome-se como exemplo a situação dos vereadores brasileiros, os quais são parlamentares, possuem inviolabilidade por expressa disposição da Constituição Federal e podem exercer concomitantemente (o mesmo vale se fosse posterior) atividades profissionais, públicas ou privadas, não se lhes impondo dedicação exclusiva. O eco de sua atuação poderia produzir efeitos em sua atividade profissional, o que não é possível pelo vínculo jurídico-protetivo emprestado pela inviolabilidade parlamentar. Evidente que não estará a salvo de uma demissão sem justa causa, de uma reprimenda indireta, não formalizada, decorrente de sua atuação. Esses, porém, são os riscos da vida (...).

[197] Ver s/ o tema, FERNÁNDEZ-MIRANDA Y CAMPOAMOR, Alfonso. *Las prerrogativas...*, p. 323.

[198] Sem negar a autonomia privada e a liberdade de organização dessas associações, aceitar que se fundamente a exclusão de um membro na prática de um ato abrigado na inviolabilidade é admitir a revogação da Constituição por decisão dos particulares. Guardadas as peculiaridades, é possível fazer um paralelo com a incidência dos direitos fundamentais nas relações privadas, tese de aceitação crescente na doutrina e na jurisprudência. (Sobre o tema, ver Bilbao Ubillos, Juan María, *La eficacia de los derechos fundamentales frente a los particulares*, Madrid: Centro de Estudios Políticos y Constitucionales, 1997; SARMENTO, Daniel. *Direitos fundamentais e relações privadas*. Rio de Janeiro: Lumen Juris, 2004).

[199] BUGALLAL Y ARAUJO, Gabino. Op. cit., p. 573.

[200] Comunga desse entendimento BISCARETTI DI RUFFIA, Paolo. *Derecho constitucional*. Madrid: Tecnos, 1982, p 381. Este autor afirma: "... al mismo tiempo, se traduce en una *irresponsabilidad política* por toda la duración de la legislatura (dada la imposibilidad de una revocación anticipada del parlamentario por parte de sus electores o de su partido". Efetivamente, por parte dos partidos (no Brasil não há fidelidade partidária) e dos eleitores, não há possibilidade de se atingir o mandato do parlamentar, não se descartando a possibilidade de sua própria câmara o cassar por falta de decoro.

nhecer a possibilidade de haver responsabilização político-disciplinar nessas circunstâncias. Mesmo defesas as sanções penais, civis, administrativas, trabalhistas e disciplinares, resultaria possível a perda do mandato com arrimo na falta de decoro parlamentar,[201] a sua suspensão ou a imposição de outras sanções disciplinares previstas nos regimentos internos das respectivas casas, como a censura (evitar a publicação) se vier a ofender ou utilizar palavras desairosas, nos discursos ou pareceres, contra colega ou terceiro.[202] A inviolabilidade "não afasta e não ilide a ação interna e disciplinar da própria Câmara, que pode e deve intervir para coibir abusos, reprimir excessos, mandando riscar dos Anais, por exemplo, um termo anti-regimental empregado...".[203]

Em que pese esse posicionamento trazer em si uma contradição entre a plena liberdade de expressão do parlamentar e a possibilidade de controle por sua casa legislativa, parece razoável que assim seja, caso contrário, se estaria criando um vazio no ordenamento, algo a pôr em risco a própria atuação responsável do Parlamento. A necessidade de manter a ordem, a obediência e a regularidade dos trabalhos autorizam o "governo interior" das câmaras a impor seu poder de polícia e disciplina. Evidente que esses poderes devem ser utilizados com cautela, sem censura à liberdade de opinião do parlamentar, utilizados precisamente para assegurar uma disciplinada liberdade de debate e de comunicação.[204] Inadmissível é usar o "governo interno" para tolher o pensamento, censurar o conteúdo, a substância da opinião expressa, ou o tipo de voto manifesto, mas apenas direcioná-la para o modo de exercício das funções, a forma.[205] Essa cisão entre o modo ou a forma que adquire determinada opinião e a sua substância é o melhor critério para enfrentar essa delicada questão, mesmo com todos os riscos que engendra, até porque riscos maiores existiriam se o poder disciplinar encontrasse como único "limite" a vontade da maioria reproduzida na e pela direção da casa legislativa.

Em outras palavras, mesmo que a regra seja a irresponsabilidade para que o parlamentar possa atuar sem "freios" e receios, excepcionalmente o Poder Legislativo poderá "corrigir" seus membros, só ficando os legisladores verdadeiramente imunes às reprimendas dos "estranhos" ao parlamento.

---

[201] Nesse sentido, MOTA, Leda Pereira, SPITZCOVSKY, Celso. *Curso de Direito Constitucional*. São Paulo: Juarez de Oliveira, 1999, p. 105.

[202] Tosi refere-se ao poder disciplinar do presidente como sanção de direito parlamentar por abuso da prerrogativa que se traduz nos ilícitos disciplinares de turbamento da ordem, do uso de palavras inconvenientes, do ultraje,... TOSI, Silvano. Op. cit., p. 73.

[203] VELOSO, Zeno. Op. cit., p. 152.

[204] FERNÁNDEZ-VIAGAS BARTOLOMÉ, Plácido. Op. cit., p. 63.

[205] CIOLO, Vittorio di. Op. Cit., p. 160-161.

Em sintonia com o exposto, é possível reafirmar que a prerrogativa possui caráter jurídico, não político-institucional, especificamente em relação ao parlamento, tampouco destinado a conter a "opinião pública" e suas "sanções", por absoluta impossibilidade.

2.2.2. O alcance é perpétuo

As opiniões, palavras e votos proferidos por parlamentar no exercício da função, classificados como invioláveis, não podem ter outra proteção, senão eterna. Tanto durante a atualidade do mandato, quanto após seu termo, o ato inviolável não perde sua natureza e sua proteção. Explicando melhor, uma vez inviolável determinado ato, sempre será inviolável, ficando o parlamentar protegido, durante e após o término do seu mandato, de qualquer persecução alheia ao Parlamento.

Essa conseqüência lógica do instituto se encontra referendada em regimentos internos de casas legislativas,[206] algo desnecessário, mas ratificar do alcance da garantia. É evidente que se o intuito da inviolabilidade é proporcionar uma atuação parlamentar livre de temores e coações, tal objetivo resultaria frustrado ante a possibilidade de uma represália posterior, que pesaria tanto no ânimo do parlamentar como a possibilidade de uma persecução atual.[207] Essa proteção eterna é da essência do próprio instituto porque a liberdade do parlamentar no Parlamento deve alcançar o binômio presente-futuro. Não basta hoje ser livre e amanhã ser réu pelo dito na condição de livre, porque, se assim for, sobre o atual estará projetado o medo, desconstituindo a essência da inviolabilidade.

Não se há de confundir a inviolabilidade com o instituto da imunidade formal/processual, cuja autorização para processamento, neste caso, é pressuposto procedimental ou obstáculo para a perseguibilidade, da qual o ex-parlamentar decai, mesmo nos países que expressamente a adotam. Em sendo caso de imunidade, findo o mandato, o processo porventura paralisado ou não iniciado segue seu curso normal. Em se tratando de inviolabilidade, não houve nem haverá processamento ou outra represália fundamentada em atos

---

[206] Veja-se o art. 10 do Congreso de los Diputados español (Los Diputados gozarán de inviolabilidad, *aun después de haber cesado en su mandato*, por las opiniones manifestadas en el ejercicio de sus funciones) e o artigo 21, del Reglamento del Senado (Los Senadores gozarán, *aun después de haber cesado en su mandato*, de inviolabilidad por las opiniones manifestadas en actos parlamentarios y por los votos emitidos en el ejercicio de su cargo).

[207] FERNÁNDEZ-MIRANDA Y CAMPOAMOR, Alfonso. *Las prerrogativas...*, p. 324. Ver também, TOSI, Silvano. Op. cit., p. 72, o qual afirma a natureza funcional e o caráter permanente da garantia, no sentido de não se consentir que o parlamentar venha a ser perseguido depois da decadência de seu ofício.

incluídos nela.²⁰⁸ Se inviolável, repita-se, será hoje e em qualquer tempo. Se dura para sempre, quando inicia e até quando podem ser praticados atos para merecerem o rótulo de invioláveis?

2.2.2.1. A inviolabilidade e o seu tempo

Sob perspectiva diversa da enfocada acima (embora a complementando), aqui se buscam estabelecer os limites cronológicos inicial (a partir de quando alguém pratica um ato a merecer o selo de inviolável) e final (quando uma opinião, palavra ou voto não mais estará inserta entre as dignas da garantia em evidência).

O início da incidência da prerrogativa não é de simples solução porque passa pela compreensão do momento da aquisição da qualidade de parlamentar e do nascimento e fim da Assembléia.

Para uma primeira corrente doutrinária, desde eleito o futuro representante do país deve estar ao abrigo da inviolabilidade parlamentar,²⁰⁹ sob pena de em sua "interinidade" ser objeto de persecuções infundadas de algum juiz faccioso – nessa condição, um não-juiz, o qual pode estar no horóscopo de qualquer parlamentar.²¹⁰ Aos adep-

---

²⁰⁸ Há autores que criticam esse entendimento, dizendo que se adotada a perspectiva penal, ou não haverá crime (e neste caso seria absurdo discutir a duração, se eterna ou não), ou haverá a exclusão da pena (uma circunstância pessoal-funcional de isenção de responsabilidade, sem que nunca se possa exigi-la, porque sequer nasceu). FERNÁNDEZ-VIAGAS BARTOLOMÉ, Plácido. Op. cit., p. 66-67. Pragmaticamente, adotando qualquer dos entendimentos o efeito é o mesmo, ou seja, o parlamentar estará a salvo de qualquer persecução ou penalização, em qualquer tempo, por ter praticado atos juridicamente invioláveis. Por isso, a característica, consoante expressamente configurada pela esmagadora maioria dos doutrinadores, será mantida neste estudo.

²⁰⁹ REGUERAL Y BAILLY, Salustino G. Op. cit., p. 48. Embora nessa passagem o autor está a se referir à imunidade, raciocínio semelhante se aplica à inviolabilidade.

²¹⁰ MANZELLA, Andrea. Op. cit., p. 186. O argumento, seguidamente invocado para a manutenção e ampliação das prerrogativas parlamentares, de possíveis abusos ou exibicionismos de alguns juízes, algo possível de ocorrer, até porque um Poder com a dimensão que adotou o Judiciário nos países democráticos não tem condições (e não deve, sob pena de ser autoritário) de controlar todos os atos praticados pelos juízes, revela-se, a toda evidência, um argumento extremamente débil. No exemplo brasileiro, o primeiro aspecto que confere fragilidade à tese é o fato de o Poder Judiciário ser inerte. A inércia do Judiciário significa que ele não inicia ações, tendo, portanto, que ser provocado, ou por particulares, no caso de ações de titularidade privada, ou pelo Ministério Público, no caso das ações cujo titular seja este órgão (é o que ocorre com a esmagadora maioria das ações penais, por exemplo). A "sanha persecutória" do juiz só poderia ser despertada, assim, se houvesse provocação, o que não deixa de ser uma forma de controle. Mais ainda, parte dos processos são baseados em Inquérito Policial, de modo que antes de chegar ao Judiciário os fatos já sofreram dúplice filtragem: da Polícia e do Ministério Público (Ministério Fiscal espanhol). Depois de provocado pelo autor da ação (ou de outra medida, ex. busca e apreensão...), o Magistrado poderia, então, desde investigar até julgar, abusando de sua independência e liberdade... Se isso ocorrer em primeira instância, haverá várias oportunidades de correção, mediante a utilização de recursos aos Tribunais, que poderão abortar possíveis abusos, eles que em muitas oportunidades se revelam excessivamente zelosos dos direitos materiais e processuais dos réus, especialmente dos mais afortunados. Nos casos de ações mais graves, entretanto, os parlamentares gozam de privilégio de foro, sendo as decisões principais oriundas de órgãos colegiados, composição capaz de neutralizar possível ímpeto persecutório de algum dos magistrados integrantes das turmas ou câmaras. Além disso, as correições admi-

tos soa uma questão de lógica, quer dizer, será inviolável alguém a partir do momento em que adquire a condição de parlamentar, o que ocorre no momento da proclamação do resultado da eleição. Isso porque, se a finalidade dessa prerrogativa é impedir persecuções imotivadas que visam a obstar o parlamentar de exercer sua função, não se pode aguardar o momento da verificação de poderes, nem a posse, pois nesse período intermediário poderiam ser anuladas as finalidades do instituto.[211]

Na Espanha, esse entendimento é majoritário, tanto que acolhido no Regimento do Congresso dos Deputados que prevê serem os direitos e prerrogativas efetivos desde o momento em que o Deputado seja proclamado eleito,[212] e essa tese ecoa forte também na Itália e noutros países europeus.[213] Já em 1954, Lojacono apontava a controvérsia e entendia adequado o posicionamento acima exposto, por ser

---

nistrativas (investigação corporativa destinada a sancionar possíveis abusos de magistrados) são uma constante, sendo mais um fator a inibir a atuação de juízes "abusados", sem contar com a atuação corretiva do Conselho Nacional de Justiça (art. 103-B, da Constituição Federal) e com ações de indenização ou criminais movidas pelo "injustiçado" por uma ação desmedida do representante do Estado. Nesse contexto, os abusos do Poder Judiciário constituem-se em ínfimas exceções incapazes de sustentar argumentos favoráveis à manutenção, em razão deles, da inviolabilidade parlamentar. Noutra face, a sombra e a obscuridade sobre o Poder Judiciário é que devem causar muito mais medo. O lixo social processado sob um silêncio sepulcral é historicamente fomentador de impunidade, produzindo danos muito mais graves à sociedade do que possíveis patologias tópicas, cujos abundantes remédios permitem a devida correção. Sem negar a necessidade de garantir os direitos dos acusados, como a ampla defesa e o contraditório, a publicidade e a fundamentação das decisões judiciais (art. 93, IX, CF88) são formas eficazes de controle social exercidas sobre a atuação dos poderes, evitando que a penumbra alimente a mantença e reprodução de verdadeiros casos de prostituição entre o público e o privado, câncer a corroer os pilares do próprio Estado Democrático de Direito.

[211] FERNÁNDEZ-MIRANDA Y CAMPOAMOR, Alfonso. *Las prerrogativas...*, p. 339-340. Chegou-se a defender a extensão das garantias (no caso, o autor está a estudar a imunidade) aos períodos pré-eleitorais, a fim de evitar que a atuação do Poder Judiciário e/ou a manipulação do Poder Executivo pudessem desencadear procedimentos penais contra os principais candidatos opositores, distorcendo a composição livre do parlamento (idem, p. 341). Essa extensão das garantias a abranger as campanhas eleitorais se revela exagerada, encobridora de possíveis abusos, disforme dos fins do instituto em evidência, até porque sempre um outro motivo se poderia invocar para estendê-lo "um pouco mais" (rumo ao infinito?), a proteger pessoas que possuem meras expectativas de se tornarem parlamentares. Ao defender como melhor posicionamento o que entende inviolável o parlamentar desde a proclamação do resultado da eleição, pelo Presidente do ofício eleitoral, em momento imediatamente posterior à finalização do escrutínio, Lojacono reproduz o seguinte argumento: "... si i parlamentari non fossero in tal modo tutelati, le prerogative perderebbero tutta la loro efficacia, dato che il tiranno potrebbe, senza alcun ostacolo, esercitare le sue vendette e le sue pressioni politiche nel periodo di tempo che va dalla proclamazione dei nuovi eletti alla convalida della loro elezione". LOJACONO, Giuseppe. Op. cit., p. 43.

[212] Na redação original do artigo 20.2: "Los derechos y prerrogativas serán efectivos desde el momento mismo en que el Diputado sea proclamado electo...". Defende o referido critério PUNSET BLANCO, Ramón. *Inviolabilidad...*, p. 128-129, ressalvando resultar evidente que a inviolabilidade não adquire operatividade para além dos atos parlamentares, reforçando, assim, sua falta de efetividade nesse período de transição.

[213] TRAVERSA, Silvio. *Immunitá parlamentare*, in Enciclopedia del Diritto, vol XX. Milan, 1970, p. 186-187.

conforme o direito positivo, constando expressamente no primeiro artigo do regulamento das Câmaras italianas que o parlamentar entra em pleno exercício da função com a proclamação.[214] Em Portugal, o investimento no cargo, com a aquisição do estatuto de Deputado, ocorre, ainda que provisoriamente, a depender da verificação de poderes a ser feita pela Assembléia da República, com a proclamação dos resultados eleitorais.[215]

Um segundo posicionamento entende inviolável o parlamentar desde a expedição do diploma[216] (momento anterior à posse), ato que marca a gênese do *"vinculum iuris* estabelecido entre os eleitores e os parlamentares".[217] Esse momento, a marcar a aquisição da qualidade de parlamentar,[218] foi adotado pela Constituição brasileira, de forma expressa, ao menos ao regular a imunidade e a prerrogativa de foro dos Deputados e Senadores.[219] Numa leitura harmônica da Constituição, soa forte a tese de que, se a própria norma fundamental os considera, a partir da diplomação, Deputados e Senadores, atribuindo-lhes, desde então, garantias típicas do *status* parlamentar (de foro e imunidade em relação à prisão e ao processo), deve constar nesse *"kit* protetivo" também a inviolabilidade. Formalmente, tendo por parâmetro o ordenamento brasileiro, esse critério se agiganta.

A adoção de qualquer das duas teses anteriores implica se admitir a incidência da inviolabilidade durante um determinado período, desde a proclamação do resultado da eleição até a primeira reunião da nova câmara, ou desde a diplomação até a posse/primeira reunião – concomitantemente em relação aos membros do "velho" e do "novo" Parlamento.

Um terceiro entendimento possível de ser concebido a partir da crítica aos anteriores sustenta a incidência da inviolabilidade a partir da posse, momento de aquisição do mandato parlamentar (que coincide com a primeira reunião da câmara), data inicial da vida da nova assembléia, de término da precedente e de cessação das garantias dos membros não-reeleitos.[220]

---

[214] LOJACONO, Giuseppe. Op. cit., p. 42.

[215] Consoante exposto por GOMES, Carla Amado (apoiada no pensamento de MIRANDA, Jorge). *As imunidades parlamentares no Direito português*. Coimbra: Coimbra Editora, 1998, p. 30.

[216] A diplomação, no Brasil, é ato da Justiça Eleitoral, sendo realizada em data posterior à proclamação dos eleitos (também ato da Justiça Eleitoral) e anterior à posse (ato político praticado na Câmara).

[217] MORAES, Alexandre. Op. cit., p. 407.

[218] O juízo de convalidação, para Lojacono, tem um valor puramente declarativo, cuja natureza é de controle de legitimidade da eleição. LOJACONO, Giuseppe. Op. cit., p. 42.

[219] Art. 53, § 1°: "Os Deputados e Senadores, *desde a expedição do diploma*, serão submetidos a julgamento perante o Supremo Tribunal Federal"; § 3°: "*Desde a expedição do diploma*, os membros do Congresso Nacional não poderão ser presos, salvo em flagrante de crime inafiançável (...); § 4°: "Recebida a denúncia contra o Senador ou Deputado, *por crime ocorrido após a diplomação* (...).

[220] TRAVERSA, Silvio. Op. cit., p. 186-187.

Sem negar razoabilidade ao terceiro posicionamento, nem desprezar a oposta e mais dilatada orientação normativo-doutrinária, majoritária na Europa, parece prudente, ao menos para o presente estudo e tendo em conta o regramento constitucional brasileiro, adotar a tese de que a inviolabilidade alcança o parlamentar a partir da diplomação.[221] Evidente, a adoção dessa orientação não espanta as dúvidas e a possibilidade de crítica, até porque fica um tanto difícil vislumbrar um parlamentar exercendo suas funções antes mesmo da instalação de sua respectiva assembléia. Entretanto, suponha-se que, em ato contínuo à diplomação, o parlamentar expresse palavras só imunes se invioláveis. Como acabara de ser juridicamente declarado parlamentar, estando num ato oficial-judicial-político, parece razoável entendê-lo no exercício de sua função e, como tal, inviolável.

Enquanto o entendimento acima expresso sobre o termo *a quo* encontra eco na história do constitucionalismo brasileiro, o mesmo não se pode afirmar acerca do termo *ad quem*. Embora se referindo à imunidade, a Constituição brasileira de 1891, no art. 20, previa "desde que tiverem recebido diploma *até a nova eleição*..."; a de 1934, art 32, "desde que tiverem recebido diploma *até à expedição dos diplomas para a Legislatura subseqüente*", e a de 1946, no art 45, "desde a expedição do diploma *até a inauguração da legislatura seguinte*...", demonstrando que o parâmetro histórico pátrio é relativamente sólido em relação ao início da incidência da garantia (diplomação), não o sendo em relação ao seu término.

A atual Constituição brasileira, eloqüente em relação ao início (desde a diplomação), mas silente em relação ao fim, permite a ilação de que o termo da inviolabilidade ocorre com o fim definitivo do mandato parlamentar, seja pelo encerramento (que se dá na posse dos sucessores), por cassação ou outra causa. Atente-se para o fato de que o parlamentar licenciado ou exercendo outra função (Ministro de Estado, Secretário...), nos termos expressos no artigo 56 da Constituição brasileira, não perde o mandato, embora não possa, nessa condição, ostentar as garantias parlamentares,[222] dignas tão-somente de

---

[221] Embora se referindo à imunidade, o Min. Celso de Mello, no Inq. 1.504-DF, em decisão de 17 de junho de 1999, reafirma a incidência a partir da diplomação, tal qual previsto na Constituição, *verbis*: "A compreensão do sentido inerente à cláusula constitucional asseguradora da imunidade parlamentar formal conduz ao reconhecimento de que essa prerrogativa político-jurídica – existente desde a expedição do diploma pela Justiça Eleitoral – apenas obsta o prosseguimento da ação penal condenatória ajuizada contra membro do Congresso Nacional, até que sobrevenha a concessão da necessária licença, por parte da Casa a que pertence o legislador". Informativo STF n° 153.

[222] No HC 78.093-AM, julgado em 11.12.98, da lavra do Min. Octávio GALLOTTI, o Supremo Tribunal Federal decidiu que "O deputado afastado de suas funções para exercer cargo no Poder Executivo não tem imunidade parlamentar. Com esse entendimento, a Turma indeferiu *habeas corpus* em que se pretendia o trancamento da ação penal instaurada contra Deputado Estadual que, à época dos fatos narrados na denúncia, encontrava-se investido no cargo de Secretário de Estado.". Informativo STF n° 145.

quem está a exercer a função, realçando o caráter funcional da prerrogativa. Tampouco se mantém a benevolente previsão da Carta de 1934, estendendo a imunidade ao suplente imediato do Deputado em exercício, porque o suplente não está no exercício do mandato.

2.2.3. Proteção irrenunciável

A inviolabilidade, pelo caráter de proteção à função que confere, não pode ser renunciada, nem pelo parlamentar, individualmente, nem pelo conjunto dos parlamentares. É uma garantia abroquelada pela Constituição, de ordem pública, movida por lógica distinta da que orienta as relações entre os particulares, cujos direitos, de regra, são disponíveis. Aqui se lhes outorga no interesse público, mais para garantia da assembléia e de sua missão, do que para proveito particular do interessado, ficando o parlamentar impedido de renunciar a uma garantia pertencente à instituição, não a sua pessoa.[223]

Não foram poucas as bravatas de parlamentares, no decorrer da história, abrindo mão de todas as garantias, num jogo de cena que politicamente pode ser interessante, mas juridicamente não produz qualquer efeito.[224] São verdadeiros gestos propagandísticos sem valor jurídico algum, não passando de meras opiniões.[225] Nem o parlamentar, nem a própria assembléia podem revogar a Constituição "no grito", pois para tanto existe um procedimento agravado, indicando seriedade no manejo de tal hipótese.

Em muitas situações limites, somente com o exame do Poder Judiciário haverá segurança acerca da incidência ou não da garantia. Nesses casos, a palavra do próprio parlamentar desejando o processo (quer provar sua inocência), poderá ter um peso político significativo na decisão de processar ou não. Se condenado, com todas as garantias do devido processo legal, tudo indica não se estar diante de caso de inviolabilidade. Se absolvido (ou havendo rejeição da queixa ou denúncia), ao fundamento de ser o ato inviolável ou por outro fundamento, terá em seu favor uma declaração jurídica de inocência e poderá, se cabível, buscar ressarcimento em possível demanda civil.

---

[223] BUGALLAL Y ARAUJO, Gabino. Op. cit., p. 575.

[224] Por exemplo: caso do Deputado francês, Razimbaud, na sessão de 25 de fevereiro de 1907, que anunciou a renúncia da inviolabilidade, cujo propósito foi abortado pelo presidente da Câmara, aos argumentos de ser impossível a renúncia, e a justiça não deveria sequer levar em conta tal manifestação (BUGALLAL Y ARAUJO, Gabino. Op. cit., p. 574); outro caso da França, de 1862, quando o Tribunal Correcional de Reims, ao denegar a possibilidade de renúncia (da imunidade), afirmou ser a garantia de ordem pública, que o mandato do deputado confere, a quem está investido dele por seus concidadãos, obrigações e deveres de interesse geral, sendo inadmissível a "autorização" particular suprir a autorização do corpo legislativo (REGUERAL Y BAILLY, Salustino G., Op. cit., p. 47).

[225] MANZELLA, Andrea. Op. cit., p. 186.

São casos excepcionais, a exigir cautela do julgador, sob pena de desfiguração das garantias parlamentares. Não se está diante da possibilidade de dispor, quer dizer, se o ato for inviolável, será indisponível.

Em se tratando de uma garantia de caráter institucional inerente ao Poder Legislativo, só conferida ao parlamentar em função do cargo e do mandato que exerce, *ratione muneris,* não pode o destinatário renunciar pessoalmente ao que não lhe pertence na individualidade. Até porque, caso essa hipótese fosse admitida, resultaria transformada a essência da inviolabilidade, de uma garantia absoluta para uma garantia relativa, algo a destoar de sua *ratio.*

2.2.4 Garantia absoluta

Contanto que o ato reúna as características, os pressupostos necessários para figurar entre os invioláveis, reveste-se de caráter absoluto, isto é, não admite exceções, não possibilita o processamento,[226] nem mesmo pode dar suporte à investigação.

Quando se afirma o caráter relativo da garantia, por não abranger todos os crimes existentes no ordenamento jurídico e por não possuir amplitude irrestrita, devendo a hipótese estar jungida à função,[227] parece, *data venia,* se estar referindo a uma mesma característica. A inviolabilidade parlamentar historicamente considerada nunca significou exclusão de todos os crimes e nem abrangeu qualquer ato alheio ao exercício da função, nem por isso deixou de ser considerada absoluta.

A eficácia de tal garantia é absoluta e *erga omnes,* vale tanto no confronto com os órgãos públicos munidos de potestade jurisdicional ou disciplinar, quanto nos confrontos privados, que não poderão agir em juízo para a tutela de direitos eventualmente lesados por afirmações parlamentares, nem exercitar contra um parlamentar eventual poder de supremacia especial.[228]

Não deve haver exceções, tanto em relação às pessoas e aos órgãos que podem exigir responsabilidade, como em relação à matéria.[229] Se inviolável o ato, a impossibilidade de responsabilização extraparlamento (civil, penal, disciplinar) será absoluta, resultando o parlamen-

---

[226] Assim decidiu o Supremo Tribunal Federal: "Tratando-se de discurso proferido da tribuna da Câmara Municipal, a inviolabilidade do vereador "por suas opiniões, palavras e votos" (CF, art. 29, VIII) é absoluta, admitindo, como sanção, somente as que forem aplicáveis no âmbito da própria casa legislativa (...)".RE 140.867-MS, rel. orig. Min. Marco Aurélio; rel. p/ ac. Min. Maurício Corrêa, 03.06.96.

[227] TORON, Alberto Zacharias. Op. cit., p. 373.

[228] CIOLO, Vittorio di. Op. cit., p. 158-159.

[229] FERNÁNDEZ-MIRANDA Y CAMPOAMOR, Alfonso. *Las prerrogativas...,* p. 324.

tar imune a qualquer processamento. Se se tratar de opiniões, palavras e votos emitidos no exercício da função parlamentar, haverá irresponsabilidade, sob pena de transmudá-la em não-garantia.

Deixar para o Poder Judiciário classificar caso a caso, incluindo ou excluindo determinados atos entre os invioláveis, como sinalizam algumas decisões de Cortes espanholas[230] e brasileiras,[231] além de negar o caráter absoluto, significa aniquilar o instituto, transferindo do constituinte ao intérprete a função de definir o sentido da própria garantia. Se cada caso fosse levado aos tribunais para que eles avaliassem se é ou não fato cabível no âmbito da inviolabilidade parlamentar, se há crime ou não, se é caso de processamento ou não, os parlamentares estariam em posição de extrema vulnerabilidade – seria uma espécie de inviolabilidade tão-somente em função das manifestações que não constituem crimes –, em outras palavras, não haveria inviolabilidade parlamentar.

Assim, submeter o legislador ao humor do Poder Judiciário não parece razoável, razão pela qual, em relação aos atos que reúnam as características para a incidência da inviolabilidade, o melhor caminho é afirmar o caráter absoluto da garantia.

---

[230] Na sentença do Tribunal de Justiça do País Vasco, de 5 de setembro de 2003 (Procedimento abreviado 4/2003), houve a condenação de um parlamentar que, da tribuna da Assembléia Legislativa, afirmou que todos sabem que a luta armada do ETA não responde à vontade de impor idéias, mas a defesa de direitos legítimos que tem o povo Vasco, aos fundamentos de que o ato não contribuía para a formação da vontade da Câmara e não constituía opinião, mas manifestação de outro gênero, como que aderindo à luta armada da banda terrorista. Sua modificação pelo Tribunal Supremo, Sala de lo Penal Sentencia nº 1.533/2004, em 21/12/2004, não invalida a referência. O Tribunal Supremo reafirmou o caráter absoluto da garantia: "La jurisdicción queda excluída frente a las opiniones emitidas por un parlamentari y por tanto ni siquiera se puede entrar a examinar el contenido de esas opiniones al objeto de discernir si merecen o no la tutela de ese privilegio. De no ser así, el parlamentario se sentiría limitado o coaccionado ante una posible intervención jurisdiccional que fijara, desde fuera, el límite de las posibilidades de expresión, que aunque merecieran el calificativo de delictivas, poseen una protección absoluta que, a su vez, es garantía de la división de poderes o no interferencia entre los mismos."

[231] No Proc. 131512000, acórdão 22109, de 02/04/2003, 4ª Câmara Cível do Tribunal de Justiça do Paraná, por maioria de votos, manteve condenação de vereador por danos morais em razão de palavras injuriosas e difamatórias proferidas da tribuna da Câmara Municipal, ao fundamento de que a inviolabilidade constitucional está condicionada aos limites da lei. Na Apelação Cível nº 121.621-4/1 – Praia Grande, de 06.08.02, a 1ª Câmara de Direito Privado do Tribunal de Justiça de São Paulo condenou o vereador a reparar dano moral, argumentando: "A imunidade parlamentar, também denominada imunidade material, exclui apenas o crime. Não está livre o Vereador do dever de reparar, na esfera civil, os danos morais que tiver causado, com sua manifestação, ainda que ocorrida durante sessão da Câmara Municipal, desde que configurado o abuso, caracterizado ilícito civil". O Superior Tribunal de Justiça, no RHC 10.605-SP, julgado em 4/12/2001, decidiu: "A Turma negou provimento ao recurso, com o entendimento de que a imunidade constitucional garantida ao vereador não é absoluta, pois restringe-se àquilo que se circunscreva ao exercício do mandato e em estrita relação com o exercício da função, decorrente daquele cargo. Há, portanto, limites nos pronunciamentos que o vereador venha fazer no plenário da Câmara Municipal. O edil não deve desbordar, em sua manifestação, partindo para ataques pessoais contra terceiros, usando expressões ou expondo opiniões que poderão ser contumeliosas à honra daqueles."

2.2.5. A face exclusiva da garantia

O caráter exclusivo da inviolabilidade parlamentar significa que ela é uma proteção voltada tão-somente a amparar os atos dos parlamentares no exercício de sua função, sem que se estenda aos atos extraparlamentares, nem aos dos ex-parlamentares[232] praticados posteriormente à finalização de seus mandatos.[233]

Na primeira acepção, o estudo aqui desenvolvido tem como um dos objetivos exatamente demonstrar que a inviolabilidade protege exclusivamente os atos dos parlamentares quando praticados no exercício de suas funções, ou seja, projeta-se apenas sobre os atos parlamentares. Os atos não-funcionais do político, aqueles desvinculados de suas funções típicas, que não expressem a vontade da câmara, os praticados pelo cidadão, pelo particular, estão excluídos da órbita de proteção do instituto.

Ao argumento de que a prerrogativa ampara a função parlamentar *lato sensu*, há defensores da tese de que o alcance da garantia não deve ficar restrito à pessoa do parlamentar, mas aberto à possibilidade de aplicação a quem for convocado formalmente para comparecer ante um órgão de alguma das câmaras e, na sessão correspondente, apresente dados, informes, notícias relacionadas ao motivo de seu comparecimento. Tudo isso ao fundamento de garantir a liberdade de expressão e de informação das Câmaras Legislativas.[234] Embora o argumento da contribuição-proteção da formação da vontade do Parlamento seja forte, em relação ao não-parlamentar, ou ao parlamentar licenciado, mesmo na tribuna do parlamento e em ato oficialmente convocado, falta-lhe a condição subjetiva para gozar da prerrogativa parlamentar, ou seja, ser parlamentar, bem como estar no exercício de tal função. Esse alargamento do alcance da prerrogativa, mesmo não significando a ampliação da fronteira da irresponsabilidade,[235] pode se prestar a mais confusões, devendo, por isso, ser rechaçado.

Nessa senda, coloca-se a importante questão dos atos reproduzidos pelos diversos veículos da imprensa, fonte de polêmica inesgotável. Num primeiro aspecto, convém ressaltar que o Poder Legislativo

---

[232] Parece ter nutrido entendimento diverso a Assembléia Legislativa de Alagoas, devidamente corrigida: "Imunidade parlamentar: outorga a ex-Deputados Estaduais: suspensão cautelar. A República aborrece privilégios e abomina a formação de castas: parece inequívoca a inconstitucionalidade de preceito da Constituição do Estado de Alagoas, que, indo além do art. 27, § 1º, da Constituição Federal, outorga a ex-parlamentares – apenas por que o tenham sido por duas sessões legislativas – a imunidade do Deputado Estadual à prisão e o seu foro por prerrogativa de função, além de vedar, em relação aos mesmos antigos mandatários, 'qualquer restrição de caráter policial quanto à inviolabilidade pessoal e patrimonial'." (ADI 1828 MC/AL – Cautelar, Pleno, Rel.: Min. SEPÚLVEDA PERTENCE, Julg.: 27/05/1998, DJ 07-08-98).

[233] FERNÁNDEZ-MIRANDA Y CAMPOAMOR, Alfonso. *Las prerrogativas*, p. 324.

[234] GRANADOS CALERO, Francisco. Op. cit., p. 42.

[235] Idem, p. 43.

Federal brasileiro possui emissoras de rádio e televisão próprias (ex. TV Câmara e TV Senado), as quais reproduzem, diuturnamente, ora ao vivo, ora em programação gravada, os atos parlamentares. Além disso, todos os dias, as emissoras de rádio, públicas e privadas, são obrigadas a retransmitir, em cadeia nacional, trinta minutos de notícias do Poder Legislativo, na denominada "A Voz do Brasil". Acresça-se a isso o fato de que algumas rádios, privadas ou públicas, transmitem simultaneamente sessões ou trabalho de comissões de Câmaras Municipais de Vereadores, cujos debates, por vezes, só escapam à reprimenda penal, se invioláveis. Não parece haver dúvida de que essas situações de reprodução fiel, por canais públicos ou privados, com caráter de oficialidade e sob a supervisão do Parlamento, encontram-se abrangidas no âmbito da inviolabilidade, porque nada mais se está a veicular do que a estrita vontade do órgão legislativo.

Num segundo viés, ao lado dessas ocasiões "oficiais", todas as vezes que o parlamentar reproduzir,[236] literalmente, por qualquer meio, um ato classificado entre os invioláveis, não estará sujeito à responsabilização.[237] É razoável que a reprodução de um ato conside-

---

[236] Já no art. 76 do Código de Processo Criminal do Império brasileiro de 1832 havia a seguinte previsão: "Não se admitirão queixas, nem denúncias, contra membros das duas câmaras legislativas pelos discursos nellas proferidos", e em 1914 o Supremo Tribunal Federal decidiu ser um direito do Deputado a reprodução integral dos discursos nos jornais comuns, conforme MAXIMILIANO, Carlos. Op. cit., notas 5 e 6 da p. 293.

[237] Esse entendimento (um tanto ampliado) foi acolhido pelo Supremo Tribunal Federal: "A imunidade material ... alcança a responsabilidade civil decorrente dos atos praticados por parlamentares no exercício de suas funções. É necessário, entretanto, analisar-se caso a caso as circunstâncias dos atos questionados para verificar a relação de pertinência com a atividade parlamentar. Com esse entendimento, o Tribunal deu provimento a recurso extraordinário para restabelecer a sentença de 1° grau que, nos autos de ação de indenização por danos morais movida contra Deputada Federal, determinara a extinção do processo sem julgamento de mérito devido à vinculação existente entre o ato praticado e a função parlamentar de fiscalizar o poder público (tratava-se, na espécie, de divulgação jornalística da notitia criminis apresentada pela deputada ao Procurador-Geral de Justiça do Estado do Rio de Janeiro contra juiz estadual por suposto envolvimento em fraude no INSS)". RE 210.917-RJ, rel. Min. Sepúlveda Pertence, 12.8.98. Ainda, "A imunidade material ... abrange quaisquer opiniões, palavras e votos produzidos no recinto da respectiva casa legislativa, e as manifestações produzidas fora dali, desde que guardada a relação com o exercício do mandato parlamentar. Com base nesse entendimento, o Tribunal, por maioria, rejeitou denúncia oferecida contra deputado federal pela suposta prática dos delitos de calúnia, injúria e difamação de juiz federal, em decorrência de discurso proferido na Assembléia Legislativa do Acre e de entrevistas concedidas à imprensa. O Tribunal, salientando que eventuais abusos cometidos no âmbito do Parlamento devem sujeitar-se ao controle do próprio Poder Legislativo, considerou que as declarações produzidas nas entrevistas, tidas por ofensivas à honra do magistrado, consubstanciam repetição ou comentário relativamente aos fatos já narrados da tribuna, estando protegidas, portanto, pela imunidade parlamentar em sentido material". (...) Inq 1958/AC, rel. orig. Min. Carlos Velloso, red. p/ o acórdão Min. Carlos Britto, 29.10.2003. Na mesma toada, o Superior Tribunal de Justiça: "... As declarações prestadas por vereadores no plenário da câmara e reafirmadas em juízo não podem servir de base para o oferecimento de denúncia por prática do crime de falso testemunho. Recurso improvido". (STJ, Sexta Turma, Min. Vicente Leal, DJ 12.02.1996, p. 2443).

rado de acordo com a Constituição não seja considerada ilícita.[238] Repita-se, reprodução fiel, sem estardalhaço, sem ir além do ato parlamentar.[239] Nesses casos, as situações concretas da vida estabelecerão a linha divisória, o cabível e o incabível no lastro da inviolabilidade para, de um lado, não emudecer o Parlamento e, de outro, não ampliar indevida e excessivamente a benesse, em direção à impunidade.

Numa terceira faceta, é entendimento majoritário nos países adotantes da garantia[240] que a atuação isenta, de boa-fé, do jornalista a reproduzir atos configuradores da vontade das casas legislativas, está protegida pela inviolabilidade parlamentar.[241] Assim, uma reprodu-

---

[238] Esse foi o entendimento da Nona Câmara do Tribunal de Justiça do RS: "A CF 88 agasalhou o município como ente federado de forma plena e previu a inviolabilidade do vereador por atos e críticas tecidas no exercício do mandato, no âmbito da circunscrição respectiva, sob a forma da imunidade parlamentar material, tanto na esfera criminal como na civil. Incidência do art. 29, VIII da CF ao caso concreto. Boletim referindo-se ao mandato popular de vereador e dando conta de fatos relativos ao prefeito, levantados em CPI em trâmite no Poder Legislativo municipal, presidida pelo referido Edil, está acobertada pela inviolabilidade parlamentar...". (Apelação Cível nº 70002596971, Julgada em 03/08/2001).

[239] O STF afastou a responsabilidade civil de membro do Poder Legislativo, por manifestação na assembléia e na mídia, considerando tais atos motivados pelo desempenho do mandato (prática "in officio") e externadas em razão deste (prática "propter officium"). Vale reproduzir: "Essa prerrogativa político-jurídica – que protege o parlamentar em tema de responsabilidade civil – supõe, para que possa ser invocada, que exista o necessário nexo de implicação recíproca entre as declarações moralmente ofensivas, de um lado, e a prática inerente ao ofício legislativo, de outro, salvo se as declarações contumeliosas houverem sido proferidas no recinto da Casa legislativa, notadamente da tribuna parlamentar, hipótese em que será absoluta a inviolabilidade constitucional...... Assim, é de se distinguirem as situações em que as supostas ofensas são proferidas dentro e fora do Parlamento. Somente nessas últimas ofensas irrogadas fora do Parlamento é de se perquirir da chamada 'conexão com o exercício do mandato ou com a condição parlamentar' (INQ 390 e 1.710). ... Quer dizer: o parlamentar, diante do Direito, pode agir como cidadão comum ou como titular de mandato. Agindo na primeira qualidade não é coberto pela inviolabilidade. A inviolabilidade está ligada à idéia de exercício de mandato. Opiniões, palavras e votos proferidos sem nenhuma relação com o desempenho do mandato representativo não são alcançados pela inviolabilidade. ...O exame dos elementos produzidos na causa em que interposto o recurso extraordinário põe em evidência, quanto ao ora recorrente, dois (2) fatos incontroversos: (1) o de que as imputações consideradas moralmente ofensivas foram por ele proferidas da própria tribuna da Assembléia Legislativa (fls. 110) e (2) o de que as declarações alegadamente contumeliosas, também versando o mesmo tema veiculado no discurso parlamentar, foram exteriorizadas em entrevista jornalística concedida em programa noticioso de televisão, em conexão com o desempenho do mandato parlamentar" (Processo nº 001.00.025408-9, Rel. Ministro Celso de Mello, Julg. 07.03.05). Consoante entendimento esposado, a simples reprodução de um ato parlamentar, independente do meio utilizado, é ato inviolável. Entretanto, mesmo mantendo conexão com o exercício do mandato, *data venia*, o parlamentar não pode, na mídia, reafirmar e acrescentar palavras ofensivas, como normalmente acontece, ao abrigo da inviolabilidade, porque nessas ocasiões estará atuando o político, não levando consigo a vontade oficial da Câmara. O debate sobre o alcance da garantia dada pelo STF, também pode ser verificada na decisão do Inq. 1024-QO, Rel. Min. Celso de Mello, DJ 04/03/05 e Inq. 1.958, Rel. Min. Carlos Britto, DJ 18/02/05.

[240] Na França, lei de 19.07.1881, reproduzida, mais tarde, em lei datada de 06.03.1950, prevê "as reproduções dos discursos e das resenhas exatas e de boa fé não poderão ser objeto de persecuções contra os periódicos ou contra os autores das resenhas" (Conforme FERNÁNDEZ-MIRANDA Y CAMPOAMOR, Alfonso. *Las prerrogativas...*, p. 329).

[241] (...) A partir da vigência da CF de 1988, estendida foi aos vereadores a prerrogativa, que é de ordem constitucional material, da inviolabilidade, compreensiva inclusive da irresponsabi-

ção na mídia, desde que não extrapole o conteúdo do ato original, estará albergada pela inviolabilidade.[242] Vedado, entretanto, nessas publicações, que haja expressamente um juízo de valor ofensivo, uma adesão de vontade do particular-jornalista ao veiculado na função parlamentar. Assim, se ao confeccionar um artigo, reproduzindo um discurso feito na tribuna da assembléia, um jornalista expressa um juízo de valor, ressaltando as palavras constituidoras de possíveis crimes, poderá ser responsabilizado judicialmente. Por exemplo, ao reproduzir um discurso contundente proferido da tribuna do Parlamento, põe como título, em letras garrafais e sem qualquer referência acerca da autoria, justamente a passagem que contém a ofensa. Há, nesse novo contexto, no evidenciar o desejo de ofender mascarado no discurso parlamentar, a retirada do véu da inviolabilidade, e o discurso, publicado da forma como foi, torna a conduta passível de persecução judicial. Em outras palavras, está-se diante de uma opinião autônoma, expressa num contexto a não fazer jus à proteção em tela. De forma mais clara, se um jornalista ou qualquer pessoa do povo, ao reproduzir um ato parlamentar, aderir à ofensa, ratificando-a com palavras: "como bem afirma fulano...", "com razão o deputado...", "as corretas manifestações....", estará transladando um ato até então inviolável para o campo dos atos cuja reprimenda judicial se torna possível.[243]

Por outro ângulo, surge a questão da participação de terceiro na elaboração ou divulgação de um ato parlamentar, particularmente dos assessores parlamentares. A nova e complexa realidade na qual estão imersos os Parlamentos contemporâneos é capaz de sustentar afirmações como a de que o parlamentar, singularmente considerado, é apenas "o cabeça" ou a expressão externa a integrar toda uma série de ajudantes e colaboradores, os quais podem desfrutar parcialmente de alguns benefícios da irresponsabilidade.[244] Por exemplo, punir um

---

lidade civil. Não há, também, como responsabilizar o órgão de imprensa que se restringe a transmitir o pronunciamento, feito na tribuna da Câmara. (...) (AC nº 596113308, TJRS, julg. em 01/04/1997).

[242] A Lei nº 5250/67 prevê, expressamente, no art. 27, não constituir abuso no exercício da liberdade de manifestação do pensamento e de informação: "II – a reprodução, integral ou resumida, desde que não constitua matéria reservada ou sigilosa, de relatórios, pareceres, decisões ou atos proferidos pelos órgãos competentes das Casas legislativas; III – noticiar ou comentar, resumida ou amplamente, projetos e atos do Poder Legislativo, bem como debates e críticas a seu respeito; VIII – a crítica inspirada pelo interesse público; Parágrafo único. Nos casos dos incisos II a VI deste artigo, a reprodução ou noticiário que contenha injúria, calúnia ou difamação deixará de constituir abuso no exercício da liberdade de informação, se forem fiéis e feitas de modo que não demonstrem má-fé". Embora elaborada durante o período da ditadura militar, a previsão normativa citada não teve sua constitucionalidade questionada, talvez por se entender recepcionada pelo direito fundamental de todos de acesso à informação (art. 5º, XIV, CF).

[243] PONTES DE MIRANDA, Francisco Cavalcanti. Op. cit., p. 7.

[244] GARCÍA LÓPEZ, Eloy. Op. cit., p. 137.

assessor que redige um discurso de um parlamentar, ou que divulga, a seu mando (relação de subordinação), esse discurso veiculado na assembléia significaria tolher, ainda que indiretamente, o exercício da função parlamentar. Assim, "todas as condutas de terceiros que se entrelaçarem objetiva e subjetivamente com a do parlamentar, definindo uma relação de co-autoria ou de participação, deverão, da mesma maneira, caso a deste esteja protegida pela garantia, considerar-se igualmente protegida".[245] Obviamente, nas situações que não se estabelece essa relação, não incidirá a inviolabilidade. Por exemplo, seria ir longe demais admitir que um assessor parlamentar, candidato a determinado cargo eletivo, se escondesse na inviolabilidade de um parlamentar para distribuir "torpedos" políticos contra adversários. Nessas situações, sobrevém conduta autônoma, punível.[246]

Na segunda acepção, a proteção se volta a garantir o parlamentar no exercício de sua função, quer dizer, não há possibilidade de o afastado das funções parlamentares típicas acobertar-se na inviolabilidade,[247] nem ao ex-parlamentar abrigar-se na inviolabilidade por atos praticados após o término do exercício de seu mandato. Vige a regra da atualidade do mandato conjugada com o seu efetivo exercício: é preciso ser parlamentar, estar no exercício da função e representar, no momento da prática do ato, a vontade da respectiva Câmara Legislativa. Fora desse contexto, o direito comum se encarrega de resolver possíveis conflitos.

Sem descuidar dos vetores sobre os quais repousam as características acima estudadas, é possível reafirmar ser a inviolabilidade uma garantia jurídica, perpétua, irrenunciável, absoluta e exclusiva. Acresça-se a essas a já ventilada ilimitabilidade espacial, no sentido de não ser o ambiente físico[248] da prática de um ato, como o prédio de uma Câmara, que o define inviolável, mas sua natureza, a reunião das características aptas a atraírem a incidência da norma constitucional e, ainda, seu caráter automático, não necessitando de nenhuma autorização prévia das Câmaras respectivas para se poder aplicar.[249] Se praticado por parlamentar no exercício de sua função, levando a

---

[245] TORON, Alberto Zacharias. Op. cit., p. 397.

[246] Embora construída sobre um caso de imunidade parlamentar, é possível, nessas situações, tomar emprestado o entendimento do Supremo Tribunal Federal, exposto na súmula 245, *in verbis*: "A imunidade parlamentar não se estende ao co-réu sem essa prerrogativa".

[247] No HC 78.093-AM, em decisão já reproduzida no presente texto, o STF decidiu que parlamentar licenciado à época do fato não faz jus à garantia – Informativo STF n° 145.

[248] A Constituição chilena, no art. 58, assegura a inviolabilidade dos Deputados e dos Senadores, pelas opiniões que manifestem e os votos que emitam no desempenho de seus cargos *"en sesiones de sala ou de comisión"*, redação que não limita ao espaço físico, mas que, sem dúvida, é menos ampla que outras, como a brasileira.

[249] GONZÁLEZ CUSSAC, Josè, CUERDA ARNAU, Maria Luisa. *Aproximación al derecho penal parlamentario: inviolabilidades*. Madrid: Cuadernos de Derecho Publico n° 1, 1997, p. 105.

vontade "oficial" da respectiva Câmara, na tribuna ou distante dela, a subsunção ao comando constitucional é inarredável.

Desnudada em seus caracteres principais, é hora de vislumbrar a garantia em situações ou interesses estatais relevantes, quais sejam, os momentos do estabelecimento de medidas extraordinárias para superação de crises constitucionais e a proteção das informações consideradas segredo de Estado.

2.3. Inviolabilidade e segurança do Estado Constitucional

A proposta, ao abordar este tema, é examinar a inviolabilidade parlamentar diante de duas situações estratégicas para qualquer Estado (mormente para o Democrático de Direito, o atual estado constitucional, desenho sobre o qual se está a pensar estas linhas), a saber: as restrições estabelecidas no intuito de superar crises constitucionais (estado de sítio, estado de defesa) e a proteção de informações cuja divulgação pode ser prejudicial aos interesses de Estado.

2.3.1. A garantia nos estados de crise constitucional

O constitucionalismo contemporâneo prevê, de regra, a adoção de algumas medidas específicas destinadas ao enfrentamento e superação de graves crises das instituições estatais a perturbarem a normalidade constitucional. Cuida-se, normalmente, de "um regime jurídico excepcional a que uma comunidade territorial é temporariamente sujeita, em razão de uma situação de perigo para a ordem pública, criado por determinação da autoridade estatal ao atribuir poderes extraordinários às autoridades públicas e ao estabelecer as adequadas restrições à liberdade dos cidadãos".[250] Embora autores nominem esses momentos de *estado de exceção*, soa política e juridicamente mais adequado batizá-los de *sistema constitucional das crises*, ou *períodos de constitucionalidade (ou legalidade) extraordinária*, por ser difícil aceitar a emergência de "estado de exceção"[251] em uma democracia.[252]

Enquanto a Constituição brasileira prevê *estado de defesa* e *estado de sítio* entre as medidas insertas no título voltado à defesa do Estado

---

[250] BALDI, Carlo. *Estado de sítio*, in Dicionário de Política (Org. BOBBIO, Norberto, MATTEUCCI, Nicola, e PASQUINO, Gianfranco). Brasília: Editora Universidade de Brasília, 1983.

[251] Isso levando em conta a idéia de estado de exceção associado a ditaduras, regimes de força, até porque a atual Constituição espanhola prevê *"El estado de excepción"*, regulamentado na LO 4/1981, não resultando qualquer dúvida que, no caso, se está diante de opção de nomenclatura, visto estar o instituto inserto no regime constitucional-democrático espanhol.

[252] MOTTA, Sylvio, DOUGLAS, William. *Direito constitucional*. Rio de Janeiro: Impetus, 2000, p. 356.

e das instituições democráticas,[253] a espanhola prevê os estados de *"alarma, excepción y de sitio"* inseridos no título que cuida das relações entre o Governo e as Cortes Gerais.[254] Cotejando os sistemas constitucionais nominados, verifica-se certa coincidência nas previsões de estado de sítio, forte correlação entre o brasileiro estado de defesa e o espanhol estado de exceção e a incorporação do estado de alarme espanhol como um dos fundamentos para se decretar estado de defesa no Brasil.[255] Em ambos, soa nítida a característica de serem mecanismos destinados a aumentar o poder, principalmente o repressivo, dos órgãos estatais, em momentos nos quais as instituições ordinárias se encontram debilitadas para manter ou reestabelecer a normalidade constitucional, sem que isso signifique uma via aberta para um golpe de estado, pena de a Constituição resultar fraudada. Dada a excepcionalidade das normas em comento, informam-nas os princípios da necessidade (decretados nas estritas hipóteses constitucionais e quando efetivamente necessário), da temporalidade (algumas com tempo constitucionalmente estabelecido, outras meramente sinalizado, mas sempre objetivando a mantença durante o mínimo lapso temporal necessário) e a proporcionalidade[256] (as medidas adotadas devem ser proporcionais aos fatos que as fundamentam).[257]

Nesses períodos, ao fundamento de alargar a proteção do País, do Estado e da sociedade, franqueia-se a adoção de medidas mais rigorosas, em detrimento de normas gerais que regem as relações sociais. Algumas dessas medidas podem restringir direitos fundamentais, tais como o direito de reunião, sigilo das comunicações, liberdade de locomoção, inviolabilidade de domicílio, entre outros. Essas restrições podem ser impostas ao Parlamento, aniquilando seu funcionamento e suas garantias, tais como a inviolabilidade?

A resposta a essa pergunta passa, inicialmente, pela verificação da normatização constitucional das medidas.

No Brasil, a própria Constituição prevê que as imunidades dos Deputados e Senadores subsistem durante o estado de sítio,[258] havendo, entretanto, a possibilidade de, por decisão da maioria qualificada

---

[253] Arts. 136 a 141 da Constituição brasileira.

[254] Art. 116 da Constituição espanhola, e LO 4/1981.

[255] A Constituição brasileira, outorgada, de 1937, nominava *"estado de emergência e estado de guerra"*, nomenclatura abandonada pela atual Carta.

[256] Na Espanha, a Lei Orgânica 4/1981, art. 1.1, adota expressamente esse princípio, ao estabelecer que as medidas adotadas serão as estritamente indispensáveis para assegurar o reestabelecimento da normalidade e que a aplicação se realizará de forma proporcional às circunstâncias.

[257] BULOS, Uadi Lammêgo. *Constituição federal anotada*. São Paulo: Saraiva, 2002, p. 1044.

[258] "As imunidades dos Deputados ou Senadores subsistirão durante o estado de sítio, só podendo ser suspensas mediante o voto de dois terços dos membros da Casa respectiva, nos casos de atos praticados fora do recinto do Congresso Nacional, que sejam incompatíveis com a execução da medida" (art. 53, § 8°, CF).

de qualquer das Casas, ocorrer a suspensão da garantia em relação aos atos praticados fora do recinto do Congresso e que sejam incompatíveis com a medida. Assim, no recinto do Congresso e inclusive fora dele, em relação aos atos parlamentares dignos de figurarem entre os invioláveis, a regra é a manutenção da garantia, cuja suspensão passa por decisão política da própria assembléia. Obviamente, mesmo no recinto do Congresso só incidirão as imunidades naquelas situações cabíveis no âmbito da proteção, porque a natureza da garantia não se modifica durante esse período.

A manutenção das garantias parlamentares durante o estado de defesa não deve ensejar qualquer dúvida, por não existir qualquer previsão constitucional contrária, por ser a suspensão uma exceção só cabível em situações mais graves (estado de sítio), ainda assim, excepcionalmente, bem como por se estar diante de momentos graves da vida nacional nos quais o constituinte originário determinou ao Poder Legislativo a permanente fiscalização, o controle político do ato, função capenga se exercida desvestida de garantias. Diga-se, nesses momentos, muito mais que noutros de normalidade, o Parlamento necessita de garantias para bem desempenhar seu mister.

Por força de regras de extensão, as garantias parlamentares chegam aos Deputados Estaduais e Distritais mantendo idêntico formato constitucional àquele protetivo dos parlamentares federais.[259]

Descendo um pouco mais na estrutura federativa brasileira, será que parlamentares municipais, os vereadores, gozam de tratamento similar?

Numa primeira face, nem nos momentos de normalidade os vereadores possuem imunidade formal, razão pela qual não se cogita sua existência nos períodos de legalidade extraordinária. A análise deve focar, desse modo, a incidência ou não da inviolabilidade nos momentos de crise constitucional.

Em relação ao estado de defesa, até por cuidar de situações, em tese, mais amenas, não há previsão normativa e nem se cogita em suspender tais garantias de toda a estrutura parlamentar brasileira. Tanto Senadores, como Deputados Federais, Estaduais e Distritais, e

---

[259] Tudo conforme artigos 27, § 1º e 32, § 2º, da Constituição Federal. Normalmente as Constituições Estaduais reportam-se à Federal ou reproduzem adaptadamente sua redação (*Constituição do Estado do Rio Grande do Sul:* Art. 55 – Aplicam-se aos Deputados as regras da Constituição Federal sobre inviolabilidade, imunidades, remuneração, perda de mandato, licença, impedimento e incorporação às Forças Armadas; *Constituição do Estado do Acre:* Art. 40. § 8º As imunidades dos Deputados Estaduais subsistirão durante o estado de sítio, só podendo ser suspensas quando o forem as dos Deputados Federais e Senadores, conforme o previsto na Constituição Federal; *Lei Orgânica do Distrito Federal:* Art. 61. § 7º As imunidades dos Deputados Distritais subsistirão durante o estado de sítio, só podendo ser suspensas mediante voto de dois terços dos membros da Câmara Legislativa, nos casos de atos praticados fora do recinto da Casa, que sejam incompatíveis com a execução da medida).

também os Vereadores serão invioláveis por suas opiniões, palavras e votos, no exercício de suas funções, durante o estado de defesa.

Quanto ao estado de sítio, o silêncio constitucional deve ser preenchido pelo intérprete. Como mencionado, excepcionalmente, por decisão do próprio Parlamento federal, estadual ou distrital, poderá haver levantamento de tal garantia. Aos integrantes das Câmaras Municipais de Vereadores, é possível dispensar tratamento idêntico?

Para Toron, não, por inexistir previsão constitucional, porque o único órgão legislativo incumbido de fiscalizar e coibir possíveis abusos na implementação das medidas é o Congresso Nacional, e pela excepcionalidade da medida. Nessas circunstâncias, desde que expressamente declarado no decreto, seria possível a suspensão das garantias dos vereadores.[260]

Parece razoável, nas circunstâncias, que se dispense um tratamento semelhante a todos os parlamentares brasileiros. Defender a absoluta manutenção da garantia aos vereadores é, no mínimo, algo de difícil sustentação. Como explicar possível restrição aos parlamentos nacional, estadual e distrital, com a impossibilidade de fazê-lo em relação ao municipal? Tendo por lastro o princípio federativo, tem-se que as restrições possíveis aos parlamentos de maior amplitude possam ser estendidas aos de menos, no caso, aos das comunas. Reafirme-se, sempre, como medida excepcionalíssima.

Na ausência de parâmetros normativos, pode-se ir além em relação ao Parlamento municipal, suspendendo a inviolabilidade em situações nas quais é vedado aos demais parlamentos? A melhor resposta parece ser negativa. Primeiro, em respeito ao princípio federativo aplicado à complexa estrutura federal brasileira, que expressamente prevê o município entre um dos seus entes. Dispensar um tratamento igualitário a entes que possuem a mesma natureza, em situações semelhantes, parece ser o posicionamento mais prudente. Segundo, repise-se, é nesses momentos de anemia dos direitos fundamentais que mais se necessita de um Legislativo vigilante, função prejudicada se subtraídas as garantias. É verdade que o controle específico das medidas previstas no decreto de estado de sítio, fiscalizando e coibindo possíveis abusos de execução, é tarefa do Parlamento federal. Nem por isso se deve desarmar os outros parlamentos, levantando-se-lhes a inviolabilidade, até porque a própria Constituição estendeu expressamente idêntica garantia aos parlamentos estaduais e distrital, que não possuem a incumbência direta de fiscalizar as medidas do estado de sítio. Ademais, não deve interessar a uma democracia, mesmo atravessando grave crise, emudecer parte do Parlamento. Entendimento diverso, *data venia*, significaria autori-

---

[260] TORON, Alberto Zacharias. Op. cit., p. 318-319.

zar que um decreto presidencial pudesse suspender uma garantia constitucional não expressa entre as passíveis de tal medida. Aliás, a própria Constituição, no parágrafo único do art. 133, veda a restrição de divulgação de pronunciamentos de parlamentares efetuados em suas Casas Legislativas (não limitando quais casas), submetendo-os tão-somente à liberação da respectiva Mesa.

Finalmente, tanto nos momentos de legalidade ordinária, quanto nos de legalidade extraordinária, o parlamentar, quando agir na condição de cidadão, de particular, não gozará das garantias.

Na Espanha, a Constituição prevê, secundada pela Lei Orgânica 4/1981, que nos períodos de vigência dos estados de sítio, exceção e alarme, não só é vedada a dissolução do Congresso, como, ao lado dos demais poderes constitucionais do Estado, ele não interromperá seu normal funcionamento.[261] A manutenção do regular funcionamento do Parlamento, até por não haver previsão normativa diversa, pressupõe a incidência das garantias parlamentares.

Cotejando tais preceitos com o art. 67.3 da Constituição, que impede a ostentação dos "privilégios" durante reuniões parlamentares celebradas sem convocatória oficial, Granados Calero interroga se um membro do Parlamento deveria suportar, nessas situações de crise, a suspensão de todos os direitos fundamentais enumerados no art. 55.1 da Lei Máxima espanhola. Em seguida, levanta a possibilidade de, ao aprovar as medidas, o próprio Congresso excepcionar a aplicação em relação aos membros das Câmaras, hipótese que considera politicamente incorreta.[262]

O critério, aqui, deve ser o mesmo para todos os particulares, inclusive para o parlamentar que agir nessa condição, sob pena de haver injustificada quebra do princípio da igualdade.

Em Portugal, as garantias parlamentares não se suspendem durante os estados de anormalidade constitucional (estado de sítio ou estado de emergência), porque nesses momentos não se aniquila a organização política nacional, permanecendo íntegra a independência dos Poderes, o que só ocorrerá com a plenitude das garantias, entre elas a irresponsabilidade parlamentar.[263]

Pensando sobre o panorama italiano, Lojacono relata que durante o Reino se questionava sobre a manutenção ininterrupta das prerrogativas durante o estado de perigo público, num primeiro momento, chamado de estado de assédio, sendo prevalente a tese afirmativa, por considerar que nos períodos de desordem é mais fácil e mais perigoso ocorrerem atentados contra a independência

---

[261] Conforme redação do art. 116.5, da Constituição espanhola, e do art. 1.4, da Lei Orgânica 4, de 1º de junho de 1981.

[262] GRANADOS CALERO, Francisco. Op. cit., p. 50-51.

[263] GOMES, Carla Amado. Op. cit., p. 31.

da função parlamentar.[264] O referido autor aponta outra questão importante debatida à luz do Estatuto Albertino, qual seja, a manutenção das prerrogativas durante o estado de guerra, momento de agravamento de penas e diminuição do direito de defesa. Em sintonia com o superior interesse da Nação, defende a possibilidade de suspensão da garantia somente mediante lei de característica constitucional,[265] hipótese, guardadas as proporções, prevista no estado de sítio brasileiro.

Assim, sempre tendo em conta a excepcionalidade de tais medidas necessárias à defesa do Estado e das instituições democráticas, é de se admitir a suspensão das garantias parlamentares somente nas hipóteses expressa e constitucionalmente autorizadas.

2.3.2. Inviolabilidade e segredo de Estado

A questão colocada aqui é como compatibilizar determinadas categorias constitucionais, como representação política e publicidade de segredos de Estado efetivada por parlamentar no exercício de suas funções.

Enquanto no período medieval o parlamentar era mandatário, devendo obedecer aos limites do mandato, sob pena de revogação (mandato imperativo medieval), no Parlamento liberal sobreveio a fórmula do mandato representativo, alicerçado na opinião pública e no princípio da publicidade, categorias remodeladas a partir da irrupção de sindicatos e partidos de massa e do avanço dos meios de comunicação.[266] A conjugação desse novo modelo de representação e participação popular nos assuntos públicos, prevista no art. 23.1 da Constituição espanhola,[267] e na Carta Política brasileira,[268] coloca o parlamentar numa posição de ambivalência, ao submeter-se à posição do grupo político a que pertence e, ao mesmo tempo, representar o cidadão, ser porta-voz da vontade popular.[269]

Nesse contexto de representação, a Lei Fundamental espanhola prevê, no art. 80, que as sessões plenárias das Câmaras serão públicas, salvo acordo em contrário de cada Câmara, adotado por maioria

---

[264] LOJACONO, Giuseppe. Op. cit., p. 44-45.

[265] Idem, p. 46.

[266] MANUEL ABELLÁN, Angel. Op. cit., p. 138-145.

[267] Art. 23.1 "Los ciudadanos tienen el derecho a participar em los asuntos públicos, directamente o por medio de representantes, libremente elegidos em elecciones periódicas por sufragio universal", e 2 "Asimismo, tienen derecho a acceder en condiciones de igualdad a las funciones y cargos públicos, con los requisitos que señalen las leyes."

[268] Art. 1°, § único: "Todo poder emana do povo, que o exerce por meio de representantes eleitos ou diretamente, nos termos desta Constituição."

[269] MANUEL ABELLÁN, Angel. Op. cit., p. 145-148.

absoluta ou com fundamento no Regulamento,[270] indicando claramente a possibilidade de haver sessões secretas. Também acolhendo a possibilidade de segredo, no rol dos direitos fundamentais insertos na atual Carta Magna brasileira, aparece o direito de todos de receber dos órgãos públicos informações de seu interesse particular, ou de interesse coletivo ou geral, que serão prestadas no prazo de lei, sob pena de responsabilidade, *ressalvadas aquelas cujo sigilo seja imprescindível à segurança da sociedade e do Estado*,[271] havendo expressa previsão de sessões secretas nos Regimentos Internos da Câmara dos Deputados[272] e do Senado Federal.[273]

Acerca da matéria, convém asseverar, primeiro, que, por mais democrata que seja um país, parece razoável se admitir mantenha segredo em relação a determinadas questões estratégicas, como tecnologia, questões militares, energia nuclear, entre outras.

Segundo, por mais democrata que seja um Parlamento, parece razoável se admitir a existência de sessões, ou reuniões de comissões, secretas, para tratar de assuntos como os acima enumerados, ou, por exemplo, investigar determinados fatos, como no caso das Comissões Parlamentares de Inquérito, no Brasil, pois seria ingênuo aceitar a presença de suspeitos do cometimento de crimes do colarinho-branco acompanhando passo a passo as investigações que contra ele pesam. Nem se diga que se está a suprimir a garantia constitucional da ampla defesa ou o devido processo legal, porque o êxito de determinadas investigações pressupõe sigilo, sob pena de se entregar todas as armas para os inimigos da própria democracia.

Terceiro, tendo em conta a natureza do Parlamento e as "engrenagens" parlamentares modernas, sua imbricação com os meios de comunicação e com a opinião pública, constata-se ser difícil a manutenção do segredo parlamentar. Na hipótese de divulgação de informação secreta, por parte de parlamentar, em sessão pública da respectiva assembléia, o que fazer?

Vislumbrando a matéria sob uma ótica um tanto romântica, pode-se defender a tese de que a solução para a divulgação de informações sigilosas por parte de parlamentares, em sessões públicas, resolve-se com mais publicidade. Tudo lastreado no direito fundamental dos cidadãos de participar, diretamente ou por meio de representantes eleitos, de todos os assuntos públicos, e na premissa de ser a publicidade (transparência) parlamentar garantia de liberdade, de

---

[270] Aparecendo regulamentada nos arts. 63 do Regimento da Câmara e 72 do Regimento do Senado.
[271] Art. 5°, inc. XXXIII, CF/88.
[272] Arts. 92 a 94 do Regimento Interno da Câmara dos Deputados.
[273] Arts. 190 a 198 do Regimento Interno do Senado Federal.

justiça e de verdade, em uma sociedade democrática.[274] Não parece ser esse o melhor caminho.

Sob ótica diversa, os regimentos parlamentares devem conter quais matérias hão de ser secretas ou reservadas, a serem discutidas em sessão secreta, de modo que a divulgação em sessão pública será anti-regimental, quer dizer, alheia à função parlamentar de lícita formação da vontade da Câmara e, portanto, possível de persecução por desbordar do critério funcional.[275] [276]

Enfrentando a temática, Tosi afirma ser a Administração Pública, por seus órgãos civis e militares, que normalmente define quais matérias estão cobertas pelo segredo político ou militar, razão pela qual não encontra justificativa a amparar perseguições a um parlamentar, por revelações feitas no exercício de sua função de controle político, indicando, em tais situações, a possibilidade de a assembléia decidir continuar a discussão em sessão secreta.[277]

Em se mantendo a tendência do constitucionalismo democrático contemporâneo de agasalhar a inviolabilidade, parece melhor preservar seu caráter absoluto, excluindo-se a possibilidade de responsabilização criminal do parlamentar em razão da revelação de segredos de Estado, levada a efeito em sessão pública convocada pela respectiva assembléia, ou em evento em que a represente. Fora dessas situações oficiais, caso a revelação de segredo configure tipicidade penal, o parlamentar responderá como qualquer particular. Nada impede, entretanto, a existência de sanções político-disciplinares, previstas no Regimento Interno da Casa legislativa,[278] a serem aplicadas pela Casa legislativa aos parlamentares que indevidamente revelem segredos de estado. Com esse entendimento, preservam-se a autonomia e a disci-

---

[274] Parece ser essa a tese defendida por MANUEL ABELLÁN, Angel. Op. cit., p. 137-163.

[275] FERNÁNDEZ-MIRANDA Y CAMPOAMOR, Alfonso. *Las prerrogativas...*, p. 330.

[276] Na mesma toada, Pontes de Miranda entende que "a publicação do enunciado em sessão ou reunião secreta, ou antes do momento de se publicar, ou se depende de deliberação do plenário ou da mesa, ou da presidência da comissão, constitui crime e ato ilícito passível de emanar ações penais ou civis" PONTES DE MIRANDA, Francisco Cavalcanti. Op. cit., p. 7.

[277] TOSI, Silvano. Op. cit., p. 73.

[278] O Código de Ética e Decoro Parlamentar da Câmara dos Deputados brasileira prescreve, no art. 5º, entre os atos atentatórios ao decoro parlamentar, "V – revelar conteúdo de debates ou deliberações que a Câmara ou Comissão hajam resolvido devam ficar secretos", e "VI – revelar informações e documentos oficiais de caráter reservado de que tenha tido conhecimento na forma regimental", prevendo como sanção, em tais casos, a suspensão temporária do exercício do mandato, no máximo por trinta dias (art. 14, § 1º, em ambos os casos) e a suspensão das prerrogativas regimentais (art. 13, no caso do inciso VI). O Regimento Interno do Senado Federal brasileiro, embora não seja claro acerca da sanção, prevê, no art. 20: "Não será lítico ler da tribuna ou incluir em discurso, aparte, declaração de voto ou em qualquer manifestação pública, documento de natureza sigilosa." A Resolução nº 20/93, Código de Ética e Decoro Parlamentar, no art. 10, prevê a aplicação da pena de perda temporária do mandato para o parlamentar que: "III – revelar conteúdo de debates ou deliberações que o Senado ou Comissão haja resolvido devam ficar secretos; IV – revelar informações e documentos oficiais de caráter reservado, de que tenha tido conhecimento na forma regimental."

plina do Parlamento, possibilita-se o sancionamento do parlamentar "linguareiro" e mantém-se a inviolabilidade parlamentar.

2.4. O instituto entre a segurança e os riscos

O objeto deste ponto do estudo se volta ao exame de duas questões conexas com a garantia em exame, sempre tendo por norte estabelecer o mais coerente âmbito de aplicação da inviolabilidade, a saber: a imunidade parlamentar como um reforço ou uma complementação da inviolabilidade, e os riscos da responsabilização política assente sobre o humor da maioria parlamentar.

2.4.1. Conexão com a imunidade

A imunidade parlamentar[279] acolhida no constitucionalismo contemporâneo, na terminologia adotada no Brasil e na Espanha, embora não possua tratamento estanque no direito comparado, ampara a liberdade pessoal do parlamentar, obstando sua prisão (exceto se flagrado cometendo um crime – no caso espanhol; com o acréscimo do inafiançável, no exemplo brasileiro – ou flagrante delito de pena capital, na previsão portuguesa) ou a manutenção sob custódia, além de barrar o processo criminal sem autorização de sua Casa legislativa. Visa a proteger o parlamentar de processos tendenciosos e prisões arbitrárias, buscando impedir o processamento-perseguição político, a trama armada contra o parlamentar, destinada "...a expô-lo à execração pública, a atemorizá-lo e até a afastá-lo do Parlamento".[280] Diferentemente da inviolabilidade, aqui se pressupõe a existência de crime[281] (crimes comuns, estranhos ou conexos ao exercício do mandato) e a possível ação penal, obstando-se, tão-somente, na clássica acepção da garantia, a instauração de processo criminal (que fica em "fase de latência", como que hibernando, aguardando o término do mandato para despertar) e a efetivação ou manutenção da prisão sem licença da Câmara Legislativa, o que possibilita afirmar, de plano, se estar diante de garantias completamente diferentes.

Tamanhas e tão graves as distorções historicamente vividas pelo instituto (seguidamente flagrado a flertar com a impunidade) que muitos doutrinadores, acentuando suas eivas, tais como pedidos de

---

[279] Longe de aprofundar o estudo sobre a imunidade parlamentar, o foco aqui se volta a identificá-la como um *plus* à inviolabilidade.

[280] VELOSO, Zeno. Op. cit., p. 157.

[281] Nesse sentido, SILVA, José Afonso da. *Curso de direito constitucional positivo*. São Paulo: Malheiros, 2001, p. 535.

autorização para processamento por crimes graves denegados ou o volumoso número de pedidos não apreciados, aliadas a outras mudanças paradigmáticas, como a consolidação do Estado Constitucional como Estado de Direito, a independência do Poder Judiciário, o desaparecimento do conflito histórico de legitimidades e transformação da dialética Coroa-Parlamento ou Executivo-Legislativo, defendem, há tempo, sua abolição, ou, ao menos, sua profunda remodelação.²⁸²

Tendo em vista as condições de procedibilidade estabelecidas para a prisão e, especialmente, para o processo,²⁸³ alguns autores vislumbram a imunidade como um corolário e uma maneira de fazer efetiva a inviolabilidade,²⁸⁴ um complemento necessário.²⁸⁵

Não deve pairar dúvida de que ambos os institutos se voltem a garantir a liberdade e a independência do Parlamento, mas que são essencialmente diversos, possuindo características próprias, "rosto" individualizado, campo de incidência paralelo, algo como gêmeos bivitelinos. De regra, se inviolável o ato, nem se pode pensar em prisão, nem investigação²⁸⁶ e muito menos em processo. Somente uma

---

²⁸² FERNÁNDEZ-MIRANDA Y CAMPOAMOR, Alfonso. *Las prerrogativas*, p. 334-337. Alinha-se aos críticos, KELSEN, Hans, na obra *Esencia y valor de la democracia* (Granada: Comares, 2002, p. 51-2), fazendo, em duas páginas, duríssimo ataque às prerrogativas parlamentares, afirmando-as desnecessárias e injustificáveis. Efetivamente, o instituto em comento, "...embora assumindo diversas 'roupagens' nos países que o adotam, não raro serviu de privilégio injustificado aos parlamentares, verdadeira proteção e estímulo corporativo a criminosos comuns, corroendo intestinamente a instituição parlamentar, desacreditando-a e desgastando-a perante a opinião pública". VERONESE, Osmar. *Im(p?)unidade parlamentar?* São Paulo: Revista dos Tribunais, 2002, n° 797, p. 476.

²⁸³ Embora não aprofundando a polêmica sobre a natureza jurídica da autorização para processar, se uma condição objetiva de punibilidade ou condição de procedibilidade ou de persecução, parece mais adequada a defesa desta posição que, no Brasil, tendo em conta a possibilidade de sustação do processo, se pode classificar como um instituto constitucional que autoriza interceptar, temporariamente, a persecução penal. Sob outro enfoque, parece não haver dúvida de que a autorização para processamento (ou a brasileira sustação do processo) é um ato tipicamente político, incabível de ser classificado como judicial. Sobre o tema, ver FERNÁNDEZ-MIRANDA Y CAMPOAMOR, Alfonso. *Las prerrogativas*, p. 354-356.

²⁸⁴ PEREZ SERRANO JÁUREGUI, Nicolas. Op. cit., p. 781.

²⁸⁵ MANUEL ABELLÁN, Angel. Op. cit., p. 31.

²⁸⁶ Acentuando ainda mais as diferenças entre os institutos, tendo por base a anterior redação da prerrogativa parlamentar adjetiva que previa a necessidade de autorização prévia da Câmara respectiva para processamento, o Supremo Tribunal Federal pacificou o entendimento de que o inquérito policial não se encontrava ao abrigo da imunidade formal. Assim, o parlamentar podia ser submetido à investigação criminal, sob o comando da corte competente, sem prévia licença da respectiva Casa (Nesse sentido, Inquérito 1504-DF, Rel. Min. Celso de MELLO, decisão em 17.07.1999 – Informativo STF n° 153). Não havia, inclusive, impedimento para o oferecimento da denúncia ou queixa, pois consabido que sua simples apresentação não instaura o processo criminal. Oferecida a denúncia ou queixa junto ao órgão judiciário competente, este solicitava à Casa respectiva a licença para instaurar a ação penal, sem a qual haveria óbice constitucional intransponível. Caso a ação penal estivesse em curso contra alguém eleito parlamentar, quando de sua diplomação, havia a suspensão do andamento da ação penal, e era necessária a solicitação de licença à devida Câmara para ultimar o processo penal. A diplomação, nesse caso, exerceria um "efeito paralisante" sobre a referida ação criminal. Na nova redação, não só o inquérito prescinde de prévia autorização da Casa Legislativa, como também

atuação inconstitucional e arbitrária poderia dar ensejo à atuação correcional da imunidade para assegurar a inviolabilidade.

Examinando a previsão constitucional brasileira, cuja Emenda Constitucional nº 35/2001[287] substituiu a necessidade de autorização prévia para processamento dos parlamentares, pela possibilidade de sustar o andamento da ação penal,[288] é possível ver na imunidade em relação à inviolabilidade, uma espécie de guardiã, um instituto vigilante, pronto a despertar e a proteger a inviolabilidade toda vez que perceber sua congênere sofrendo abusos, leia-se, processos politicamente persecutórios. Noutra face, a previsão constitucional obstaculiza ou ao menos inibe prisões por fatos subsumíveis entre os invioláveis.

No ensinamento do Tribunal Constitucional espanhol, ambas as prerrogativas incidem negativamente sobre o direito à tutela judicial, ou impedindo a abertura de qualquer processo ou procedimento que tenha por objeto exigir responsabilidade dos parlamentares pelas opiniões manifestadas no exercício da função, ou submetendo determi-

---

a ação penal. Assim, tornou-se desnecessário o Poder Judiciário, quando recebe uma denúncia, pedir licença prévia para processar criminalmente o parlamentar, podendo receber a denúncia e dar normal prosseguimento à demanda penal. O Poder Judiciário não precisa mais da "bênção" do "corpo" legislativo para processar ou prosseguir no processamento de qualquer parlamentar. Suspeito do cometimento de crime comum, não importa a fortuna ou o cargo, poderá ter o mesmo tratamento: investigação, denúncia, processo, condenação e execução da pena. Desmoronou, no Brasil, a imunidade formal processual, na configuração tradicional, o que, sem dúvida, representa um significativo avanço.

[287] Art. 53, § 2º, da Constituição brasileira: "Desde a expedição do diploma, os membros do Congresso Nacional não poderão ser presos, salvo em flagrante de crime inafiançável. Nesse caso, os autos serão remetidos dentro de vinte e quatro horas à Casa respectiva, para que, pelo voto da maioria de seus membros, resolva sobre a prisão". Já no § 3º do referido artigo: "Recebida a denúncia contra o Senador ou Deputado, por crime ocorrido após a diplomação, o Supremo Tribunal Federal dará ciência à Casa respectiva, que, por iniciativa de partido político nela representado e pelo voto da maioria de seus membros, poderá, até decisão final, sustar o andamento da ação."

[288] Os vereadores não possuem imunidade em razão de clara opção do constituinte originário que estabeleceu as prerrogativas da inviolabilidade e da imunidade aos Deputados Federais, Senadores e Deputados Estaduais e apenas estendeu a primeira aos Vereadores. Consultando os arquivos da Assembléia Constituinte, aparece o registro de que a Emenda 00933, de autoria do Deputado Lavoisier Maia, que previa essa possibilidade, recebeu o seguinte parecer do Relator: "A utilização do termo 'imunidade' para os Vereadores, sem a sua respectiva definição e/ou delimitação, é temerária. Como aliás é temerária a extensão do instituto a dezenas de milhares de cidadãos, dos quais muitos estarão em verdadeiros fim-de-mundo. Enfim: a imunidade, que muitas vezes significa impunidade, não está, para os Vereadores, na tradição do Direito brasileiro. Para rompê-la, só com a adução de argumentos muito fortes, como não o são os da justificativa. Pela rejeição" (www.senado.gov.br). Por isso, estender o instituto, por qualquer veículo legislativo infraconstitucional (que não a Constituição Federal), significaria burlar a vontade do poder constituinte originário e fraudar a Constituição, embora haja quem defenda a referida extensão como forma de equiparação das garantias dos parlamentares dos entes componentes da Federação. Até porque, tudo indica ter havido uma avaliação acerca da (des)necessidade da garantia, diante dos vícios históricos que a fragilizaram, tanto que 13 anos depois da Constituição houve redução da proteção estendida aos parlamentares que sempre a possuíram.

nados processos ao requisito da autorização da Câmara Legislativa respectiva, o qual atua como pressuposto de procedibilidade determinante, caso denegada a autorização (...). As duas prerrogativas, ainda que tenham distinto conteúdo objetivo e finalidade, encontram seu fundamento objetivo comum de garantir a liberdade e a independência da instituição parlamentar, e em tal sentido são complementares. A serviço desse objetivo, conferem-se as prerrogativas, não como direitos pessoais, se não como direitos reflexos dos que goza o parlamentar em sua condição de membro da Câmara legislativa e que só se justifica enquanto são condição de possibilidade de funcionamento eficaz e livre da instituição.[289]

Pode-se defender, nessa linha de mútua proteção, o caráter simbólico da garantia, sinalizando à sociedade e, particularmente, ao Poder Judiciário, um valor de política constitucional e criminal, impondo respeito à atividade parlamentar contra as investidas indevidas, não só do ponto de vista jurídico, mas dando ao instituto um alcance político (de política constitucional-criminal), uma indicação de reforço contra a atividade punitiva do Estado aos parlamentares no exercício da função.[290] No caso, uma orientação de larga envergadura, vinda daqueles que foram eleitos para redesenharem juridicamente o Estado e o fizeram inserindo tal preceito na Lei Máxima, parâmetro fundamental sob o qual se move a sociedade. Ao estabelecer a necessidade de autorização prévia ou a possibilidade de sustação do processo, ao lado de limites à prisão dos parlamentares, a Constituição é uma espécie de guia à força estatal repressiva, impondo limites, parâmetros que se projetam da imunidade à inviolabilidade.

Se a comparação se presta à afirmação do instituto, também pode ajudar no estabelecimento do seu adequado alcance. O Parlamento federal brasileiro, em 2001, dando vazão à crescente indignação popular com o travestimento da imunidade em impunidade, reduziu significativamente a amplitude de sua face processual (suprimiu a necessidade de autorização prévia da Casa Legislativa para instauração de processo criminal), emagrecendo-a para conter os abusos, sem que isso tenha significado a fragilização do Parlamento. Ora, um País que, descontente com a má utilização da imunidade, a restringe drasticamente, não pode assistir silente (em evidente contradição) a tendência de interpretação ampliativa da inviolabilidade, quase ao infinito, patrocinada por parcela significativa de parlamentares e seus defensores (tese com eco jurisprudencial), fazendo caber em seu âmbito toda a atividade política do parlamentar, mesmo a divorciada do exercício funcional. Tanto a velha previsão constitucional da imuni-

---

[289] Conforme expresso fundamento 3.A, da Sentença 243/1988.

[290] TORON, Alberto Zacharias. Op. cit., p. 238-9. Embora o autor esteja cuidando mais da inviolabilidade parlamentar, o argumento pode ser amplamente utilizado.

dade brasileira, quanto esse novo desenho pretendido para a inviolabilidade, prestam-se a abusos, algo a destoar da verdadeira função das garantias parlamentares. Que o espelho do tratamento constitucional dispensado à imunidade possa orientar os passos da inviolabilidade em *terra brasilis*.

2.4.2. A via política de responsabilização – maiorias x minorias

Há um certo consenso doutrinário de que a inviolabilidade pelas opiniões, palavras e votos proferidos no exercício da função protege amplamente o parlamentar das possíveis persecuções externas ao órgão a que pertence, sendo possível, entretanto, sua responsabilização política,[291] *interna corporis*, quando do cometimento de abusos.[292] O ferimento do decoro parlamentar, no Brasil, encontra diversos graus de sanção disciplinar/política, inclusive a perda do cargo. Essa "solução" se encontra ao alvedrio do jogo político e, desse modo, sempre sujeita ao humor da eventual maioria parlamentar, que é, sob esse viés, quem administra as garantias parlamentares. Em se cuidando de inviolabilidade, a maioria poderá ou não sancionar politicamente o parlamentar, e em se tratando de imunidade, poderá autorizar ou denegar o processamento/suplicatório, sustar ou não o processo, chancelar a prisão, a sua manutenção ou a liberação de qualquer colega de Parlamento. Há, nessas situações, uma ampla margem de discricionariedade da respectiva assembléia.

Junto com o princípio da autodefesa ou autoconservação do Parlamento, opera o princípio da dominação da maioria, quer dizer, em momentos de relativa harmonia na dialética política, agigantam-se aqueles, a ponto de produzirem impunidade, enquanto nos momentos de agitação, de enfrentamento, de radicalização de posturas, quando a disjunção amigo-inimigo cobra todo seu vigor, o princípio da dominação da maioria se robustece, em franco prejuízo às minorias.[293]

---

[291] Esse entendimento é chancelado pelo STF: "1. Parlamentar. Inviolabilidade por suas opiniões, palavras e votos. Imunidade de ordem material. Garantia constitucional que obsta sua submissão a processo penal por atos que se caracterizam como delitos contra a honra, em decorrência de manifestações havidas no exercício das funções inerentes ao mandato e nos limites da circunscrição do Município que representa. 2. Excessos cometidos pelo vereador em suas opiniões, palavras e votos, no âmbito do município e no exercício do mandato. Questão a ser submetida à Casa Legislativa, nos termos das disposições regimentais. Recurso extraordinário conhecido e provido" (RE 140867/MS Rel: Min. MARCO AURÉLIO Rel. Acórdão Min. MAURÍCIO CORRÊA Julg: 03/06/1996 TRIBUNAL PLENO DJ DATA-04-05-2001).

[292] Perpassando a temática, ver o minucioso trabalho de BIGLINO CAMPOS, Paloma. *Los vicios en el procedimiento legislativo*. Madrid: Centro de Estudios Generales, 1991.

[293] FERNÁNDEZ-MIRANDA Y CAMPOAMOR, Alfonso. *Las prerrogativas...*, p. 337. Embora o autor estivesse focalizando a imunidade, quando das afirmações acima, parece perfeitamente possível o transporte desse entendimento para o campo da inviolabilidade, embora em relação a esta prerrogativa, o abuso da maioria adota outra conotação.

As temidas maiorias parlamentares, especialmente em países recém-saídos de longos períodos de arbítrio, cuja cultura política conserva resquícios de autoritarismo, podem produzir sérios prejuízos ao Parlamento e à democracia. O remédio a ser ministrado a fim de atacar a enfermidade pode-se revelar institucionalmente mais danoso do que a doença que se busca combater. Tanto a minoria pode ser perseguida, quanto a maioria pode ser protegida, ao (des)abrigo da inviolabilidade.

A distorção do manejo da garantia destrói o equilíbrio entre o bem jurídico protegido (a independência funcional do Parlamento) e o bem jurídico sacrificado (a igualdade dos cidadãos ante a lei e a justiça), descumprindo, desse modo, a função constitucional que a justifica, pois ao invés de garantir o bom funcionamento do Parlamento transforma-se em garantia e meio de opressão, de um ou vários grupos políticos, sobre as minorias, as quais, mesmo se não sancionadas, podem se sentir eternamente intimidadas.[294] Há saídas para esse verdadeiro nó que a democracia se dá?

Num primeiro enfoque, pode-se justificar tal situação ao fundamento de que a democracia sempre será o regime da maioria e que esse é o preço a ser pago pela adoção de tal regime político. De fato, é inegável o papel preponderante da maioria em qualquer democracia, mas parece caro demais o preço de aceitar que ela faça o que bem quiser, sem nenhuma espécie de controle. Embora se esteja diante de uma matéria de não-controle *externa corporis*, é possível o estabelecimento de mecanismos contensores dos abusos.

Consoante já sinalizado quando do exame do caráter jurídico da garantia, embora a inviolabilidade não imuniza o parlamentar da ação interna e disciplinar da própria Câmara, esta não pode significar censura à sua opinião, sob pena de contradizer com a essência do instituto, voltado à proteção da liberdade de manifestação. A qualidade da manifestação continua a pertencer ao campo da inviolabilidade (inclusive para efeito de sanções políticas), enquanto sua forma de exercício, se indecorosa, poderia ser objeto de repreenda político-disciplinar.

Pensando em "freios" aos arroubos majoritários, uma fórmula de atenuação do arbítrio da maioria é o reforço do quórum a ser feito pela via constitucional ou, como normalmente ocorre, pela via regimental, de modo a exigir a concordância de robustas maiorais para infligir penalização política a algum parlamentar. Se, de um lado, isso dificultaria a imposição de sanções arbitrárias às minorias, de outro pode representar um reforço protetivo-arbitrário à maioria, quer dizer, quando um integrante do bloco majoritário merecer sanciona-

---

[294] FERNÁNDEZ-MIRANDA Y CAMPOAMOR, Alfonso. *Las prerrogativas...*, p. 338. O comentário refere-se à imunidade, trasladado para a inviolabilidade.

mento, com um pouco de articulação estará a salvo. Mesmo assim, a fórmula merece ser contemplada, por oferecer mais vantagens do que riscos.

Outro instrumento inibidor do arbítrio é exigir a expressa fundamentação de todas as sanções impostas no âmbito do Parlamento, algo capaz de produzir duplo efeito: o prévio, represador de possíveis ímpetos persecutórios – dificilmente o Parlamento colocaria no papel algo arbitrário como razão de determinada sanção; e o posterior, a abertura de uma janela à intervenção corretiva do Poder Judiciário.[295]

Conexo a esse entendimento, a elevação dos direitos parlamentares ao patamar de direitos fundamentais, consoante entendimento do Tribunal Constitucional Espanhol, embora extremamente polêmico, não deixa de ser uma outra forma de pôr cunhas na complexa questão apresentada.

Finalmente, é de se considerar a inexistência de mecanismos aptos a eliminar toda forma de abuso de poder. A democracia parece ser um regime eternamente contrastado pelo arbítrio. Tal qual navegadores que momentaneamente se enganam que a calmaria do mar veio para ficar e logo são surpreendidos por outra onda, o gerenciamento das garantias parlamentares sempre dependerá da maré cultural de um povo, do seu amadurecimento, da consolidação das instituições e da própria democracia. Quanto mais enraizada a democracia, menos propícia a cultivar as distorções noticiadas.

Vistos esses aspectos característico-conceituais da inviolabilidade, é hora de examinar como cuidam dela legislador e intérprete no seio do Estado Democrático de Direito.

---

[295] Ver BIGLINO CAMPOS, Paloma. *Los vicios en el procedimiento legislativo*. Madrid: Centro de Estudios Generales, 1991 e *Las facultades de los derechos parlamentarios ¿son derechos fundamentales?* Madrid: Revista de las Cortes Generales, n° 30, 1993.

3. A inviolabilidade formatada por Legisladores e Magistrados brasileiros em cotejo com valores nucleares do Estado Democrático de Direito

O presente capítulo tem por objeto demonstrar a falta de critério do legislador, especialmente o brasileiro, na eleição normativa dos invioláveis; indicar peculiaridades do federalismo brasileiro, conferidor de alto grau de autonomia aos municípios, capaz de acolher a inviolabilidade dos parlamentares municipais; estudar dessintonias jurisprudenciais brasileiras; e examinar o adequado alcance da inviolabilidade parlamentar no contexto do Estado constitucional.

3.1. Os (des)critérios do legislador

O atual tema carrega a preocupação de identificar quais os veículos legislativos legítimos para o estabelecimento de prerrogativas, especialmente as parlamentares, e entre elas, particularmente, a inviolabilidade. Num segundo momento, a idéia é verificar prováveis razões da escolha dos invioláveis, e se a jurisprudência brasileira dispensa tratamento similar aos "invioláveis-constitucionais".

3.1.1. Instituto que "fixou residência" nas Constituições?

Volvendo-se para a história, é possível afirmar que a inviolabilidade parlamentar é um instituto concebido no ventre das Constituições. Consoante gizado no primeiro capítulo, na feição atual, a inviolabilidade tem sua raiz nuclear na França revolucionária, sendo recepcionada, posteriormente, pela quase unanimidade das Constituições ocidentais. Assim, o rosto do instituto é constitucional, não é penal, nem civil, nem administrativo, embora possa encontrar na legislação infraconstitucional previsões regulamentadoras.

O afirmado é de fácil comprovação, bastando recorrer às Constituições históricas e atuais. Na Espanha, já no art. 128 da Constituição Política da Monarquia, promulgada em Cádiz, em 1812, aparece expressamente a inviolabilidade dos Deputados por suas opiniões, algo que se sucedeu nas demais Constituições, com pequenas alterações. No Brasil, na Constituição Imperial de 1824, o art. 26 previa serem os Membros de cada uma das Câmaras invioláveis pelas opiniões proferidas no exercício de suas funções, garantia mantida nas sucessivas Cartas políticas brasileiras. Afora momentâneas ameaças de "despejo", ocorridas normalmente em períodos ditatoriais, como a levada a efeito na Constituição brasileira de 1937, soa apropriado dizer que a inviolabilidade nasceu e fixou morada nas Constituições. Seu *status* constitucional, assim, é inegável.

3.1.2. A pluralidade de veículos legislativos inviolabilizantes

Hodiernamente, assiste-se a um alargamento das funções invioláveis, sem precedentes. Muitas delas continuam presentes nas constituições; outras possuem previsão normativa infraconstitucional. No exemplo espanhol, encontram-se invioláveis, por expressa veiculação da Constituição de 1978, os membros das Cortes Gerais e a pessoa do Rei.[296] A redação constitucional em relação aos Membros das Cortes Gerais foi reproduzida nos Estatutos das Comunidades Autônomas, estendendo-se similar garantia aos parlamentares regionais, embora nenhuma norma da Constituição espanhola aluda algo a respeito, o que foi feito com suporte no princípio da autonomia e na autorização constitucional para a feitura dos Estatutos dessas Comunidades. Na senda constitucional que remete a leis orgânicas, a regulamentação do Estatuto dos Membros do Tribunal Constitucional e a instituição do Defensor do Povo,[297] foi contemplada a inviolabilidade àqueles (não poderão ser perseguidos pelas opiniões expressas no exercício de suas funções)[298] e a estes (gozarão de inviolabilidade, não podendo ser perseguido ou julgado em razão das opiniões que formule ou atos que realize no exercício das competências próprias de seu cargo),[299] prerrogativa estendida aos Adjuntos do Defensor do Povo,[300] cujos cargos

---

[296] Previsão dos arts. 71.1 e 56.3 da Constituição.

[297] Arts. 54 e 165 da Lei Fundamental.

[298] Consoante previsão legislativa, os Magistrados do Tribunal Constitucional "art. 22 (...) no podrán ser perseguidos por las opiniones expresadas en el ejercicio de sus funciones" (LO 2/1979).

[299] "art. 6.2. El Defensor del Pueblo gozará de inviolabilidad. No podrá ser detenido, expedientado, multado, perseguido o juzgado en razón a las opiniones que formule o a los actos que realice en el ejercicio de las competencias propias de su cargo" (LO 3/1981).

[300] "art. 6.4. Las anteriores reglas serán aplicables a los Adjuntos del Defensor del Pueblo em cumplimiento de sus funciones" (LO 3/1981).

sequer foram mencionados pela Constituição. Na mesma toada, não há impedimento formal seja estendida a inviolabilidade ao Conselho de Estado, aos Juízes e Magistrados de carreira, ao Conselho Geral do Poder Judiciário, aos membros do Tribunal de Contas, do Ministério Fiscal e aos integrantes do Conselho assessor de planificação econômica estatal, por não existir óbice à extensão da garantia, tanto por Lei Orgânica, quanto por Lei Ordinária.[301]

Muito mais generosa do que a espanhola é a legislação brasileira no trato das inviolabilidades. A começar pela Constituição, que prevê a inviolabilidade aos Parlamentares federais, estaduais, distritais e municipais.[302] Essa opção do Constituinte guarda coerência com o complexo modelo federativo adotado, havendo uma superposição de entes (União, Estados-Membros, Distrito Federal e Municípios), estendendo-se a inviolabilidade, por mandamentos da Carta Política federal, a todos os legisladores brasileiros.[303] Ao lado dos legisladores, aparecem os advogados, em previsão *sui generis* no direito comparado.[304] Na fenda da regulamentação da Constituição, vertem inviolabilidades aos Membros do Ministério Público,[305] aos Magistrados[306] e aos jornalistas.[307] Adotada a linha de raciocínio exposta, em tese não há impedimento (ao menos do ponto de vista formal) para que a inviolabilidade se estenda aos Defensores Públicos,[308] aos membros do Conselho da República e do Conselho de Defesa Nacional,[309]

Essa tendência ampliativa dos invioláveis, alguns garantidos na Lei Fundamental do Estado, outros por legislação infraconstitucional,

---

[301] Tudo consoante arts. 107, 122.1, 122.2, 124.3, 131.2, 136.4. Embora haja possibilidade, os Conselheiros de Estado não possuem a prerrogativa (LO 3/1980), nem os Juízes e Magistrados (responsáveis, segundo o art. 117.1, da Constituição), tampouco os membros do Ministério Fiscal.

[302] Conforme arts. 53 (Deputados Federais e Senadores), 27, § 1º (Deputados Estaduais), 32, § 3º (Deputados Distritais) e art. 29, VIII (Vereadores), todos da Constituição Federal.

[303] Levando em conta os mais de 5.500 municípios brasileiros, o Distrito Federal, os Estados-Membros e a União, o universo de parlamentares invioláveis ultrapassa os 50.000, cujo expressivo número pode soar como "um conselheiro" para que não se amplie, em demasia, o âmbito de incidência da garantia, pela via da interpretação.

[304] Consoante art. 133 da Constituição.

[305] "Art. 41. Constituem prerrogativas dos membros do Ministério Público, no exercício de sua função, além de outras previstas na Lei Orgânica: V – gozar de inviolabilidade pelas opiniões que externar ou pelo teor de suas manifestações processuais ou pronomentos, nos limites de sua independência funcional" (Lei nº 8625/1993).

[306] "Art. 41 – Salvo os casos de impropriedade ou excesso de linguagem o magistrado não pode ser punido ou prejudicado pela opiniões que manifestar ou pelo teor das decisões que proferir" (LC. 36/1979). Diferentemente da Espanha, que prevê a inviolabilidade somente aos Magistrados do Tribunal Constitucional, no Brasil todos os Juízes a possuem.

[307] Art. 220, §§ 1º e 5º, XIV, da Costituição, no raio de proteção do direito à informação.

[308] Art. 134, parágrafo único, caso se considerando que a previsão da inviolabilidade aos advogados não os alcança.

[309] Art. 90, § 2º e art. 91, § 2º, da CF.

encontra alinhamento constitucional democrático suficiente para ser defendida sem questionamentos? Categoricamente, não!

De plano, constata-se uma flagrante falta de critério do legislador na eleição da espécie normativa apta a estabelecer a garantia. Não parece razoável admitir que o legislador ordinário esteja totalmente livre para, por qualquer meio e em relação a qualquer função, estabelecer inviolabilidades.[310] Garantir alguém, quando no exercício de uma função de Estado, como inviolável, ou seja, estabelecer a algumas funções estatais estratégicas regras exorbitantes do direito comum, é decisão de tamanha magnitude em um Estado Democrático de Direito que só poderia ter assento constitucional, ou ao menos autorização expressa na Carta Magna.[311]

Se o princípio da igualdade é um pilar essencial ao Estado de Direito, expressamente acolhido nas constituições democráticas, as mais graves exceções a ele também deveriam constar na norma fundamental. O contrário possibilita o esvaziamento da norma constitucional, em flagrante fraude à Constituição.

Nesse diapasão, toda extensão das prerrogativas há de ser implementada mediante reforma constitucional – se se sustenta que o legislador ordinário não pode alterar a eficácia pessoal das normas, sob pena de infringir o princípio constitucional da igualdade, ou há de efetuar-se através de leis ordinárias, cuja validez dependerá de seu fundamento em normas constitucionais de competência (ou tratando-se de leis regionais, nessas normas de atribuição de segundo grau que são os Estatutos de Autonomia).[312]

---

[310] No caso espanhol, embora admitindo a validade da extensão da inviolabilidade por Lei Orgânica e por Lei Ordinária, Punset Blanco nega a possibilidade de que isso ocorra, em relação aos parlamentares, por Decreto-Lei, com fulcro na vedação estabelecida no art. 86.1, da Constituição (ordenamento das instituições básicas do Estado), cujos limites se encontram na não-suscetibilidade de delegação de matérias próprias das leis orgânicas e na completa e específica lei de delegação, para não implicar delegações em branco. PUNSET BLANCO, Ramon. *Sobre la extensión...*, p. 103-105). Fazendo-se um paralelo com as Medidas Provisórias brasileiras, é de fazer coro com tal entendimento, até porque, dificilmente se ultrapassariam os requisitos de relevância e urgência (art. 62 da Constituição brasileira), ou extraordinária e urgente necessidade (art. 86 da Constituição espanhola), para justificar a utilização de tais espécies normativas para inviolabilizar alguma função. PUNSET BLANCO nega, também, a possibilidade de ampliação nos regimentos parlamentares, aos quais classifica de meros regulamentos executivos da Constituição. Em seguida – após explicar que as prerrogativas implicam exceções ao Direito comum conectadas a uma função, isto é, o ordenamento, a fim de garantir o exercício de uma função, outorga a normas penais e processuais uma eficácia de distinto alcance quando se trata de sujeitos dotados de um *status* jurídico particular, supondo alterações da eficácia pessoal das normas –, refuta, taxativamente, a possibilidade de se estenderem as prerrogativas por analogia (Op. cit., p. 105-108).

[311] A maioria das inviolabilidades previstas em lei é construída com base em remissões constitucionais genéricas, vagas, imprecisas, propiciando a leitura de que, se o constituinte a desejasse, teria incorporado à Carta Política, como fizera em alguns casos.

[312] Tudo conforme PUNSET BLANCO, Ramon. *Sobre la extensión...*, p. 109-110.

Reforçando esse entendimento, verifica-se que a igualdade é direito fundamental[313] que se manifesta, numa das faces, como um direito frente ao legislador, cujas decisões devem ser corrigidas pela jurisdição toda vez que divorciadas da finalidade própria da norma. Nesse norte, permitir ao legislador infraconstitucional total liberdade de criação de inviolabilidades e de seus destinatários é, ao cabo, possibilitar o afastamento da incidência de direitos fundamentais por norma de estatura inferior, em outras palavras, é aceitar a revogação parcial da Constituição por lei, invertendo a necessária hierarquia normativa e embaralhando a lógica do sistema.

Mesmo admitindo a validade de se estender a inviolabilidade por diversos veículos normativos, tendo por parâmetro a *ratio* do instituto, convém interrogar quais funções são dignas de atuar sob o manto de garantias similares ao dos parlamentares? Uma primeira posição defende que a inviolabilidade foi instituída para tutelar a liberdade dos órgãos institucionalmente investidos da fundamental função de constituir, modificar ou extinguir em nível primário, o ordenamento jurídico, quer dizer, somente seria digna de tal proteção a função legislativa primária do Estado.[314] A adoção desta posição implicaria o rechaço de toda extensão aos titulares de órgãos não partícipes do exercício dessa função, como os Defensores do Povo, na Espanha; os Advogados, no Brasil. Essa relação exclusiva entre função legislativa primária e inviolabilidade possui larga tradição histórica, sendo, entretanto, passível de crítica, visto caber ao legislador constituinte decidir sobre sua possível alteração. O critério é defensável se a fórmula da reserva material tiver assento constitucional.[315]

Seguindo o fio condutor histórico-finalístico, pode-se encontrar justificação para a manutenção da inviolabilidade em relação a determinadas funções estratégicas para o Estado. Ao núcleo do poder, isto é, à cúpula das funções executiva,[316] legislativa e judiciária, pode ser defensável o estabelecimento de reforço protetivo à atuação, pela envergadura constitucional de suas atribuições, pela importância estatal

---

[313] Art. 14 da Constituição espanhola (espanhóis são iguais ante a lei) e art. 5º da Constituição brasileira (todos são iguais perante a lei).

[314] PUNSET BLANCO, Ramon. *Sobre la extensión*, p. 109-110. O autor reproduz o pensamento do italiano S. GALLEOTTI, no texto *L'insindicabilità dei consiglieri regionali (il problema dell'art. 122, comma 4 Const.)*, in "Scritti Mortati", 2. Giuffrè, Milan, 1977. A inclusão do Tribunal Constitucional nesta expressão se dá unicamente em consideração aos efeitos gerais de suas sentenças nos procedimentos de inconstitucionalidade, não significando, obviamente, que o Tribunal seja um órgão legislativo (Op. cit. p. 111, nota 25).

[315] PUNSET BLANCO, Ramon. *Sobre la extensión*, p. 113.

[316] Uma das justificativas possíveis de serem invocadas em favor da manutenção da garantia em relação à cúpula do Poder Judiciário é o efeito *erga omnes* de suas decisões em ações de controle abstrato de constitucionalidade, enquanto há tradição em favor do Executivo (a começar pela total irresponsabilidade, ontem e hoje, de reis, isso sem falar na crescente função legislativa assumida).

dessas funções e pela visibilidade e potencial para despertar ataques persecutórios. Ou até mesmo, com fulcro no critério histórico que lastreou seu nascimento no seio da Revolução Francesa, como alicerce à separação dos Poderes. Em relação a outras funções, sejam públicas ou privadas, não há fundamento razoável para o seu estabelecimento, visto que elas em nada seriam prejudicadas por atuarem tão-só com a proteção da liberdade de manifestação, estritamente obedientes ao princípio da igualdade. Pior, a experiência demonstra que o usufruto da garantia, na maioria dos casos, é realizada por péssimos profissionais, a esconderem na agressão verbal sua covardia.

Explicar esse pródigo tratamento passa pela compreensão da dinâmica política de países como o Brasil, que elaborou a Constituição de 1988 logo após a queda da ditadura militar, sonegadora de liberdades, momento em que a sociedade civil buscava estabelecer o máximo de garantias na Lei Maior, vendo nela uma espécie de escudo projetado ao futuro, cavalgando no medo do passado. Nesse contexto, a força corporativa de algumas categorias profissionais[317] conseguiu inserir no texto constitucional, ou na legislação que o regulamentou, a inviolabilidade, às vezes, com a utilização expressa da nomenclatura, outras vezes sem ela, com textos que não deixam dúvida ao intérprete se cuidar de idêntica garantia. Esse contexto, superação do passado associado ao *lobby* de corporações, espalhou inviolabilidades pelo ordenamento jurídico brasileiro.

A correção dessa estranha mas compreensível mania do legislador de semear inviolabilidades passa por inovações normativas ou pela jurisdição constitucional. Esta, esteada no núcleo do Estado Democrático de Direito, um regime alicerçado na idéia de responsabilidade superadora do arbítrio e em princípios nucleares como a igualdade e os demais direitos fundamentais, deveria declarar a inconstitucionalidade de qualquer previsão de invioláveis para além da cúpula estatal. Esse controle de constitucionalidade é mais tranqüilo em se tratando de normas infraconstitucionais, cujos mecanismos de expulsão do sistema daquelas que forem incompatíveis com sua essência abundam.[318] Em relação a normas constitucionais, a via ade-

---

[317] Não se desconhece o argumento de que, de forma mediata, a inviolabilidade protege o cidadão que, na figura do advogado por ele escolhido para atuar junto aos tribunais, terá proteção reforçada (TORON, Alberto Zacharias. Op. cit., p. 254).

[318] A atuação jurisdicional em tais casos não encontra aceitação pacífica na doutrina, encontrando mais resistência quanto mais polêmica a decisão em foco, como a seguir expressa, criticando uma decisão do Tribunal Constitucional espanhol: "(...) una norma jurídica tachada de desproporcionada no debe ser anulada 'por el mero hecho de que pudiera haber sido más moderada o equilibrada, menos restrictiva o más útil'. Sólo procederá su expulsión del ordenamiento 'si resulta absoluta, radical y manifiestamente inútil, excesiva o desequilibrada', esto es, si se sitúa en el 'extremo inferior de la escala' de proporcionalidad. El Tribunal no puede suplantar al legislador democrático". Bilbao Ubillos, Juan María. *La excarcelación tenia un precio: el tribunal enmienda la plana al legislador*. Madrid: Revista Española de Derecho Constitucional, nº 58, 2000, p. 336-339.

quada passa pela atuação do constituinte derivado, modificando a Constituição, ou por se admitir a declaração jurisdicional de inconstitucionalidade de normas constitucionais,[319] via questionável, estreita e, no caso brasileiro, bloqueada.[320] Embora caminhos corretivos existam, percorrê-los é algo polêmico e distante na realidade em comento.

Aliás, correções impostas pelo Poder Judiciário aos excessos do legislador, particularmente no âmbito do Direito Parlamentar, não são novidades, como demonstram os Tribunais Constitucionais da Espanha[321] e da Itália,[322] e o próprio Supremo Tribunal Federal brasileiro.[323]

Finalmente, convém asseverar que não se garante o ético exercício de profissões, nem se salva a democracia, ampliando-se o rol das funções e/ou órgãos invioláveis.

3.1.3. Alguns "invioláveis" mais violáveis que outros?

Consoante exposto, o constitucionalismo contemporâneo alberga uma gama variável de órgãos e/ou funções cujos integrantes gozam de inviolabilidade, sendo curiosa, no entanto, a diferença de intensidade dessas garantias, acentuada tanto pelo Poder Legislativo quanto pelo Judiciário.

Embora a essência das previsões da espécie de inviolabilidade que se está a estudar pareça ser a proteção do direito de opinião, de manifestação, as diferenças de tratamento começam a ser feitas pelo próprio legislador.

Em considerando ser a imunidade um *plus* protetivo dos detentores da inviolabilidade, verifica-se que algumas funções são protegidas com a dupla garantia, enquanto a outras o legislador reservou somente a inviolabilidade. Por exemplo, os parlamentares federais e

---

[319] Sobre a temática, ver BACHOF, Otto. *Normas Constitucionais Inconstitucionais*. Coimbra: Almedina, 1994.

[320] O STF afirmou a impossibilidade de declarar inconstitucional uma norma aprovada pelo constituinte originário na Adin 815-3, proposta pelo então Governador do Rio Grande do Sul, questionando a constitucionalidade dos §§ 1º e 2º do artigo 45 da Carta Política de 1988.

[321] A sentença do Tribunal Constitucional espanhol nº 9/1990 declarou inconstitucional o chamado *suplicatório civil* previsto na LO 3/1985, impedindo a expansão desmedida ao âmbito civil da imunidade parlamentar.

[322] No mesmo sentido, é a decisão da Corte Costituzionale Italiana, adotada na Sentença nº 24, de 20 de janeiro de 2004, declarando inconstitucional previsão contida na Lei 140/2003.

[323] "(...) Entendeu-se que a Constituição estadual não poderia ampliar as garantias concedidas pela Constituição Federal, que somente assegura imunidade e foro privilegiado a parlamentar que se encontra no efetivo exercício de seu mandato, tendo em vista o disposto no § 1º, do art. 27, da CF...". ADInMC *1.828*-AL, Rel. Min. Sepúlveda PERTENCE, 27.5.98 – Informativo STF 112.

estaduais brasileiros possuem inviolabilidade e imunidade, enquanto os municipais, os advogados, os membros do Ministério Público, os magistrados e os jornalistas são protegidos somente pela inviolabilidade. O Presidente da República, diferentemente, não tem inviolabilidade, mas possui imunidade parcial temporária, não podendo ser responsabilizado, na vigência de seu mandato, por atos estranhos ao exercício de sua função.[324] Na Espanha, somente os membros das Cortes Gerais são invioláveis e imunes, dupla garantia que não se estende a nenhum outro órgão, seja constitucional ou não. Os membros das assembléias das Comunidades Autônomas espanholas gozam de inviolabilidade e de semi-imunidade (podem ser presos em flagrante delito e nos crimes cometidos fora do marco territorial da Comunidade Autônoma), previstas nos Estatutos de Autonomia,[325] enquanto os *consejales* não gozam das referidas garantias.

Tendo em conta que a imunidade serve de confirmação à independência de um órgão no exercício de sua função, Punset adverte para a possibilidade de se concluir que a independência do Tribunal Constitucional espanhol mereceu menor consideração que a de alguns outros órgãos constitucionais.[326] Com base tão-somente no critério da eleição normativa, pode-se aduzir que todos os órgãos constitucionais, de estatura equivalente ao Parlamento, que não possuam ao menos a dúplice garantia mencionada, foram desprestigiados pelo legislador.[327] O Parlamento, por sua vez, mantém a característica conquistada na Revolução Francesa de se autoconceder mais garantias que os demais órgãos constitucionais, embora não possa mais ser considerado como a principal fonte de irradiação do poder estatal. Em relação ao possível desprestígio, é de se ponderar que o caráter constitucional de um órgão realiza-se tendo em conta sua posição, suas funções, ou ambas as circunstâncias, porém não deriva da possessão de prerrogativas por seus membros.[328] Num país como o Brasil, por exemplo, é mendaz afirmar que a existência de algumas prerrogativas a mais faz do Parlamento um órgão constitucional superior ao hipertrofiado Poder Executivo, ou mesmo ao Poder Judiciário.

[324] Art. 86, §4° da Constituição.
[325] PUNSET BLANCO, Ramón. *Inviolabilidad*, p. 131-134.
[326] PUNSET BLANCO, Ramon. *Sobre la extensión*, p. 115.
[327] Isso sem falar nas demais garantias, como a prerrogativa de foro (os parlamentares federais e estaduais brasileiros a possuem, não havendo previsão em relação aos municipais; também são detentores dela, todos os chefes do Poder Executivo, os membros da Magistratura e do Ministério Público, entre outras autoridades contempladas na definição constitucional de competências dos tribunais pátrios). Ainda, a limitação do dever de testemunhar, a exigência prévia de licença da casa para incorporação às Forças Armadas, a manutenção ou não das garantias durante os estados de crise constitucional, dentre outras prerrogativas distribuídas aleatória e diversamente entre as funções invioláveis.
[328] PUNSET BLANCO, Ramon. *Sobre la extensión...*, , p. 116.

Em relação a esse aspecto, somente se pretende pontuar que a distribuição sem critério das prerrogativas, por parte do elaborador das normas, presta-se a uma série de questionamentos capazes de pôr em xeque a natureza e os próprios fundamentos da concessão.

Num segundo viés discriminatório, aparece a atuação do Poder Judiciário, mormente o brasileiro, quando se manifesta acerca do alcance da garantia. Algumas funções invioláveis possuem tratamento jurisprudencial mais generoso que outras. Por exemplo, o alcance da inviolabilidade parlamentar é maior, confere mais proteção, do que a inviolabilidade do advogado, embora, na essência, o tratamento constitucional dispensado a ambas as funções é semelhante (tanto os parlamentares quanto os advogados são "invioláveis" – essa é a palavra utilizada pela Constituição, aqueles "por seus atos e manifestações no exercício da profissão,"[329] e estes "por quaisquer de suas opiniões, palavras e votos"[330] ou "por suas opiniões, palavras e votos no exercício do mandato e na circunscrição do município"[331]), exceto na remissão aos limites da lei.

A razão da garantia, não há dúvida, visa a dar uma proteção especial à palavra, em albergar um contundente direito de manifestação a determinadas funções. Advogado e parlamentar, nesse fio condutor de interpretação, no exercício de suas funções, podem utilizar palavras chocantes, agudas, ataques verbais violentos, sem que isso represente a possibilidade de responsabilização penal, civil, administrativa ou disciplinar, na abrangência já estabelecida no presente texto.

Na prática, a antiga doutrina de que a inviolabilidade não ampara o advogado quando vier a ofender, especialmente, o juiz da causa,[332]

---

[329] Art. 133 da CF: "O advogado é indispensável à administração da justiça, sendo inviolável por seus atos e manifestações no exercício da profissão, nos limites da lei". Essa previsão constitucional amplia uma proteção que já existia no art. 142 do Código Penal, a denominada *imunidade judiciária* em relação à injúria e à difamação, desde que a ofensa fosse prolatada em juízo e vinculada à discussão de uma causa, previsão que excluía a atuação fora do foro (em delegacias, por exemplo) e a que fosse além da injúria e da difamação.

[330] Art. 53. "Os Deputados e Senadores são invioláveis, civil e penalmente, por quaisquer de suas opiniões, palavras e votos."

[331] Art. 29. VIII "inviolabilidade dos Vereadores por suas opiniões, palavras e votos no exercício do mandato e na circunscrição do Município."

[332] Em sendo o potencial ofendido pessoa diversa do juiz da causa, a inviolabilidade parece avultar, a começar pelo entendimento de quem possui a incumbência precípua de interpretar a Constituição: "Concluído o julgamento de *habeas corpus* em se discutia se as expressões injuriosas e difamatórias, em tese, constantes de petições referentes a inquéritos policiais em que o paciente, advogado, se referia à advogada da parte contrária estariam acobertadas pela imunidade profissional. A Turma, por maioria, deferiu o writ para determinar o trancamento da ação penal, por considerar que as manifestações injuriosas ou difamatórias proferidas pelo paciente no caso em questão estão abrangidas pela imunidade profissional do advogado – CF, art. 133 e Lei 8.906/94, art. 7º, § 2º. Vencidos os Ministros Carlos Velloso, relator, e Néri da Silveira, que indeferiam o writ ao entendimento de que, no caso concreto, algumas frases tidas como injuriosas ou difamatórias não teriam nexo lógico com a controvérsia em debate, não estando, assim, abrangidas pela imunidade profissional de advogado, que não é absoluta, salientando, ademais, que o *habeas corpus* não é instrumento adequado para examinar matéria de fato cuja interpretação

ainda ilumina as decisões dos tribunais brasileiros, cuja interpretação, para alguns de seus defensores, amesquinhou o dispositivo constitucional, lido de acordo com as regras do Código Penal de 1940[333] e de

---

é controvertida." (HC 81.389-SP, rel. orig. Min. Carlos Velloso, red. p/ o acórdão, Min. Nelson Jobim, 23.4.2002". No mesmo sentido: "Concluído o julgamento de recurso em *habeas corpus* em que se pretende o trancamento da ação penal ajuizada contra o recorrente, advogado, pela suposta prática de crime de injúria (CPM, art. 216), sob a alegação de que as expressões tidas por injuriosas, constantes de representação promovida contra general do Exército em procedimento administrativo militar, estariam acobertadas pela imunidade profissional – v. Informativos 283 e 286. A Turma, por maioria, deu provimento ao recurso para concluir que as afirmações em questão inserem-se no contexto da imunidade material do advogado, existindo, na espécie, nexo causal entre o fato imputado e a defesa exercida pelo recorrente. Vencidos os Ministros Carlos Velloso e Gilmar Mendes, que entendiam que as manifestações injuriosas não guardavam pertinência com a questão que estava sendo cuidada, em concreto, pelo procurador." (RHC 82.033-AM, rel. Min. Nelson Jobim, 29.10.2002).

[333] Isso encontra eco na decisão de alguns Tribunais que utilizam a expressão "imunidade judiciária", tal qual nominada sob à égide da antiga Constituição e da previsão da lei substantiva penal: *"Habeas corpus*. Trancamento de ação penal. Ausência de justa causa. Imunidade judiciária. Artigo 133 da Constituição federal e artigo 7°, § 2°, da Lei 8906/94. Não apreciada ainda acerca do recebimento ou rejeição da denúncia, não se instalando a relação processual, prematuro o trancamento da ação penal por falta de justa causa, tanto mais quando esta, em tese, descreve fato típico. A inviolabilidade do advogado por seus atos e manifestações no exercício da profissão, prevista na Constituição Federal e no Estatuto da OAB não é absoluta e, portanto, não serve a elidir indiscriminadamente a responsabilidade penal por crime contra a honra. Ordem negada" (TJGO, HC 17650-1/217, Des. Elcy Santos de Melo, DJ 13444 de 20/12/2000). No mesmo sentido: "Queixa-Crime – Crime contra a honra (injúria) – Promotor de Justiça que, em pronunciamentos nos autos, usa de expressões que ultrapassam 'os limites da lei', configurando nos autos, usa de expressões que ultrapassam 'os limites da lei', configurando figura típica, ao ofender, eventualmente, a dignidade e o decoro do advogado da parte contrária – Excesso verbal e que, pelo menos na fase atual, não pode excluir o crime – Inaplicabilidade do disposto no art. 142, inciso I, do C. Penal – Queixa recebida" (Processo n° 1.0000.00.254224-9/000 -1. Rel. Des. Sérgio Resende, Corte Superior do TJMG, 24.04.2002). A argumentação exposta é esclarecedora: "Mas não se pode, em hipótese alguma, sob o manto de uma suposta imunidade, praticar excessos, liberando abusos verbais que não guardam qualquer identidade com a postura que deve nortear aqueles que se confrontam em juízo. Pretender excluir sistematicamente Juízes, Promotores de Justiça, Advogados, Defensores Públicos, de toda e qualquer expressão injuriosa usada nos autos, atiradas a esmo e sem qualquer conotação com o *munus* de cada um, não parece ser a verdadeira intenção da disposição contida no artigo 142, inciso I, do C. Penal. Ora, se numa simples ação de impugnação de mandato eletivo, o ilustre membro do *Parquet*, referindo-se ao advogado da parte contrária (o que, por sinal, não deveria acontecer...) usa de expressões como: 'é a ilustrada defesa quem está a construir uma 'estória' tirada de sua ignóbil imaginação, viciada em defesas mutreteiras para calotear a Justiça; *'conhecido (o querelante) como membro efetivo de uma Trupe' denominada 'Turma da Mutreta;* 'usa da Justiça do Trabalho para dar calotes, revela-se evidente a necessidade de que os fatos sejam melhor explicitados e analisados no transcurso da respectiva ação penal (...). Assim, por acreditar que a situação transcrita no art. 142, inciso I, do C. Penal, deve estabelecer-se nos 'limites da lei *(dizeres da Lei Maior, por aplicação analógica – art. 133), impõe-se receber a presente queixa-crime como formulada* (...)". "As ofensas acobertadas pela imunidade judiciária são aquelas relacionadas com a demanda; não os excessos que não têm relação com a causa. Assim, se um advogado alega que o outro, por exemplo, tem uma vida desregrada, participando de orgias, sem nenhuma relação com a causa em andamento, responderá pela ofensa. É o que parece retratar os autos (...). O art. 142, I, do Código Penal, não autoriza o abuso do exercício profissional. Trata-se de norma que enseja a ofensa, quando necessária ao esclarecimento dos fatos e à atribuição do direito. Porém, o excesso verbal, constitutivo de injúria, difamação ou calúnia, não deve prolongar, indefinidamente, o conceito da insignificância, que o inspira (...). Senão transformar-se-ia a jurisdição penal em 'paraíso criminal', para o advogado ou membro do Ministério Público".

encontro à previsão da Constituição de 1988.[334] Por esse caminho, parece seguir o intérprete máximo da Carta Política brasileira, quando afasta a inviolabilidade ao argumento de que determinado advogado extrapola os limites objetivos da controvérsia tratada nos autos, ingressando no campo subjetivo ao atacar a conduta do magistrado,[335] ou que a inviolabilidade não abrange ofensas dirigidas ao juiz, ainda mais quando não guardam pertinência com a causa.[336]

Pode-se argumentar que, em relação ao advogado, a Constituição remeteu expressamente aos limites da lei, não o fazendo em relação aos demais garantidos. Isso é verdade, porém a Corte Suprema brasileira não aceitou a liberdade de conformação do legislador, quando suspendeu, liminarmente, a palavra "desacato", abrangida pela imunidade profissional do advogado na Lei 8.906/94.[337]

Se essa interpretação não parece a mais adequada, também não o é a pretendida pela Ordem dos Advogados do Brasil, no sentido de que a inviolabilidade obsta buscas e apreensões em escritórios de advocacia, quando houver indícios do cometimento de crime nesses espaços profissionais. Ora, isso seria unir a inviolabilidade aqui estudada, com a inviolabilidade domiciliar, acrescentando a elas um *plus*,

---

[334] TORON, Alberto Zacharias. Op. cit., p. 251.

[335] "A Turma indeferiu *habeas corpus* no qual se pretendia o trancamento da ação penal instaurada contra o paciente, advogado, pela suposta prática dos crimes de injúria e difamação contra juiz, em decorrência da afirmação, em razões de apelação, de que 'o magistrado não se pauta como julgador, e sim como advogado do banco que era, quando militava, está patente na última determinação de sua sentença, onde manda extrair cópias para instauração de apropriação indébita, que seguer o advogado com procuração nos autos levantou ou requereu...'. Tratava-se, na espécie, de ação de reintegração de posse na qual o juiz, ao sentenciar, determinara extração de cópias dos autos para instauração de inquérito contra o paciente, advogado da ré, por apropriação indébita. A Turma entendeu não caracterizada a alegada ofensa ao art. 133 da CF (...) por considerar que o paciente, em suas alegações, extrapolara os limites objetivos da controvérsia tratada nos autos, entrando no campo subjetivo relativamente à conduta do magistrado" (HC 80.881-SP, rel. Min. Maurício Corrêa, 5.6.2001.

[336] "Por entender não caracterizada na espécie a alegada ofensa ao art. 133, da CF (...), a Turma negou provimento ao recurso em *habeas corpus* em que se pretendia o trancamento de ação penal instaurada contra advogado pela suposta prática de crime contra a honra, em razão de haver formulado reclamação dirigida ao Presidente do Tribunal de Justiça do Estado de São Paulo, na qual se insurgira contra o arquivamento de inquéritos policiais por juiz, afirmando que o mesmo seria incompetente, relapso ou suspeito, e, ainda, que teria sido subornado. A Turma considerou que a referida imunidade não abrange as ofensas dirigidas ao juiz da causa, salientando, ademais, que, estando os processos arquivados, não se estaria discutindo fatos ligados à causa. O Min. Sepúlveda Pertence também negou provimento ao recurso, acompanhando a conclusão do voto do relator, por entender não evidenciado, no caso, que as alegações do recorrente teriam pertinência com a causa". (RHC 81.746-SP, rel. Min. Moreira Alves, 19.3.2002).

[337] Art. 7º, § 2º, da Lei 8.960/94: "O advogado tem imunidade profissional, não constituindo injúria, difamação ou desacato puníveis qualquer manifestação de sua parte, no exercício de sua atividade, em juízo ou fora dela, sem prejuízo das sanções disciplinares perante a OAB, pelos excessos que cometer". O Supremo Tribunal Federal, em 06.10.1994, na Ação Direta de Inconstitucionalidade nº 1.127-8, suspendeu a eficácia do termo "desacato", em decisão que ultrapassa uma década, s.m.j., correta, mas possível de ser questionada no bojo do raciocínio aqui desenvolvido. Afinal, se desacato cabe no âmbito da inviolabilidade parlamentar, por qual razão não pode o legislador dizer que ela se insere na inviolabilidade do advogado?

uma espécie de blindagem espacial na qual ninguém pode adentrar, garantia que não possuem nem mesmo os direitos fundamentais.

Criar espaços físicos fora da lei é um risco à democracia. Por hipótese, um homicídio cujo defunto fosse armazenado no cofre de um escritório de advocacia não justificaria uma busca? Uma tonelada de cocaína, também não? Um escritório utilizado para lesar o país, em bilhões de dólares, cometendo crimes de sonegação, lavagem de dinheiro, evasão de divisas, estaria a salvo? Assim, os escritórios poderiam se transformar em paraísos do crime ou em espaços divinos, intocáveis às mãos do Estado, em flagrante descompasso com os valores democráticos. Aliás, o próprio Estatuto da Ordem dos Advogados do Brasil, feito para regrar e proteger a atuação profissional, ratifica a adoção de tais medidas.

A própria Alemanha, sempre fonte de inspiração dos juristas brasileiros, previu na reforma da legislação sobre lavagem de dinheiro, que entrou em vigor no início de 2004 (GWG – § 3º: *Allgemeine Identifizierungspflichen für andere Unternhemen und Personen*), que "(...) o advogado, isso mesmo, mesmo o advogado, na medida em que receber os honorários, se desconfiar da origem ilícita dos valores, deverá comunicar às autoridades, não podendo, para tanto, escudar-se no 'direito de sigilo profissional', sequer contra o seu cliente (...). Trata-se de obrigação legal, dentre muitos outros profissionais, enumerados no mesmo dispositivo legal".[338]

Claro que a prudência, o cuidado para não ferir garantias profissionais devem informar o cumprimento dessas diligências.[339] Impedi-las, entretanto, significa estabelecer uma hierarquia entre bens constitucionais, colocando no ápice a inviolabilidade do advogado, antes mesmo do direito à vida, em evidente contra-senso.

As entidades de classe deveriam incentivar o combate àqueles que fazem do espaço físico profissional um "casulo" de criminosos, como medida de fomento ao agir ético, posição desejável em um país que sofre com a corrupção e a impunidade.

---

[338] MENDRONI, Marcelo Batlouni. *Lavagem de dinheiro: enquanto isso, na Alemanha...* http://ultimainstancia.ig.com.br, 23.02.05.

[339] "Se os advogados têm, e precisam ter, a prerrogativa do sigilo profissional para bem exercer as funções constitucionais de defesa dos seus clientes, não é menos verdade que nenhum direito pode ser absoluto. Se o advogado, ele mesmo, pratica crimes, evidentemente que não só pode como deve ser investigado e processado, assim como o juiz, o promotor, o policial, etc. Todos, perante a lei. Tampouco pode o advogado esconder em seu escritório instrumentos ou produto de crime... Já se comentou que a Polícia só pode entrar em escritório de advocacia se tiver 'fortes indícios ou provas' da participação do advogado na prática criminosa. Ora, não só em relação aos advogados. É bem por isso que as ordens de busca são emitidas pelo Poder Judiciário. Já os mandados de busca podem referir que deve ser apreendido 'todo e qualquer documento' que possa guardar referência com os crimes apurados. Isto porque não é possível ao Ministério Público, à Receita Federal ou à Polícia Federal saber antecipadamente 'o que vai encontrar'. Não é possível, antes do ingresso no local do crime, dizer-se exatamente qual ou quais documentos dizem respeito à prática criminosa" (MENDRONI, Marcelo Batlouni *Busca e apreensão em escritórios de advocacia*, http://ultimainstancia.ig.com.br/, 06.07.05).

Distante da busca de aprofundar esse acalorado debate, importa aqui grifar a constatação de que no exame das decisões dos tribunais pátrios, aqui reproduzidas, quando enfrentam a inviolabilidade dos advogados, há uma evidente desarmonia. Ora, se ao enfrentarem uma única espécie de inviolabilidade as vozes dos tribunais desafinam, essa dessintonia se faz sentir, com muito mais eloqüência, quando se cuida de estabelecer o alcance de inviolabilidades voltadas à proteção de funções diversas, consoante se dessume de várias decisões jurisprudenciais reproduzidas neste texto.

A pluralidade de formas de extensão, a variedade de órgãos que a possuem e a diversidade de interpretações conferidas à inviolabilidade impede se conclua algo seguro a respeito,[340] o que não obsta o levantamento das interrogações postas. As incoerências normativas e de interpretação são evidentes e tendem a se acentuar em países como o Brasil, cujos invioláveis existem aos milhares...

3.2. O federalismo municipalista exsurgente da Constituição de 1988 estendendo a inviolabilidade aos vereadores

No presente item, pretende-se demonstrar que a tripla dimensão da estrutura federalista brasileira vertente na Constituição de 1988, com o município conquistando o *status* de unidade federativa e um grau de autonomia nunca antes experimentado, possibilitou o estabelecimento da inviolabilidade aos parlamentares municipais, cujos critérios constitucionais limitadores de seu exercício merecem uma leitura crítica.

3.2.1. O município brasileiro no contexto do federalismo

Comentar acerca do município inserido na estrutura de poder estatal disposta na Constituição brasileira de 1988 pressupõe resgatar, ainda que brevemente, a idéia de Federalismo.

O termo *federalismo* pode ser usado para designar objetos diferentes, sendo aqui empregado como a teoria do Estado federal, o modelo constitucional que ilustra aspectos fundamentais da estrutura e do funcionamento estatal, seu desenho institucional.[341] Imbricadas na idéia de Federalismo estão as de pacto, aliança e distribuição de

---

340 PUNSET BLANCO, Ramon. *Sobre la extensión...*, p. 119.

341 LEVI, Lucio. *Federalismo*, in *Dicionário de política* (org. por BOBBIO, Norberto, MATTEUCCI, Nicola, e PASQUINO, Gianfranco). Brasília: Editora Universidade de Brasília, 1983, p. 475. O autor noticia que, numa segunda acepção, o termo é usado para designar uma visão global de sociedade.

poder entre entes políticos autônomos, as unidades federadas que compartem a formação da vontade do Estado. Hodiernamente, a denominação *Estado federal* aplica-se a realidades políticas muito distintas, sendo impossível captar a essência do federal, dada a diversidade de formas reproduzidas ao largo do espaço e do tempo.[342] Se a idéia de definir abstratamente o federalismo é tarefa arriscada e de pouca utilidade, o debate sobre as formas de descentralização segue atualíssimo.[343]

Mesmo diante da dificuldade de definir o federalismo, uma idéia de referência do que seja o federal é imprescindível para compreender as tensões que ocorrem em muitos países do mundo, o que pressupõe lembrar o modelo norte-americano, não só por ter sido o primeiro, mas também pela inegável influência nos posteriores modelos similares,[344] com especial enfoque ao brasileiro. Se hoje soa óbvio que o governo norte-americano é um governo federal, em 1787-1788 isso não estava claro o suficiente,[345] tanto que o próprio termo federal era empregado de forma imprecisa, embora a nova estrutura a ser criada estava clara para a maioria dos membros da Convenção.[346] Um conjunto de decisões inseridas na Constituição americana de 1787 se constitui pilar básico da nova estrutura, dentre elas a possibilidade de os órgãos da União atuarem diretamente sobre os indivíduos, e não só sobre os Estados-Membros, a titularidade do poder ao povo, que o delegava às autoridades (a idéia de soberania popular, que implicou a noção de Constituição como pacto), a supremacia do direito da Federação sobre o dos Estados-Membros, a impossibilidade de o Executivo e do Legislativo federal vetarem leis dos Estados-Membros, tarefa atribuída ao novo poder judicial federal independente, instituições essas que foram se formatando ao largo de uma lenta evolução.[347]

Conquanto difícil, não parece a aridez empecilho para alguns constitucionalistas, como Pinto Ferreira, que buscam abstratamente

---

[342] BIGLINO CAMPOS, Paloma. *En los orígenes del federalismo: la formación del modelo norteamericano* in *La democracia constitucional* – Estudios en homenagem al Profesor Francisco Rubio Llorente. Madrid: Congreso de los Diputados, Tribunal Constitucional, Universidad Complutense de Madrid, Fundación Ortega y Gasset, Centro de Estudios Políticos y Constitucionales, 2002, p. 1131.

[343] Idem, p. 1131-2. Embora não mereça mais destaque do que parte de uma nota de rodapé, o denominado *plan Ibarretxe* traz a discussão sobre descentralização de poder, de autonomia (indicando um nem tão disfarçado caminho de soberania) de uma região espanhola, cujo núcleo é uma Unidade Federativa estranhamente denominada "País Vasco".

[344] Ibidem, p. 1132.

[345] MEAD EARLE, Edward, assim afirmava, em 1937, na introdução ao *Federalista* (p. 20), edição traduzida por Ricardo RODRIGUES GAMA, Campinas: Russel, 2003.

[346] BIGLINO CAMPOS, Paloma. *En los orígenes del federalismo*, p. 1133. A autora demonstra que o termo federal ora era empregado no sentido moderno, para designar o novo modelo a ser implantado, ora para designar a estrutura confederal que se buscava superar.

[347] Idem, p. 1133-4.

definir o clássico Estado federal como uma organização estruturada sob um sistema de repartição de competências entre governo nacional e governos estaduais, com supremacia da União sobre os Estados-Membros, estes dotados de autonomia constitucional perante a mesma União.[348] A caracterização de uma unidade federada passa pela existência de auto-organização e normatização próprias, pela capacidade de autogoverno e de auto-administração, tudo imbricado ao princípio da autonomia.

Longe de pretender examinar a formação e a evolução do federalismo, ou mesmo seu contorno atual, o foco aqui é tão-só ressaltar algumas de suas características, cotejando-as com a experiência federalista brasileira. O primeiro aspecto a ser ressaltado diz respeito à origem do federalismo brasileiro, um modelo formado às avessas, se tomado por parâmetro o norte-americano. Enquanto nos Estados Unidos o federalismo se formou pela agregação de comunidades independentes que, à luz da idéia de soberania popular, abrem mão de parte da soberania, compartilhando-a com o nascente federal,[349] no Brasil a Federação é fruto da desagregação de um Estado unitário, criando partes (unidades federadas) que jamais foram detentoras de soberania, e que no início do federalismo possuíam escassa autonomia. A diferença entre os dois modelos é abissal, a começar pela criação pactuada, constitucional, norte-americana, em 1787, em contraste com a federação brasileira criada por decreto, em 1889.[350] Isso imprimiu uma característica centralizadora que, ora com mais intensidade, ora mais relaxada, marcou toda a história do federalismo pátrio.[351]

Entre os marcos histórico-formais da Federação brasileira, sem dúvida um dos mais importantes é a Constituição de 1988, a Carta mais democrática que o Brasil conheceu, carregada de robusta legiti-

---

[348] FERREIRA, Luiz Pinto. *Curso...*, p. 232.

[349] Sobre a formação do federalismo americano, ver o excelente estudo BIGLINO CAMPOS, Paloma. *En los orígenes del federalismo*, no qual se examinam suas controvérsias, indicando-se que a forma de colonização foi determinante nà formação do federalismo edificado sobre as ex-colônias inglesas.

[350] Decreto nº 1, de novembro de 1889, criou a Federação e a República: "Art. 1º – Fica proclamada provisoriamente e decretada como a forma de governo da nação brasileira – a República Federativa. Art. 2º – As províncias do Brasil, reunidas pelo laço da federação, ficam constituindo os Estados Unidos do Brasil. Art. 3º – Cada um desses Estados, no exercício de sua legítima soberania, decretará oportunamente a sua constituição definitiva, elegendo os seus corpos deliberantes e os seus governos locais (...). Art. 5º – Os governos dos Estados federados adotarão com urgência todas as providências necessárias para a manutenção da ordem e da segurança pública, defesa e garantia da liberdade e dos direitos dos cidadãos, quer nacionais quer estrangeiros. Art. 6º – Em qualquer dos Estados, onde a ordem pública for perturbada, e onde faltem ao governo local meios eficazes para reprimir as desordens e assegurar a paz e tranqüilidade públicas, efetuará o Governo Provisório a intervenção necessária para, com o apoio da força pública, assegurar o livre exercício dos direitos dos cidadãos e a livre ação das autoridades....".

[351] Pode-se afirmar que nos períodos de totalitarismo, como durante o Estado Novo (1937-1945) e a ditadura militar (1964-1984), o Brasil foi um arremedo de Federação.

midade popular e da mais abrangente desconcentração e descentralização de poder até então prevista. A peculiaridade do atual modelo brasileiro que mais interessa ao estudo é a posição do município no Estado federal, o qual, em sintonia com a redação da Constituição[352] e com a doutrina majoritária, é o mais novo ente a compor a complexa Federação brasileira.[353]

A tese municipalista resultou vitoriosa quando da elaboração da atual Constituição brasileira, em 1988.[354] A inserção do município na organização político-administrativa da República Federativa do Bra-

---

[352] Já na abertura da Constituição, no Título I, que estabelece os Princípios Fundamentais, o Constituinte foi expresso: "Art. 1º A República Federativa do Brasil, formada pela união indissolúvel dos Estados e Municípios e do Distrito Federal, constitui-se em Estado Democrático de Direito (...)". Mais adiante, no Capítulo I do Título III, ao normatizar a organização político-administrativa do Estado, a opção é reafirmada: "Art. 18. A organização político-administrativa da República Federativa do Brasil compreende a União, os Estados, o Distrito Federal e os Municípios, todos autônomos, nos termos desta Constituição".

[353] Em 1824, a Constituição Imperial já previa a criação de Câmaras eletivas, compostas de vereadores, às quais cabia o governo econômico e municipal das Cidades e Villas (arts. 167-8); em 1891, a Constituição Republicana previa que os Estados se organizarão de forma que fique assegurada a autonomia dos municípios em tudo quanto respeite ao seu peculiar interesse (art. 68); a Constituição de 1934 estabelecia serem os municípios organizados de forma que lhes ficasse assegurada a autonomia em tudo quanto respeitasse ao seu peculiar interesse, especialmente a eletividade do prefeito e dos vereadores da câmara municipal, a decretação dos seus impostos e taxas, a arrecadação e aplicação das suas rendas e a organização dos serviços de sua competência (art. 13); a Carta de 1937 é fruto do Golpe de Estado, repetindo a redação da anterior, exceto quanto à eleição dos Prefeitos, que passaram a ser nomeados pelos governadores (art. 26); a de 1946 restabelece a democracia, prevendo que a autonomia dos municípios será assegurada: I – pela eleição do prefeito e dos vereadores; II – pela administração própria, no que concerne ao seu peculiar interesse e, especialmente, a) à decretação e arrecadação dos tributos de sua competência e à aplicação das suas rendas; b) à organização dos serviços públicos locais (art. 28); a Constituição de 1967 e a Emenda maior que ela, de 1969, interrompem novamente um período democrático, e embora mantenham redação semelhante à de 1946, as restrições à autonomia são evidentes, a começar pela possibilidade de nomear Prefeitos em áreas de segurança nacional (art. 16). Como se percebe, ao menos formalmente, o município brasileiro sempre foi lembrado pelo constituinte, nunca, entretanto, com o *status* e, com tanta autonomia como agora.

[354] A organização e as competências dos municípios aparecem longamente estabelecidas na Constituição, dentre elas: "Art. 29. O Município reger-se-á por lei orgânica (...): I – eleição do Prefeito, do Vice-Prefeito e dos Vereadores, para mandato de quatro anos, mediante pleito direto e simultâneo realizado em todo o País; IV – número de Vereadores proporcional à população do Município; VIII – inviolabilidade dos Vereadores por suas opiniões, palavras e votos no exercício do mandato e na circunscrição do Município; IX – proibições e incompatibilidades, no exercício da vereança, similares, no que couber, ao disposto nesta Constituição para os membros do Congresso Nacional e na Constituição do respectivo Estado para os membros da Assembléia Legislativa; X – julgamento do Prefeito perante o Tribunal de Justiça; XI – organização das funções legislativas e fiscalizadoras da Câmara Municipal. Art. 30. Compete aos Municípios: I – legislar sobre assuntos de interesse local; II – suplementar a legislação federal e a estadual no que couber; III – instituir e arrecadar os tributos de sua competência, bem como aplicar suas rendas, sem prejuízo da obrigatoriedade de prestar contas e publicar balancetes nos prazos fixados em lei; IV – criar, organizar e suprimir distritos, observada a legislação estadual; V – organizar e prestar, diretamente ou sob regime de concessão ou permissão, os serviços públicos de interesse local....". A essas previsões devem ser agregadas as competências administrativas comuns (art. 23), a possibilidade de intervenção do Estado nos municípios (art. 35), a possibilidade de os municípios criarem guardas municipais (art. 144, § 8º), a competência tributária municipal (arts. 144, 145, 149), dentre outras destinadas ao regramento do ente federal município, contidas na Constituição de 1988.

sil, como terceira esfera de autonomia, alterou a tradição dual do federalismo pátrio. Segundo Bonavides, não há outra união federativa contemporânea onde "o princípio da autonomia municipal tenha alcançado grau de caracterização política e jurídica tão alto e expressivo quanto aquele que consta da definição constitucional do novo modelo implantado no País com a Carta de 1988 (...)".[355] A autonomia municipal se assenta: na capacidade de auto-organização (elaboração de lei orgânica própria) e de autogoverno (eletividade do prefeito e dos vereadores às Câmaras Municipais) – a autonomia política; na capacidade normativa própria, de autolegislação (competência de elaboração de leis municipais sobre áreas reservadas à sua competência exclusiva e suplementar) – a autonomia normativa; e na capacidade de auto-administração (administração própria, para manter e prestar os serviços de interesse local, com autonomia financeira para decretar seus tributos e aplicar suas rendas) – a autonomia administrativa.[356]

Para os municipalistas, a Constituição nada mais faz do que reconhecer a história, até porque os brasileiros sempre foram mais municipalistas do que federalistas, ao menos do ponto de vista de apego.[357] Aos defensores da chama municipalista, a autonomia municipal, no caso brasileiro, é garantia de democracia.[358] Ruy Barbosa comparava os municípios a uma célula, afirmando não haver corpo sem células, Estado sem municipalidades, nem matéria vivente sem vida orgânica, não se podendo imaginar a existência de nação, de povo constituído e de Estado, sem vida municipal, enquanto Machado Paupério dizia que, nas democracias, o direito de auto-administrar-se pertence ao povo em cada um dos seus círculos de convivência, daí a diversidade, cada município podendo ter sua forma própria de organização, pois a padronização não se coaduna com a vida, que implica, por si mesma, diversidade.[359]

Nesse diapasão, muitos autores se levantam na defesa da tese que, ao elaborar a Lei Orgânica Municipal, as Câmaras de Vereadores

---

[355] BONAVIDES, Paulo. *Curso de direito constitucional*. São Paulo: Malheiros, 1999, p. 314.

[356] SILVA, José Afonso da. *O município na nova constituição*. In A nova ordem constitucional: aspectos polêmicos. Rio de Janeiro: Forense, 1990, p. 344.

[357] ROCHA, Carmem Lúcia Antunes. *O papel do município na federação brasileira*. In Encontro Nacional de Procuradores Municipais, 24, 1988 (Anais). Porto Alegre: PGM/POA/IBDM, 1999, p. 89. A autora descreve uma curiosa característica dos brasileiros que, ao serem perguntados de onde são, normalmente respondem o município em que residem, não o Estado, mesmo que a pergunta seja feita no exterior (sou de Porto Alegre, Natal, Rio de Janeiro...), traço cultural diferente dos norte-americanos que, ao responderem a mesma pergunta, referem-se à Pensilvânia, Texas, Carolina do Sul (...) Descreve, ainda, vários episódios de resistência política, sediados em municípios, tanto que todas as vezes que se implantou ditaduras no Brasil, a primeira entidade estrangulada foi o município (p. 90-1).

[358] Idem, p. 91.

[359] *Apud* ACKEL FILHO, Diomar. *A autonomia municipal na nova constituição*. São Paulo: Revista dos Tribunais, nº 638, 1998, p. 39.

estão obrando no âmbito constituinte, uma espécie de poder constituinte de quarto grau,[360] entendimento razoável no contexto brasileiro. Entretanto, há constitucionalistas opositores do entendimento de que o município, mesmo o brasileiro, seja ente federativo, fulcrados em argumentos como não é autonomia político-constitucional que faz uma entidade necessariamente integrar o conceito de ente federativo; o município não é essencial ao conceito de federação brasileira; não existe Federação de municípios, mas de Estados; o município não tem órgão jurisdicional próprio; no federalismo bicameralista, não há câmara representativa dos municípios, mas somente dos Estados-Membros, no caso brasileiro, o Senado Federal; e, conexamente, combatem a idéia de atuação municipal constituinte, aos argumentos de que, em relação aos Estados-Membros, a Carta Política falou em *Constituição*, quando se referiu aos municípios falou em *Leis Orgânicas*, indicando que esta adviria de mero órgão legislativo que é a Câmara de Vereadores; enquanto a Constituição Estadual deve guardar fidelidade apenas à Federal, a Lei Orgânica Municipal deve guardar obediência às Constituições Federal e Estadual, não estando apenas subordinada ao Poder Constituinte Originário,[361] dentre outros argumentos.[362]

Em que pese a densidade das críticas formuladas, a opção do constituinte em estabelecer um profundo grau de autonomia aos municípios[363] e as funções que efetivamente ele exerce no cenário políti-

---

[360] Ver BULOS, Uadi Lammêgo. *Constituição federal anotada*. São Paulo: Saraiva, 2002; ACKEL FILHO, Diomar. Op. Cit., entre outros.

[361] Assim decidiu o Tribunal de Justiça de São Paulo: "INCONSTITUCIONALIDADE – Lei Orgânica Municipal – Admissibilidade – Municípios não investidos de poder constituinte decorrente – Alteração da data para reunião em sessão legislativa, redução de dois para um ano do mandato da Mesa da Câmara e designação de um segundo escrutínio de sua eleição – Ofensa aos artigos 9º, § 1º, 11, *caput* e § 1º, e 144 da Constituição Estadual – Princípio constitucional da rotatividade – Ação procedente – Inconstitucionalidade decretada". (Ação Direta de Inconstitucionalidade de Lei nº 31.290-0 – São Paulo, Relator: Viseu Júnior – 18.09.96) www.tj.sp.gov.br.

[362] Ver SILVA, José Afonso da. *Curso de direito constitucional positivo*. São Paulo: Malheiros, 2001; *O município na nova constituição*. In A nova ordem constitucional: aspectos polêmicos. Rio de Janeiro: Forense, 1990; CASTRO, José Nilo de. *Direito municipal positivo*. Belo Horizonte: Del Rey, 1991; ARAÚJO, Luiz Alberto David e NUNES, Vidal Serrano Júnior. *Curso de direito constitucional*. São Paulo: Saraiva, 1998; NERY FERRARI, Regina M. Macedo. *A criação e extinção de municípios*. In Uma vida dedicada ao Direito: homenagem a Carlos Henrique de Carvalho, o editor dos juristas. São Paulo: Revista dos Tribunais, 1995.

[363] Sobre autonomia (embora não seja o único aspecto à caracterização de um ente federativo, ele é importante) vale citar o entendimento do Tribunal Constitucional, STC 4/1981: "7. La Constitución parte de la unidad de la nación española, que se traduce en una organización – el Estado – para todo el territorio nacional. Pero los órganos generales del Estado no ejercen la totalidad del poder público, porque la Constitución prevé, con arreglo a una distribución vertical de poderes, la participación en el ejercicio del poder de entidades territoriales de distinto rango, tal como se expresa en el art. 137 de la Constitución, que refleja una concepción amplia y compleja del Estado, compuesto por una pluralidad de organizaciones de carácter territorial dotadas de autonomía. 8. La autonomía hace referencia a un poder limitado. Autonomía no es soberanía, y dado que cada organización dotada de autonomía es una parte del todo, en ningún caso el principio de autonomía puede oponerse al de unidad, sino que es precisamente dentro de éste donde alcanza su verdadero sentido. (...) 11. La Constitución contempla la necesidad de

co-administrativo do Brasil o tornam um inafastável componente do sistema federativo pátrio.[364]

É verdade que os municípios não reúnem todas as características doutrinariamente atribuídas às unidades federadas tradicionais, como, por exemplo, a de não possuir órgão judicial próprio. Entretanto a função estatal judiciária está presente nos municípios, mesmo que levada a efeito por órgãos judiciários organizados pela União e pelos Estados-Membros, funcionando ao lado das funções executivas e legislativas, estas organizadas no próprio município. É de se atentar, também, que uma das grandes marcas do federalismo norte-americano foi o controle jurisdicional federal, que ocorre também no Brasil, inexistindo obrigatoriedade de se reproduzir horizontal e verticalmente toda a organicidade presente em Norte-América para que se possa denominar determinado modelo de distribuição de poder federalista.

Volvendo à origem, é possível invocar a soberania popular que, ao menos em tese, estará sempre acima dos entes federativos, para justificar a coexistência de diferentes governos, com competências e autonomias próprias, independentemente da quantidade de instâncias entre as quais o poder se distribua em uma Federação. Ademais, não custa olhar a história brasileira e constatar que efetivamente democracia e autonomia municipal são parceiras inseparáveis. Quando uma padece, a outra sofre. Mais, considerando as dimensões continentais do Brasil[365] e a idéia de que a proximidade da sede do poder

---

que el Estado quede colocado en una posición de superioridad, como una consecuencia del principio de unidad y de la supremacía del interés de la nación, tanto en relación a las Comunidades Autónomas, concebidas como dotadas de autonomía cualitativamente superior a la administrativa, como respecto de los entes locales. 13. Las corporaciones locales son de carácter representativo, y su gobierno y administración tienen el carácter de «autónomos» para la gestión de sus respectivos intereses. 14. La Constitución no garantiza a las corporaciones locales una autonomía económico-financiera en el sentido de que dispongan de medios propios – patrimoniales y tributarios- suficientes para el cumplimiento de sus funciones. Lo que dispone es que estos medios sean suficientes, pero no que hayan de ser en su totalidad propios". A STC 170/1989 também discute a autonomia local, sendo majoritária a doutrina que acolhe o entendimento de que a autonomia local alcança tão-só o âmbito administrativo: "es jurisdicción administrativa que se ejerce discrecionalmente en el marco de la ley" (CAAMAÑO DOMÍNGUEZ, Francisco. *Autonomia local y constitución. Dos propuestas para otro viaje por el callejón del gato*. Madrid: Revista Española de Derecho Constitucional, año 24, nº 70, 2004, p. 162), posicionamento questionado pelo autor que faz propostas apontando para uma autonomia política local.

[364] Federalismo pátrio que fora blindado com cláusula de intangibilidade (art. 60, § 4º, CF: "Não será objeto de deliberação a proposta de emenda tendente a abolir: I – a forma federativa de Estado").

[365] O Brasil possui superfície de 8.514.215,3 km^2 (o que equivale a 16,86 territórios espanhóis), sendo composto por 26 Estados-Membros (Amazonas tem uma área de 1.570.745 km^2; o Pará, 1.247.689,515 Km^2) mais o Distrito Federal, distribuídos em 5.560 municípios (2001), tendo uma população atual estimada em 185 milhões de habitantes (http://www.ibge.gov.br). Não é incomum o cidadão residir a mil metros do Legislativo municipal, a mil quilômetros do Legislativo Estadual e a dois ou três mil quilômetros de distância do Legislativo federal. Nessas circunstâncias, o contato fiscalizatório representado-representante, cidadão-poder, é sobremaneira fa-

do seu titular e destinatário, o povo, facilita o controle democrático, nada melhor do que nos municípios se decidir sobre muitos interesses locais.

A garantia da administração municipal autônoma é um elemento constitutivo do estado de direito, estreitamente conexa com o princípio democrático, uma democracia descentralizada, assente em poder autônomo capaz de assegurar a separação territorial de poder e contribuir para uma maior participação democrática no seu exercício.[366]

Afirme-se, finalmente, que a idéia de federalismo inegavelmente é um ponto de partida. O federalismo contemporâneo é algo em movimento, é um processo que permite a agregação de novos valores e atores, razão pela qual não soa exagerada a posição brasileira de inserir entre os entes federados os municípios. É nesse federalismo brasileiro em movimento que se insere a inviolabilidade dos vereadores, agora em estudo.

3.2.2. Inviolabilidade dos vereadores

Pela primeira vez na história, uma Constituição brasileira acolheu expressamente a inviolabilidade dos vereadores *por suas opiniões, palavras e votos no exercício do mandato e na circunscrição do município*.[367] Não o fez, no entanto, em relação à imunidade parlamentar[368] e nem

---

cilitado no município. Em que pese a importância da mídia no acompanhamento do funcionamento do parlamento contemporâneo, o controle popular talvez seja a forma mais eficaz de fiscalização do Poder Legislativo, mais facilmente implementado junto ao parlamento municipal.

366 CANOTILHO, J. J. Gomes. *Direito constitucional e teoria da constituição*. Coimbra: Almedina, 1999, p. 246-7.

367 Redação do art. 29, VIII, da Constituição Federal.

368 A opção do constituinte foi avalizada pelo Supremo Tribunal Federal: "*A Constituição Federal não assegurou ao vereador a garantia da imunidade parlamentar formal*. Os membros do Poder Legislativo dos municípios podem ser submetidos a processo penal, independentemente de prévia licença da Câmara de Vereadores a que pertencem. A investidura no mandato de vereador não impede, de outro lado, que esse agente político sofra, uma vez observado o *due process of law*, a execução da pena privativa de liberdade que tenha sido imposta" (HC 70352/SP – Relator: Min. Celso de Mello – DJ 03.12.93). Em outra decisão, o STF julgou procedente o pedido formulado na inicial de ação direta ajuizada pelo Procurador-Geral da República para *declarar a inconstitucionalidade da imunidade* constante da parte final do inciso XVII, do art. 13, da Constituição do Estado de Sergipe, que estabelece "a inviolabilidade do vereador por suas opiniões, palavras e votos, no exercício do mandato e na circunscrição do Município, não podendo, desde a expedição do diploma até a inauguração da legislatura seguinte, ser preso, salvo em flagrante de crime inafiançável, nem processado criminalmente sem prévia autorização da Câmara Municipal, cujo deferimento da licença ou ausência de deliberação suspende a prescrição enquanto durar o mandato". Considerou-se caracterizada na espécie a ofensa ao art. 22, I, da CF/88, que prevê a competência privativa da União para legislar sobre direito penal e processual. O Min. Sepúlveda Pertence também julgou procedente o pedido formulado, mas por fundamento diverso, qual seja, por ofensa ao art. 29, VIII – "inviolabilidade dos vereadores por suas opiniões, palavras e votos no exercício do mandato e na circunscrição do município" –, haja vista que a CF, ao estender expressamente aos vereadores a imunidade material, excluiu implicitamente a

relativamente à prerrogativa de foro,[369] quer dizer, embora invioláveis, os vereadores podem ser processados criminalmente (de regra pelo juízo de primeira instância – o Juiz de Direito, o Juiz Federal ou o Juiz Eleitoral, respeitada a competência) e presos como qualquer outro cidadão.

Estudiosos apontam o surgimento da figura dos vereadores em Portugal, no séc. XIV, no reinado de D. Afonso IV, quando exerciam a função de assistentes dos juízes da administração municipal, mais tarde assumindo a incumbência de vigiar pela comodidade, pelo bem-estar e pelo sossego dos munícipes, em linhas gerais, funções semelhantes às do *aedilis* romano, daí a razão da nomenclatura edis até hoje carregada.[370] Já no tempo das Ordenações Filipinas, o Brasil conhecia a figura do vereador, incumbido de realizar várias funções, administrar a vila, despachar com o juiz ordinário processos criminais e até legislar.[371] No período constitucional pátrio, expressa ou implicitamente nas Constituições, sempre fora reconhecida a função (mutante

---

que eles se aplicasse a imunidade formal. Vencido o Min. Marco Aurélio, que julgava improcedente o pedido formulado, por considerar que os vereadores devem gozar das mesmas prerrogativas quanto ao exercício do mandato no que diz respeito aos deputados federais e senadores" (ADI 371-SE, rel. Min. Maurício Corrêa, 5/9/2002 – Informativo STF 280). Não se ignora haver doutrinadores defendendo a presença implícita na Constituição, do sistema de imunidade plena dos vereadores, como verdadeiro atributo do Poder Legislativo, ou, com fulcro no princípio da simetria, a extensão de todas as garantias dos parlamentares federais e estaduais, aos municipais (posição vencida no acórdão acima citado). Nesse sentido, DALLARI, Adílson Abreu. *Imunidade parlamentar de vereador*. São Paulo: Revista de Direito Público, v. 93, n° 93, 1990, p. 231-2. *Data venia*, a forma de implementação seria emendar a Constituição Federal.

[369] Ressalte-se, entretanto, a crescente aceitação do Supremo Tribunal Federal do estabelecimento de prerrogativa de foro nas Constituições Estaduais, tal qual no seguinte julgamento: "A Constituição do Estado do Piauí – à vista do que lhe concede a Carta da República (art. 125, § 1° – A competência dos tribunais será definida na Constituição do Estado, sendo a lei de organização judiciária de iniciativa do Tribunal de Justiça) – é expressa no dizer que compete ao tribunal de justiça processar e julgar, originalmente, nos crimes comuns e de responsabilidade, os vereadores (art. 123, III, d – 4). Julgamento em primeira instância ofende a garantia do juiz competente (art. 5°, LIII). A decisão em grau de recurso não redime o vício". (STF, HC 74125/PI, 2ª Turma, Rel. Min. Francisco Rezek, DJ 11.04.1997). Na súmula 721, editada em 24/09/2003, o STF claramente deixou aberta a possibilidade da prerrogativa de foro, exceto naquelas situações que contrariem a Constituição Federal: "A competência constitucional do Tribunal do Júri prevalece sobre o foro por prerrogativa de função estabelecida exclusivamente pela Constituição estadual".Em se levando em conta que o Constituinte originário, ao elaborar a Carta Federal, fez uma série de opções a respeito, elegendo foro para diversas autoridades, inclusive municipais, como os prefeitos (art. 29, X – julgamento do Prefeito perante o Tribunal de Justiça), seria prudente ler o silêncio como negativa, quer dizer, só deveriam ser aceitas essas exceções se previstas explicitamente na Constituição Federal. Afinal, estabelecer a algumas funções estatais estratégicas regras exorbitantes do direito comum é decisão de tamanha magnitude em um Estado Democrático de Direito, que se tornam mais aceitáveis se possuam assento constitucional, ou ao menos autorização expressa na Carta Magna.

[370] NASCIMENTO, Antonio Benedito do, VALÉRIO, Eduardo Ferreira. *Da inviolabilidade dos vereadores na constituição de 1988*. São Paulo: Revista dos Tribunais n° 701, 1994, p. 261. As informações são prestadas com apoio em GASPARINI, Diogenes, *Enciclopédia Saraiva do direito*, 1977, p. 77/91.

[371] Idem, p. 261.

e até ausente em períodos de ditadura) dos vereadores, até se chegar à configuração atual, em que a Carta Federal regula expressa e amplamente suas funções, estabelecendo eleições diretas para escolha, mandato de quatro anos, incompatibilidades, inviolabilidade, entre outras previsões.

É no contexto do peculiar Estado Federal brasileiro que deve ser entendida a extensão da inviolabilidade aos vereadores, ou seja, o ente federativo município desenvolve, na esfera de sua competência, funções similares às dos Estados-Membros, do Distrito Federal e da União. Como examinado, a organização federal pátria comporta três âmbitos parlamentares atuando em faixas distintas de competência: o Parlamento Federal, o Estadual (e do Distrito Federal) e o Municipal. Esses Parlamentos são compostos por legisladores, cujas tarefas mais importantes são legislar e fiscalizar. Ora, se no exercício de suas funções típicas os legisladores dos demais entes federativos estão investidos de inviolabilidade, parece lógico que os vereadores também alcancem a mesma proteção constitucional.

O tratamento igualitário, em termos de inviolabilidade, dos Deputados Federais, Senadores, Deputados Estaduais, Distritais e Vereadores, parece coerente no atual contexto brasileiro. Pode-se advogar, nessa linha, que nesse entramado institucional conhecido por democracia, quanto mais instituições sólidas, quanto mais distribuídos os poderes, menor espaço sobra para totalitarismos, naturalmente centralizadores. Quanto mais raízes fincar no seio da sociedade a democracia, menos suscetível de arruinar diante das inevitáveis crises econômica, social e política que a testam constantemente.

A natureza da inviolabilidade dos vereadores é a mesma da dos demais parlamentares, de modo que o estudado sobre as características do instituto mantêm plena aplicabilidade. Os vetores constitucionais da inviolabilidade dos edis, "no exercício do mandato" e "na circunscrição do município", particularmente este, merecem ser enfocados com mais vagar, intento seguinte.

3.2.3. *Limites constitucionais ao gozo da inviolabilidade pelos edis*

Na dicção constitucional, os vereadores só são invioláveis no "exercício do mandato", previsão que se coaduna com a melhor doutrina e que guarda perfeita sintonia com a história do instituto. De acordo com o entendimento afirmado ao longo do presente texto, não há razão para que qualquer parlamentar seja inviolável para além do exercício do mandato, previsão correta da Lei Maior que pode ser estendida para preencher o silêncio vigente quando da normatização da inviolabilidade dos parlamentares federais, tema sobre o qual soa desnecessário novas incursões.

Além de prever a inviolabilidade no exercício do mandato, o constituinte agregou o requisito "e na circunscrição do município", redação que, numa leitura literal, atenta à preposição aditiva "e", conduz ao entendimento de que, ultrapassados os limites municipais, perderia o vereador, em qualquer circunstância, à condição de inviolável. Esse limite, embora afirmado por parte substancial da doutrina[372] e da jurisprudência pátria,[373] soa frágil, ainda mais se considerada a riqueza de situações traduzidas na atuação do parlamento.

Numa primeira faceta, doutrinadores explicam ter pretendido o constituinte, com tal previsão, alargar o exercício do mandato do vereador, para além da tribuna da câmara, protegendo seu agir nos bairros e em fiscalizações que empreender tão-só na circunscrição do município.[374] Consoante debatido no presente estudo, a melhor interpretação histórica e atual despreza o critério limitação espacial, de modo que se o ato for parlamentar, não importa onde praticado, será inviolável. Isso de há muito é assim e não parece que o vetor "na circunscrição do município" tenha desejado explicitar que a garantia vai além do prédio da câmara de vereadores.

Noutra faceta, a circunscrição territorial como um possível limite físico, no sentido de que os atos praticados fora dela ou que alcancem

---

[372] "Atente-se, porém, que a imunidade reconhecida aos vereadores ficou restrita à circunscrição do Município. Vale dizer, se fora dele, ainda que em razão do mandato, o vereador vier a cometer crime de opinião, através da manifestação do pensamento por qualquer meio, não estará coberto pela imunidade parlamentar". (ACKEL FILHO, Diomar. *A autonomia municipal na nova constituição*. São Paulo: Revista dos Tribunais, n° 638, 1998, p. 43).

[373] "(...) O texto da atual Constituição, relativamente aos vereadores, refere à inviolabilidade no exercício do mandato e na circunscrição do município. Há necessidade, portanto, de se verificar a existência do nexo entre o mandato e as manifestações que ele faça na Câmara Municipal, ou fora dela, observados os limites do Município (...)" (HC 81730/RS – Rel: Min. Nelson Jobim, DJ 01-08-2003); "(...) III – Vereador não é protegido por imunidade parlamentar, mas sim acobertado pela inviolabilidade parlamentar, são institutos que se completam mas que não se confundem. No caso, assegura-se apenas a inviolabilidade por suas opiniões, palavras e votos, condicionada, entretanto, a dois fatores: exercício do mandato e circunscrição do município" (STJ, Ministro Pedro Acioli, DJ 16.05.1994); "A inviolabilidade dos vereadores por suas opiniões, palavras e votos deve se restringir aos assuntos municipais e à pertinência do mandato, no âmbito da administração municipal (CF, art. 29, VIII). Com esse entendimento, a Turma negou provimento a recurso de *habeas corpus* em que se pretendia a extensão da imunidade material a vereador denunciado por crime contra a honra, praticado fora do âmbito da Câmara em depoimento prestado, na qualidade de testemunha, na Assembléia Legislativa do Estado" (STF, RHC 78.026-ES, rel. Min. Octavio Gallotti, DJ. 3.11.98); "A inviolabilidade do vereador, por opiniões, palavras e voto, é circunscrita ao município. Não alcança irrogações contrárias à honra alheia, fora do exercício do mandato". (STJ – RHC n° 7300 – Rel. Min. Vicente Cernicchiaro – DJ 11.05.98)...". "O vereador é acobertado pela inviolabilidade parlamentar por suas opiniões, palavras e votos, condicionada, entretanto, a dois fatores: exercício do mandato e circunscrição do município" (TAMG, Proc. 0320453-3, Rel. Beatriz Pinheiro Caíres, Julg. 26/10/2000).

[374] ALMEIDA, Alfredo de. *O vereador e a inviolabilidade constitucional*. São Paulo: Revista Jurídica, n°. 177, 1992, p. 31.

além das fronteiras municipais, estariam desabrigados da inviolabilidade, também tem sofrido relativizações jurisprudenciais. Uma das situações mais freqüentes diz respeito a atos parlamentares transmitidos "ao vivo", como sessões em que emissoras de rádio ou televisão transmitem simultaneamente (ou escritos em jornais ou periódicos), as quais têm alcance regional, fazendo com que o ato vá além da circunscrição do município. Não é razoável que um ato dessa natureza, se reúne todas as características para atrair a inviolabilidade, fique desprotegido somente porque vai além dos limites municipais. Nessas ocasiões, a jurisprudência, coerentemente, ao argumento de que o ato fora praticado na circunscrição do município ou invocando liberdade das comunicações ou razoabilidade, vem reconhecendo a inviolabilidade.[375]

Hipoteticamente, suponha-se uma cidade em que a aglomeração urbana seja separada de outra por um rio ou uma estrada, e por alguma razão (estrutura física, energia ...) os vereadores realizem uma sessão da câmara no município vizinho. Essa situação, perfeitamente possível de acontecer nas terras brasileiras, se subsumida literalmente ao preceito constitucional, levaria à absurda constatação de que nessa sessão parlamentar, ordinariamente convocada, os vereadores não poderiam invocar a inviolabilidade, esfarinhando a natureza da garantia.

Pense-se na hipótese de um vereador estar fora da circunscrição do município, representando o poder legislativo municipal. Estará, no estrito exercício do mandato, a serviço da Câmara Municipal. Não parece razoável que nessas circunstâncias deva atuar ao desabrigo da inviolabilidade. Diga-se, essas situações são muito comuns em qualquer Federação, porque muitos interesses dos municípios são decididos em fóruns estaduais ou nacionais, distantes fisicamente da circunscrição dos municípios.

Em verdade, o melhor critério a ser seguido parece ser o da natureza do ato, se parlamentar ou não, independente de onde ele for praticado. Sempre que o vereador estiver oficialmente representando o legislativo municipal a que pertence, mesmo além da circunscrição

---

[375] "(...) Entrevista divulgada por rádio universitária de âmbito quando muito regional. Irrelevância, por ter sido a entrevista concedida no município, pouco importando tenha sido propagada para além de suas fronteiras. Em época em que a divulgação de idéias depende em muito da mídia falada e televisionada, entendimento contrário importaria amesquinhar indebitamente a atuação do edil e seu papel fiscalizador, impedido de se comunicar adequadamente com seus eleitores e população em geral (TJRS, Ap. Cível nº 70001014018, Julg. em 13/06/2001)...". "O vereador goza de inviolabilidade (art. 29, VI, CF/88) por palavras proferidas no desempenho da representação popular. Ofensas proferidas no recinto da Câmara de Vereadores e entrevista concedida a jornal local, tendo por objeto a atuação administrativa e política do prefeito e secretário da fazenda, estão vinculadas ao interesse público. O conteúdo da entrevista, em jornal regional, em nada altera a situação, pois as palavras foram proferidas na circunscrição do município (TJRS, Ap. Crim. nº 70002381556, julg. 11/02/2004)."

do município, contribuindo para a formação da vontade do órgão, indubitavelmente deve carregar a garantia. Nessas condições, o intérprete deve, especialmente ao enfrentar os casos concretos, dar à previsão constitucional dimensão simétrica à dos demais parlamentares invioláveis, dimensionando-a de acordo com à história e a *ratio* da prerrogativa.

3.3. As decisões dos Tribunais brasileiros ao estilo "samba em praça pública"

As decisões do Poder Judiciário brasileiro, quando chamado a interpretar a inviolabilidade, assemelham-se ao samba em praça pública, ou seja, possuem uma coerência interna oposta a de um desfile militar. Mesmo nutrindo gosto pelo carnaval, uma festa popular, plural e democrática, no sentido de que estabelece uma certa igualdade, mesmo ilusória e passageira, entre raças e classes sociais, conectadas pela música, não há dúvida de que esse estilo dos Tribunais brasileiros de decidirem é passível de críticas. Na defesa, pode-se argumentar que o Poder Judiciário reflete a pluralidade brasileira, que tais decisões nada mais espelham do que os diversos "Brasis", que o referido poder aceita o novo, não é conservador... Entretanto, para que essa vocação plural-democrática se sustente, parece necessário solidificar determinadas vigas-mestras,[376] sem as quais nenhum edifício, nem mesmo o jurídico, é capaz de se manter. Não se busca, com isso, acabar com a liberdade de interpretação dos Tribunais, que flexibilizam a norma diante dos fatos, nem abandonar o "jeito brasileiro" – tolerante – de conviver com o diferente, uma riqueza poucas vezes valorizada. Busca-se, sim, estabelecer um determinado núcleo comum em torno do qual possam decidir os Tribunais com um mínimo de coerência.

Ao apontar o (in)certo alcance da inviolabilidade patrocinado pela jurisprudência brasileira, deseja-se sublinhar eivas de interpretação capazes de ferir o âmago do instituto. Não é possível admitir que a referida garantia está fadada a ser mal aplicada nos períodos de normalidade democrática e não aplicada em períodos de ditadura. O enraizamento dessa natureza patológica dá argumentos aos doutrinadores que pregam sua extinção. Por exemplo, entender que a proteção possui apenas rosto penal é uma dessas eivas, agora enfocada.

---

[376] A solidez necessária ao material utilizado pela construção civil na edificação de prédios, quando desprezada, como no caso recente do Rio de Janeiro em que se utilizou areia da praia, é fatal, atingindo o bem maior de qualquer ordenamento jurídico: a vida humana. *Mutatis mutandis*, o edifício jurídico, para se sustentar hígido, pressupõe boa qualidade do material e sua correta utilização, sob pena de resultar fragilizado.

3.3.1. Alcance penal, e não civil

Alguns Tribunais brasileiros, destoando do entendimento histórico e atual, e até do significado atribuído ao instituto em tela, mantêm entendimentos como a imunidade material exclui apenas o crime, mantendo o dever de reparação dos danos morais produzidos por manifestação, se configurado o ilícito civil;[377] a inviolabilidade parlamentar prevista na Constituição Federal exclui a possibilidade de persecução penal, mas não alcança a esfera civil, pois se assim fosse, estaria o parlamentar afrontando uma das garantias constitucionais fundamentais;[378] a garantia exclui o crime, não obstante, todavia, a esfera civil, pois se assim fosse, estaria o parlamentar autorizado, pela lei máxima do país, a desrespeitar a honra, a dignidade e o decoro das pessoas que, como ele, exercem um *munus* público, afrontando dessa forma o direito também assegurado na Constituição Federal, que protege a intimidade e a imagem das pessoas.[379]

A Emenda Constitucional n° 35, de 2001, parece ter buscado espantar qualquer dúvida acerca da cobertura penal e civil oferecida aos atos considerados invioláveis. Na redação original (1988) da Constituição brasileira, o art. 53, *caput*, previa que "Os Deputados e Senadores são invioláveis por suas opiniões, palavras e votos", enquanto a nova redação (2001) incorporou modificações, prevendo que "Os Deputados e Senadores são invioláveis, *civil e penalmente*, por *quaisquer* de suas opiniões, palavras e votos".

Mesmo assim, ao verificar as datas das decisões, é possível constatar a manutenção do entendimento, em algumas delas, após a mencionada mudança normativa, reafirmando a compreensão de ser o alcance tão-somente penal, talvez fazendo um transplante equivocado do entendimento da imunidade, a qual efetivamente só tem alcance penal. A tese não se sustenta, sendo minoritária, e não recebe mais

---

[377] "Responsabilidade civil – Danos morais – Vereador autor da ofensa – Imunidade parlamentar – Exclusão apenas do crime – Dever de reparação na esfera civil se configurado ilícito civil – Recurso provido nessa parte. A imunidade parlamentar, também denominada imunidade material, exclui apenas o crime. Não está livre o Vereador do dever de reparar, na esfera civil, os danos morais que tiver causado, com sua manifestação, ainda que ocorrida durante sessão da Câmara Municipal, desde que configurado o abuso, caracterizado ilícito civil." (TJSP – Ap. cível n° 121.621-4/1 – julg. 06.08.02).

[378] "...2) A inviolabilidade parlamentar prevista no art. 29, VIII da Constituição Federal exclui o parlamentar de responder criminalmente, mas não alcança a esfera civil, pois se assim fosse, estaria o parlamentar afrontando uma das garantias fundamentais previstas no art. 5°, X, da CF." (TJES, Ap. Cível n° 011019000170, Julg.: 25/06/2001).

[379] "Indenização por dano moral – Inviolabilidade parlamentar. A inviolabilidade prevista no artigo 29, VIII da CF, exclui o crime. Não alcança, todavia, a esfera civil, pois se assim fosse estaria o parlamentar autorizado, pela lei máxima do país, a desrespeitar a honra, a dignidade e o decoro das pessoas que, como ele, exercem um munus público, afrontando dessa forma o direito também assegurado na Constituição Federal, no artigo 5°, V e X e que diz respeito a violação da intimidade e da imagem das pessoas" (TACrimMG, Proc. 0278311-5, , DJMG de 28.10.1999).

albergue dos Tribunais superiores pátrios, consoante se verifica em outras decisões transcritas no presente texto. Não só se aplica no âmbito civil, como vai além, obstando outras responsabilizações, tal qual sustentado no capítulo anterior. Do contrário, estar-se-ia diante de uma não-garantia. Mas não deixa de ser mais um ingrediente a polemizar o já conturbado ambiente da inviolabilidade parlamentar brasileira.

3.3.2. Proteção para além das funções típicas do parlamento

Talvez aqui resida o maior ponto de controvérsia e a razão do principal desvirtuamento que sofreu e vem sofrendo a inviolabilidade em *terra brasilis*. Esse entendimento alargado tem recebido impulsos jurisprudenciais, a começar pelo Supremo Tribunal Federal, órgão norteador da jurisprudência pátria, como exemplificativamente se reproduz: *a publicação de nota em jornal e esclarecimento em rádio, contendo calúnias e injúrias contra delegado de polícia*, porque *relacionadas* com o exercício da atividade parlamentar, configuram-se como *invioláveis*;[380] o contexto atual, dominado pela comunicação de massas, tornou-a um prolongamento necessário da atividade parlamentar, de modo que *a inviolabilidade alcança toda manifestação do congressista onde se possa identificar um laço de implicação recíproca entre o ato praticado, ainda que fora do estrito exercício do manda*to, e a qualidade de mandatário político do agente, estendendo-se à divulgação pela imprensa, por iniciativa do congressista ou de terceiros, do fato coberto pela inviolabilidade;[381] a

---

[380] "Deferido *habeas corpus* impetrado em favor de vereador para anular as condenações a ele impostas pela prática dos crimes de calúnia e injúria contra delegado de polícia local – em decorrência de haver publicado nota em jornal local, bem como, por haver divulgado esclarecimento por meio de estação de rádio, no qual se defendera de supostas acusações e denunciara irregularidades cometidas pelo referido delegado. A Turma considerou que os mencionados pronunciamentos estariam diretamente relacionados com o exercício do mandato parlamentar, ao abrigo, portanto, da imunidade prevista no art. 29 VIII, da CF."(STF, HC 81.730-RS, rel. Min. Nelson Jobim, 18.6.2002).

[381] "(...) 1. Na interpretação do art. 53 da Constituição – que suprimiu a cláusula restritiva do âmbito material da garantia –, o STF tem seguido linha intermediária que, de um lado, se recusa a fazer da imunidade material um privilégio pessoal do político que detenha um mandato, mas, de outro, atende às justas ponderações daqueles que, já sob os regimes anteriores, realçavam como a restrição da inviolabilidade aos atos de estrito e formal exercício do mandato deixava ao desabrigo da garantia manifestações que o contexto do século dominado pela comunicação de massas tornou um prolongamento necessário da atividade parlamentar: para o Tribunal, a inviolabilidade alcança toda manifestação do congressista onde se possa identificar um laço de implicação recíproca entre o ato praticado, ainda que fora do estrito exercício do mandato, e a qualidade de mandatário político do agente. 3. A imunidade parlamentar material se estende à divulgação pela imprensa, por iniciativa do congressista ou de terceiros, do fato coberto pela inviolabilidade. 4. A inviolabilidade parlamentar elide não apenas a criminalidade ou a imputabilidade criminal do parlamentar, mas também a sua responsabilidade civil por danos oriundos da manifestação coberta pela imunidade ou pela divulgação dela: é conclusão assente, na doutrina nacional e estrangeira, por quantos se tem ocupado especificamente do tema" (STF, Rel. Min. Sepúlveda Pertence, RE. 210.917-RJ, DJU de 18.6.2001).

inviolabilidade parlamentar abrange quaisquer opiniões, palavras e votos produzidos no recinto da respectiva casa legislativa, *e as manifestações produzidas fora dali, desde que guardada a relação com o exercício do mandato parlamentar;*[382] *a divulgação de matéria* (cuja base seria o voto por ele proferido, na qualidade de membro da CPI), por Deputado Estadual, *em jornal e na internet, contendo fatos em tese tipificadores dos crimes de injúria e de calúnia, está vinculada à atuação parlamentar e, por isso, abrangida pela imunidade material;*[383] *a publicação de notícias está acobertada pela inviolabilidade parlamentar, com respaldo da larga liberdade de expressão conferida àqueles que desempenham tais funções, não configurando abuso do direito de informação, afastando-se, pois, a* responsabilização civil.[384]

Os defensores da tese, que embora dita intermediária é extremamente ampla, podem apresentar o argumento de respeito à vontade do constituinte, uma vez que a redação do artigo 53 da Constituição não faz qualquer restrição, não cabendo ao intérprete fazê-lo. Não raro, são os mesmos que defendem o alcance da inviolabilidade do vereador para além da circunscrição do município, algo que também não está expresso na norma fundamental, demonstrando que cabe ao leitor dar a vida adequada às previsões constitucionais. Embora não

---

[382] "A imunidade material conferida pela CF/88 a deputados e senadores, na redação dada pela EC 35/2001 ao art. 53 da CF/88, abrange quaisquer opiniões, palavras e votos produzidos no recinto da respectiva casa legislativa, e as manifestações produzidas fora dali, desde que guardada a relação com o exercício do mandato parlamentar. Com base nesse entendimento, o Tribunal, por maioria, rejeitou denúncia oferecida contra deputado federal pela suposta prática dos delitos de calúnia, injúria e difamação de juiz federal, em decorrência de discurso proferido na Assembléia Legislativa do Acre e de entrevistas concedidas à imprensa. O Tribunal, salientando que eventuais abusos cometidos no âmbito do Parlamento devem sujeitar-se ao controle do próprio Poder Legislativo, considerou que as declarações produzidas nas entrevistas, tidas por ofensivas à honra do magistrado, consubstanciam repetição ou comentário relativamente aos fatos já narrados da tribuna, estando protegidas, portanto, pela imunidade parlamentar em sentido material. Vencido o Min. Carlos Velloso, relator, que recebia a denúncia, por considerar que as declarações tidas por ofensivas não guardariam relação com o exercício do mandato parlamentar." (STF, Inq 1958/AC, rel. orig. Min. Carlos Velloso, red. p/ o acórdão Min. Carlos Britto, 29.10.2003).

[383] "O Tribunal rejeitou queixa-crime apresentada contra então deputado estadual pela suposta prática dos crimes de injúria e de calúnia, decorrentes da divulgação, em jornal e na internet, de matéria cuja base seria o voto por ele proferido, na qualidade de membro da CPI instaurada para apurar a prostituição infanto-juvenil no Estado da Paraíba. Considerou-se que as manifestações do querelado encontravam-se vinculadas à sua atuação como parlamentar e, conseqüentemente, abrangidas pela imunidade material prevista no art. 53 da CF/88..." (STF, Inq. 1.955-PB, rel. Min. Joaquim Barbosa, 13.8.2003).

[384] "Responsabilidade civil. Vereador. Tentativas de denegrir imagem, com pronunciamento levado ao ar via televisão e rádio. Inviolabilidade parlamentar. A CF 88 agasalhou o Município como ente federado de forma plena e previu a inviolabilidade do vereador por atos e críticas tecidas no exercício do mandato, no âmbito da circunscrição respectiva, sob a forma da imunidade parlamentar material, tanto na esfera criminal como na civil.... A publicação de notícias está acobertada pela inviolabilidade parlamentar, com respaldo da larga liberdade de expressão conferida àqueles que desempenham tais funções, não configurando abuso do direito de informação. Fica afastado o pleito de responsabilização civil." (TJRS, Ap. cível nº 70005872791, Rel: Des. Rejane Maria de Castro Bins, julg. 20/08/2003).

haja um método de interpretação capaz de responder aos desafios colocados, o intérprete deve cunhar os institutos constitucionais tendo como ferramentas a interpretação histórica, teleológica e sistemática, ao menos, não estando em consonância com o constitucionalismo contemporâneo, *data venia*, o excessivo alargamento da inviolabilidade.

Essas contradições de interpretação se mostram mais flagrantes no âmbito da comunicação social,[385] a ponto de, na maioria dos casos, não ser possível afirmar se, na leitura dos Tribunais brasileiros, determinada inserção na mídia, realizada por parlamentar, será ou não inviolável. Em muitas decisões, seguindo a linha das aqui reproduzidas, o Poder Judiciário pátrio vem acolhendo a inviolabilidade em relação a atos praticados pela imprensa, concedendo-lhe uma amplitude historicamente rejeitada.

Esse entendimento, ao albergar a atuação do político, para além das funções parlamentares propriamente ditas, em suas manifestações pela imprensa, significa "uma indevida ampliação da garantia constitucional".[386] Nessas circunstâncias, basta o direito de manifestação (bastante amplo, nas democracias), enquadrando-se o parlamentar como qualquer outro cidadão, porque assim ele está agindo, não havendo razão fundada para diferenciá-lo. É de se atentar que a interpretação da inviolabilidade constitucional parlamentar não pode espancar, injustificadamente, outros direitos constitucionais consagrados.

É verdade que nem toda a jurisprudência pátria se pauta num entendimento ampliado, existindo várias decisões interpretando ade-

---

[385] Veja-se o amplo alcance da garantia acolhido nas seguintes decisões: "... o contexto do século dominado pela comunicação de massas tornou um prolongamento necessário da atividade parlamentar: para o Tribunal, a inviolabilidade alcança toda manifestação do congressista onde se possa identificar um laço de implicação recíproca entre o ato praticado, *ainda que fora do estrito exercício do mandato*, e a qualidade de mandatário político do agente..." (STF, Rel. Min. Sepúlveda Pertence, RE. 210.917-RJ, DJU de 18.6.2001). "Trata-se de HC impetrado por vereador para trancar ação penal em decorrência de alegações manifestadas em sessão plenária e em entrevista concedida à repórter de empresa de radiodifusão, a respeito de Promotora de Justiça. A Turma concedeu a ordem por não haver como afastar o nexo entre o exercício do mandato e a manifestação do parlamentar nos termos do art. 29, VIII, CF/1988. Ressaltou-se que a inviolabilidade dos vereadores por suas opiniões, palavras e votos estende-se a manifestações produzidas fora da casa legislativa e na circunscrição do município, desde que nos limites dos interesses municipais e pertinente com o mandato." (STJ, RHC 13.268-PR, Rel. Min. Fontes de Alencar, julg.17/12/2002). "A inviolabilidade do vereador, também chamada imunidade material, em oposição à imunidade parlamentar ou formal, específica dos congressistas e deputados estaduais, não se restringe a sua atuação na Câmara Municipal, no plenário ou nas comissões, mas se estende a toda circunscrição territorial do município, desde que seu pronunciamento verse sobre assuntos de interesse do município e tenha relação de causa e efeito com o exercício da vereança. No âmbito dessa atuação, o vereador não pode ser indicado em inquérito policial nem submetido a processo por atos que se classifiquem como delitos de calúnia, injúria ou difamação, ainda que veiculados através de entrevistas radiofônicas" (TAMG, Proc. nº 0293436-3, Rel. Audebert Delage, 02/02/2000).

[386] Alberto Zacharias. Op. cit., p. 384.

quadamente a inviolabilidade. Exemplificativamente, podem ser pinçadas, a que condenou vereador por sua manifestação, publicada em jornal, discriminando indígenas, em ação civil pública movida pelo Ministério Público Federal,[387] e as que denegaram *habeas corpus* para trancar ações penais: a primeira,[388] por notas ofensivas à autoridade policial, publicadas em rádio e jornal, por vereador, e a segunda,[389] por referência desairosa a terceiros, pela imprensa, também praticada por edil.

Ressalte-se, novamente, não ser a forma da prática do ato que o insere entre os invioláveis, mas a natureza e o contexto de seu vertimento, no sentido de ser ou não um ato parlamentar. Uma sessão

---

[387] "(...) Interesses difusos. Ofensa moral. Comunidade indígena. Inviolabilidade parlamentar. 1. No caso dos autos, vislumbra-se a ocorrência de manifestações de cunho discriminatório, que, por via de conseqüência, ofendem a honra e dignidade da Comunidade Indígena Toldo Chinbangue. Destarte, assiste razão o pleito de indenização por danos morais. 2. No tocante à vereança, a imunidade material está adstrita ao exercício do mandato parlamentar. 3. No que concerne à legitimidade da Sociedade Jornalística, bem andou o ilustre Magistrado em reconhecê-la, à luz do disposto no art. 49, § 2º, da Lei nº 5.250/67 e na Súmula 221 do Eg. STJ. É de ser rejeitada, também, a alegada imunidade do apelado Amarildo, em razão de sua condição de Vereador. Ora, os fatos perpetrados pelo apelado não guardam relação de causalidade com o exercício da função parlamentar, não podendo, portanto, servir de pretexto à incidência do disposto no art. 29, VIII, da CF/88. (...) é inegável que a declaração do Vereador, bem como a charge publicada no Jornal Diário do Iguaçu, apresentaram caráter ofensivo à população indígena local, impondo-se a reparação pelo dano moral, sendo digno de louvor a atuação vigilante do *Parquet*. (...) Ademais, *in casu*, não há sequer violação à liberdade de imprensa, garantida pelos arts. 5º, IX, e 220, *caput*, e § 1º, todos da CF/88, pois tais garantias constitucionais encontram limites na própria Lei Maior quando cometidos abusos, como no caso em apreço. (...) Justice Hugo Black acrescentou, *verbis*: 'Creio ter deixado clara a minha convicção de que a Constituição garante absoluta liberdade de palavra, e não hesitei em aplicar a Primeira Emenda para proteger idéias que detesto. Tenho também votado, constantemente, na Corte para anular, por inconstitucionais, todas as leis contra a obscenidade e a difamação. Ao assegurar absoluta proteção à liberdade de palavra, entretanto, tive sempre o cuidado de estabelecer diferença entre palavra e conduta. Assim, logo no princípio do meu voto vencido, no caso Beauharnais *versus* Illinois, 343 U.S. 250, julgado em 1952, assinalei que 'a condenação assenta no conteúdo do panfleto, e não na época, no modo ou no lugar da sua distribuição'. Tal distinção, a que desejo devotar o restante deste capítulo, foi muito bem descrita pelo Juiz Douglas, no seu voto vencido, no caso Roth *versus* United States, 354 U.S. 476 (1957), no qual declarou: 'A liberdade de expressão pode ser suprimida, se e na medida em que estiver tão intimamente unida à ação ilegal, seja parte inseparável dela'. (In *A Constitutional Faith*, Alfred A. Knopf, New York, 1968, p. 53)". (Tribunal Regional Federal da 4ª Região, Processo: 200272020008986, Juiz Carlos Eduardo Thompson Flores Lenz, DJU 17/12/2003).

[388] "(...) 1. Nota publicada em jornal e divulgada pelo rádio de conteúdo reputado ofensivo à autoridade policial encarregado do inquérito instaurado para apurar morte de funcionário da Câmara de Vereadores, circunstância reconhecida pelas instâncias ordinárias não se alberga na imunidade material atribuída à edilidade, porquanto fora dos interesses municipais e sem pertinência com o exercício do mandato de vereador, cuja atuação, embora na circunscrição do município, não deve desbordar em ataques pessoais, através da imprensa, contra a honra de terceiros ..." (STJ, HC 18850/RS, Rel. Min. Fernando Gonçalves, Julg. 18.12.2001).

[389] "Os vereadores, à semelhança de deputados e senadores, no exercício da respectiva atividade, gozam de imunidade a fim de ser desenvolvido, sem peias, o mandato. Cumpre desenvolvê-lo na Câmara Municipal. Inadequado, em princípio, valer-se da imprensa, notadamente quando a referência desairosa a terceiros" (STJ, RHC 7910/SP, Rel. Min. Vicente Leal, p/acórdão Min. Luiz Vicente Cernicchiaro, Julg. 25.11.1998).

transmitida instantaneamente por meio de comunicação não ensejará responsabilização extraparlamentar, entretanto uma bombástica entrevista logo após essa sessão terá pleno potencial de produzir responsabilidades, a começar pela criminal, se tipos penais forem praticados. Ambos os atos publicados pela imprensa, o primeiro no estrito exercício da função parlamentar, como tal inviolável, o segundo na condição de político, protegido tão-só pelo direito de manifestação.

Não se está a negar a importância da mídia em relação à atuação do Parlamento. Para García Morillo, os máximos protagonistas de acontecimentos políticos têm sido alheios ao Parlamento, tanto que a publicidade passou de "meio" a "fim" da atividade política – só se faz o que pode ser difundido, sendo as Câmaras um lugar de encontro entre políticos e jornalistas, estes, muitas vezes, fazendo a pauta parlamentar.[390] Nem mesmo se cuida de negar que a função parlamentar hodierna tem na imprensa livre uma valiosíssima aliada,[391] um verdadeiro pilar da própria democracia. Cuida-se apenas de separar as atuações do parlamentar e do político, para efeito da incidência da garantia em apreço.[392]

---

[390] GARCÍA MORILLO, Joaquín. *El parlamento en la era global*. Madrid: Cuadernos de Derecho Publico, n° 1, 1997, p. 77-100.

[391] Consoante defendido por VELOSO, Zeno. Op. cit., p. 42.

[392] O Supremo Tribunal Federal estendeu a inviolabilidade a atos praticados por parlamentar, mediante informativo eletrônico semanal expedido de seu gabinete, em decisão benevolente em relação ao instituto, *verbis*: "O Tribunal rejeitou denúncia oferecida contra deputado federal pela suposta prática dos delitos de calúnia, injúria e difamação, previstos na Lei 5.250/67 (Lei de Imprensa), decorrentes de divulgação, por meio de informativo eletrônico semanal, do conteúdo de uma carta anônima que noticiava fatos ofensivos à honra de coronel da polícia militar do Estado de Minas Gerais e que o apontava como suposto autor de atos de corrupção passiva. Inicialmente, o Tribunal asseverou que o caso deveria ser analisado com base no Código Penal e não na Lei de Imprensa, haja vista que informativo eletrônico semanal ou boletim impresso, gerado em gabinete de deputado federal, localizado na Câmara dos Deputados, não poderia ser considerado jornal ou publicação periódica e nem serviço de radiodifusão ou serviço noticioso de que cuida o parágrafo único do art. 12 da citada Lei (Art. 12. Aqueles que, através dos meios de informação e divulgação, praticarem abusos no exercício da liberdade de manifestação do pensamento e informação ficarão sujeitos às penas desta Lei e responderão pelos prejuízos que causarem. Parágrafo único. São meios de informação e divulgação, para os efeitos deste artigo, os jornais e outras publicações periódicas, os serviços de radiodifusão e os serviços noticiosos). Entendeu-se, também, tratar-se, em tese, do crime de calúnia, praticado na modalidade de divulgação, previsto no §1° do art. 138 do CP (Art. 138 – Caluniar alguém, imputando-lhe falsamente fato definido como crime: § 1° – Na mesma pena incorre quem, sabendo falsa a imputação, a propala ou divulga.), uma vez que os fatos divulgados noticiavam suposta prática de crimes de corrupção passiva. Não obstante, concluiu-se, tendo em conta ser o denunciado deputado federal e, ainda, de ser seu gabinete uma extensão da Casa Legislativa, que a divulgação efetivada, independentemente do meio utilizado, estaria acobertada pela imunidade parlamentar material por não estar desvinculada do exercício parlamentar, já que os fatos noticiados constituiriam, em tese, crimes contra a administração pública, incidindo, na hipótese, o disposto no art. 53 da CF/88." (Inq 2130/DF, rel. Min. Ellen Gracie, 13.10.2004 – Informativo STF n° 365). Essa decisão do STF faz lembrar BUGALLAL Y ARAUJO, Gabino. Op. cit., que já em 1921 era preciso ao afirmar a inexistência de dúvida acerca da proteção alcançada aos documentos impressos por disposição da Câmara, não ocorrendo o mesmo em relação às pu-

Em atento olhar à história, constata-se que a inviolabilidade fora necessária e cumprira um papel importante, servindo de suporte a impulsionar o embrionário Estado de Direito (sepultando o modelo de Estado anterior), garantindo autonomia do Poder Legislativo. Hoje, mais de 200 anos depois, parece importante levantar algumas questões que possam auxiliar na formatação do tamanho do instituto, especialmente levando em conta: que a prerrogativa serviu, principalmente no século passado, para albergar indiscutíveis abusos; se assim o é, nos últimos tempos, não cumpriu totalmente seu papel histórico, pois a necessidade de utilização da garantia estava inserta (como um produto) do emergente Estado de Direito; a consolidação do Estado Democrático de Direito, em boa parte dos países do mundo (Europa, EUA e até América Latina, que, embora enfrente mais problemas sociais, os quais não põem em risco, salvo que a história desminta, a democracia), que perfeitamente pode-se despir os parlamentos de algumas garantias iniciais, com mais razão daquelas que não funcionam a serviço do objeto de sua existência; que o Estado de Direito hodierno consolidou no núcleo do constitucionalismo os direitos fundamentais, como em nenhuma outra época, e que a inviolabilidade significa aniquilar, em determinadas situações, direitos fundamentais de não-parlamentares, como a honra, a imagem (...); que a igualdade é a pedra de toque do Estado Democrático de Direito e, por isso, qualquer desigualação deve encontrar, além de assento constitucional, justificativa razoável, fundada, não contrária à essência do projeto de Estado em curso;[393] e que a sociedade atual, das comunicações em tempo real cujos efeitos do bom uso ou de um abuso podem ser devastadores, tem outros mecanismos disponíveis de garantir a liberdade do Parlamento.

Considerando tudo isso, não faz sentido ampliar a abrangência da inviolabilidade para todos aqueles atos que guardem alguma conexão (nexo sempre possível de ser encontrado ou forjado) com o exercício do mandato, mesmo quando a ação é só do político (para além das funções típicas de exercício da função parlamentar), tal qual se encontra em várias decisões jurisprudenciais brasileiras citadas.[394]

---

blicações que, por sua conta, realize um deputado ou senador, de seus discursos (p. 589), especialmente quando há trechos em destaque ou inclusão de palavras ofensivas. Em prevalecendo a lógica imprimida pela Suprema Corte no *decisum*, os parlamentares poderiam fazer de suas publicações, eletrônicas ou não, armas de ataque aos adversários, mesclando divulgação da atuação política com ferimento de direitos de terceiros, impunemente.

[393] Sobre o princípio da igualdade, ver REY MARTÍNEZ, Fernando. *El derecho fundamental a no ser discriminado en razón de sexo*. Madrid: McGraw-Hill, 1997.

[394] Em sintonia com o exposto, existem várias decisões do Tribunal Superior Eleitoral brasileiro, dentre elas: "A autonomia do Poder Legislativo, bem como a inviolabilidade dos parlamentares, não consubstanciam óbices a que a Justiça Eleitoral examine qualquer dos abusos que, previstos no art. 22 da Lei Complementar nº 64/90, viciam a participação no certame eleitoral. No caso, tem-se o envolvimento do parlamentar não em tal qualidade, mas como candidato" (Proc. nº

Fazer a inviolabilidade transbordar de seu leito histórico, justamente quando as principais razões de seu surgimento estão enfraquecidas, é um erro a desgastar ainda mais, não só o instituto, mas, especialmente, as instituições parlamentares. Aliás, essa interpretação encerra contradição: à medida que aumentam os países democráticos (os muros dos processos históricos, em sua maioria, têm caído, permitindo a passagem de rajadas democráticas), que diminuem os riscos ao Parlamento (há mais de 200 anos, a morte de parlamentares resultante de sua atuação não era algo tão estranho à vida política), contraditoriamente, aumentam-se as garantias parlamentares. Ora, quando menos precisa não é momento de aumentar a proteção, em detrimento de outros valores de estatura constitucional. Não soa lógico que quanto mais meios postos à disposição do parlamento para sua autodefesa (imprensa, Judiciário, sociedade em tempo real...), mais amplitude se dê às garantias.

O excesso de inviolabilidade, numa interpretação tão ampla que transforma os parlamentares invioláveis em semideuses, que tudo podem dizer, ofender... sem medo da justiça terrena, (...), não parece, repise-se, ser a interpretação adequada, necessária e justificável no atual estágio da sociedade constitucional contemporânea.

3.3.3 A redução da inviolabilidade à liberdade de expressão

Se a interpretação muito larga é um equívoco, no outro extremo, uma interpretação muito estreita também parece destoar da natureza do instituto. Algumas decisões dos Tribunais brasileiros, mesmo sem expressar isso, adotam o segundo caminho, equiparando a inviolabilidade ao direito fundamental de expressão. Quando o Superior Tribunal de Justiça afirma que a inviolabilidade não abrange os excessos porventura cometidos,[395] repetidamente,[396] pode-se contrapor dizendo que o instituto se baseia exatamente na proteção do excesso, porque nos debates normais ninguém se lembrará da inviolabilidade parlamentar. Quando o citado Tribunal afirma que há limites nos

---

12.244, DJ. 07/10/1994); "(...) Não pode prosperar o argumento do recorrente, ao pretender amparo da imunidade parlamentar, já que a conduta delituosa não foi praticada no exercício das funções de parlamentar, mas em campanha eleitoral, através de propaganda eleitoral gratuita (...)" (AG 9698, 30/09/1993).

[395] "1. A inviolabilidade do vereador, prevista no art. 29, inciso VIII, da Constituição Federal, é garantia que não abrange os excessos porventura cometidos. 2. A necessidade de dilação probatória, para verificar a ocorrência do excesso, inviabiliza a via do Habeas Corpus (...)" (STJ, RHC 6037/RO, Julg. 08.09.97).

[396] "1 – A prerrogativa da inviolabilidade assegurada aos Vereadores pelo artigo 29 inciso VIII da Carta Magna abrangerá tão somente os casos em que as palavras, pareceres ou votos sejam proferidos na apreciação de assuntos sujeitos à consideração funcional. 2 – A inviolabilidade do vereador, prevista no art. 29, inciso VIII, da Constituição Federal, é garantia que não abrange os excessos porventura cometidos." (STJ, RHC 6037/RO, Min. Anselmo Santiago, julg. 08.09.97).

pronunciamentos que o parlamentar venha fazer no plenário da Câmara Municipal e que o edil não deve desbordar, em sua manifestação, partindo para ataques pessoais,[397] está negando a característica absoluta da inviolabilidade, inafastável nas circunstâncias noticiadas. Nas decisões nas quais os Tribunais de Justiça do Paraná[398] e de São Paulo[399] condenam edis à reparação de danos morais causados por manifestações durante sessões da Câmara de Vereadores, exsurge nítida a equiparação, mesmo que no âmbito civil, da inviolabilidade com o comum direito de manifestação, institutos que não se confundem.

Na Espanha, quando o *Tribunal Superior de Justicia del País Vasco* condena um Deputado por ter feito referências ao ETA em discurso proferido na tribuna da Assembléia Legislativa, aos fundamentos de que suas declarações não se constituíam opinião e que elas não contribuíam para a formação da "vontade da Câmara", também parece seguir a linha de interpretação reducionista que aniquila a inviolabilidade.[400]

A proteção conferida à palavra e ao voto dos parlamentares não parece ter o mesmo conteúdo do direito fundamental de expressão, garantido amplamente a qualquer pessoa. Fosse assim, estaria esvaziada de sentido, visto não necessitar uma previsão específica, o que é direito de todos.[401] Evidente se estar diante de algo mais que o

---

[397] "(...) a imunidade constitucional garantida ao vereador não é absoluta, pois restringe-se àquilo que se circunscreva ao exercício do mandato e em estrita relação com o exercício da função, decorrente daquele cargo. Há, portanto, limites nos pronunciamentos que o parlamentar venha fazer no plenário da Câmara Municipal. O edil não deve desbordar, em sua manifestação, partindo para ataques pessoais contra terceiros, usando expressões ou expondo opiniões que poderão ser contumeliosas à honra daqueles." (STJ, RHC 10.605-SP, Rel. Min. Fernando Gonçalves, julg. 04/12/2001).

[398] "Apelação Cível. Ação de reparação por danos morais – Inexistência de cerceamento de defesa – Expressões injuriosas e difamatórias proferidas por parlamentares municipais na tribuna – Inaplicabilidade do artigo 29, inciso VIII, da Constituição Federal (...) 3. A imunidade parlamentar, reconhecida constitucionalmente, condiciona a inviolabilidade aos limites da lei. 4. Os critérios da razoabilidade, do compensatório e do repressivo foram corretamente observados na sentença, que atentou para a possibilidade econômica dos ofensores e a condição da ofendida" (TJPR, Proc. 131512000, acórdão 22109, Rel. Dilmar Kessler, julg. 02.04.2003).

[399] A 1ª Câmara de Direito Privado do Tribunal de Justiça de São Paulo, na apelação cível nº 121.621-4/1, de 06.08.02, decidiu que o Vereador não está livre "... do dever de reparar, na esfera civil, os danos morais que tiver causado, com sua manifestação, ainda que ocorrida durante sessão da Câmara Municipal, desde que configurado o abuso, caracterizado ilícito civil".

[400] Sentencia Tribunal Superior de Justicia País Vasco (Sala de lo Civil y Penal), de 5 de septiembre 2003 – Procedimiento abreviado núm. 4\2003, Ponente Ilmo. Sr. Manuel Maria Zorrilla Ruiz. O fato de a referida decisão ter sido revertida, pelo Tribunal Supremo, não invalida a observação feita (vide Tribunal Supremo, Sala de lo Penal Sentencia nº 1.533/2004, Recurso de Casacion nº 2295/2003, Ponente Excmo. Sr. D. José Ramón Soriano Soriano, Fecha Sentencia: 21/12/2004).

[401] O Tratado pelo qual se estabelece uma Constituição para a Europa prevê expressamente, no art. II – 71, que toda a pessoa tem direito à liberdade de expressão, o qual compreende a liberdade de opinião e a liberdade de receber ou comunicar informações ou idéias sem que possa haver ingerência de autoridades públicas e consideração de fronteiras, respeitando-se, ainda, a liberdade dos meios de comunicação e seu pluralismo. Sem dúvida, algo diverso da inviolabilidade parlamentar.

direito de expressão, de uma proteção mais ampla, conferida aos parlamentares, conectada ao exercício de uma função pública.[402]

Não há algo mais estritamente ligado à função parlamentar do que discursar, da tribuna da Câmara, durante sessão devidamente convocada pela Casa Legislativa. Nessas circunstâncias, inarredável o caráter absoluto da garantia, inserta na atuação funcional do parlamentar. Em se acolhendo entendimento diverso, outro problema se apresenta: se cada caso fosse levado aos tribunais para que esses avaliassem se é ou não fato cabível no âmbito da inviolabilidade parlamentar, verificando se há crime ou não, se é caso de processamento ou não, isso colocaria o parlamentar em posição de extrema vulnerabilidade – seria uma espécie de inviolabilidade tão-somente em função das opiniões que não constituem crimes –, em outras palavras, não haveria inviolabilidade parlamentar.

Repise-se, a dança interpretativa dos Tribunais brasileiros não guarda ritmo constante, ao contrário, são tantos os passos dados e em tantas direções que, por vezes, o desequilíbrio marca o "bailado" da inviolabilidade nas terras brasileiras. Essa imprevisibilidade jurídica dos atos jurisdicionais semeia desconfiança entre os cidadãos, os quais, embora não tenham direito à manutenção da jurisprudência dos tribunais, necessitam de uma certa estabilidade nessa orientação, sob pena de dependerem da sorte, com grave quebra da segurança jurídica.[403]

3.4. Direitos fundamentais e democracia como limites à ampliação da inviolabilidade

No presente ponto do estudo, busca-se evidenciar que a posição dos direitos fundamentais no constitucionalismo contemporâneo é

---

[402] Entendimento mais ajustado acerca da inviolabilidade parlamentar aparece na seguinte decisão: "(...) Desde a Constituição do Império, já é da tradição do Direito Constitucional Brasileiro a consagração das imunidades. A Constituição Federal de 1988 não rompeu com tal tradição, tendo assegurado a prerrogativa da inviolabilidade, a chamada imunidade material, não só aos Deputados Federais, Estaduais e Senadores (Artigo 53 e § 1º do Artigo 27), como também aos Vereadores, nos termos do disposto no inciso VIII do Artigo 29. – O Vereador é absolutamente inviolável,... por suas palavras, votos e opiniões, no exercício do mandato e no âmbito do município. Eventuais excessos somente poderão ser objeto de punição pelo Regimento Interno da própria Casa Legislativa. – O discurso na tribuna da Câmara é uma das formas típicas de atuação do parlamentar, daí por que não responde ele, na esfera civil, penal ou administrativa, por supostas ofensas geradas por tal pronunciamento." (TAMG, Proc. nº 0395668-5, Rel. Pereira da Silva, julg. 21/10/2003).

[403] CANOTILHO, J. J. Gomes. *Direito constitucional e teoria da constituição*. Coimbra: Almedina, 1999, p. 250-8. O autor, ao comentar genericamente a matéria, afirma que o homem necessita de segurança para conduzir, planificar e conformar autônoma e responsavelmente sua vida, razão pela qual, desde cedo, os *princípios da segurança jurídica* e da *proteção da confiança* se consideravam elementos constitutivos do Estado de Direito. Tais princípios exigem, no fundo, fiabilidade, clareza, racionalidade e transparência dos atos do poder público.

um poderoso instrumento de auxílio na delimitação do adequado conteúdo do instituto da inviolabilidade, ao lado de possibilitar certa elasticidade do direito de manifestação por parte de particular porventura atingido em sua honra, por parlamentar inviolável. Ainda, que o princípio democrático e a própria democracia sempre devem ser parâmetros a serem respeitados por todos os institutos gestados e acalentados no seio do sistema democrático, como o são as garantias parlamentares.[404]

3.4.1. Direitos fundamentais auxiliando na adequada formatação da inviolabilidade

A essência do constitucionalismo gravita em torno dos direitos fundamentais, de modo que todas as instituições estatais devem estar a serviço da preservação e efetividade desses direitos. O intuito aqui é demonstrar que a expansão da inviolabilidade parlamentar pode transformá-la em "verdugo" dos direitos fundamentais. Para tanto, entabula-se uma reflexão sobre direitos fundamentais e interpretação, até porque, no limite, no conflito de bens jurídicos de igual estatura, a ponderação sempre será tarefa de interpretação.

Os direitos fundamentais[405] podem ser considerados a verdadeira "marca" do constitucionalismo contemporâneo,[406] o fim do Estado de Direito, a sua razão de ser, tanto que alguns o denominam o atual

---

[404] Segundo Alexy, há três formas de contemplar a relação entre direitos humanos e democracia: uma ingênua, uma idealista e uma realista. A ingênua não vê conflitos entre direitos fundamentais e democracia: ambas são coisas boas, pode-se ter as duas sem limites, sendo uma visão de mundo demasiado bela para ser verdade, visto existirem evidentes conflitos, por exemplo, entre pleno emprego devido ao crescimento econômico e proteção do meio ambiente. A idealista reconhece os conflitos, mas prevê, exagerando, uma solução não para este mundo, mas no ideal de uma sociedade bem ordenada, em que as decisões parlamentares majoritárias sempre visem respeitar os direitos dos cidadãos, cujo rol de direitos é uma espécie de valor simbólico, desejável mas inalcançável. A realista, que reputa correta, entende que a relação entre direitos humanos e democracia se caracteriza por duas constatações opostas: os direitos fundamentais são profundamente democráticos e profundamente antidemocráticos. São democráticos ao assegurarem o desenvolvimento e a existência das pessoas graças à garantia dos direitos de liberdade e igualdade, capazes de manter estável o procedimento democrático, protegendo a liberdade de opinião, de imprensa, de reunião e associação, assim como o direito de sufrágio e outras liberdades políticas. São antidemocráticos porque desconfiam do processo democrático, submetendo inclusive o Legislativo, privando do poder de decisão a maioria parlamentar legitimada. (ALEXY, Robert. *Los derechos fundamentales en el Estado Constitucional Democrático*, in *Neoconstitucionalismo(s)*. Madrid: Trotta, 2003, p. 37-8).

[405] Optou-se pela adoção da terminologia acolhida pela Constituição brasileira, sem desconhecer a diversidade de expressões empregadas pela doutrina, sugerindo como leitura esclarecedora, BONAVIDES, Paulo. *Curso...*, p. 513 e segs., DÍEZ-PICAZO, Luis María. *Sistemas*, p. 34 e segs., JIMÉNEZ CAMPO, Javier. *Derechos...*, p. 17 e segs., SARLET, Ingo Wolfgang. *A eficácia...*, p. 31 e segs.

[406] Sobre possível origem remota dos direitos fundamentais, ver ALEXY, Robert. *Los derechos...*, p. 32.

estágio estatal de "Estado dos direitos fundamentais"[407] ou "Era dos direitos",[408] ou referindo-se à "La lengua de los derechos",[409] tudo a dar uma idéia de que os direitos fundamentais não são mais um elemento do constitucionalismo, mas são "o" elemento desse modelo constitucional democrático. A existência de direitos fundamentais é consubstancial ao modelo de sistema constitucional democrático porque este, para ser tal, pressupõe esse estatuto jurídico básico da pessoa e do cidadão, sem o qual não há Estado Democrático de Direito.[410] Nessa perspectiva, todas as instituições estatais devem estar a serviço da concretização dos direitos fundamentais, até porque o constitucionalismo sempre se baseou na idéia de que o Estado só deve existir, em última instância, para proteger os direitos fundamentais.[411]

Do exposto, constata-se "o estreito nexo de interdependência, genético e funcional, entre o Estado de Direito e os direitos fundamentais, já que o Estado de Direito exige e implica para sê-lo garantir os direitos fundamentais, enquanto estes exigem e implicam para sua realização o Estado de Direito".[412] A imbricação entre as noções de "Estado de Direito, Constituição e direitos fundamentais, estes, sob o aspecto de concretizações do princípio da dignidade da pessoa humana, bem como dos valores da igualdade, liberdade e justiça, constituem condição de existência e medida da legitimidade de um autêntico Estado Democrático e Social de Direito...".[413] Em verdade, a concepção de direitos fundamentais determina a própria significação de poder público ao existir uma íntima relação entre o papel firmado a tais direitos e o modelo de organizar e exercer as funções estatais.[414]

Insta observar que na era do Estado Constitucional de Direito, o Estado Liberal gestado a partir da Revolução Francesa, cuja simbologia normativa inicial se assenta nas Declarações de Direito, sempre conviveram, com maior ou menor intensidade, dependendo do termômetro político de cada país, direitos fundamentais e garantias parlamentares.[415] Ontem e hoje, o exame das normas que estabelecem os

---

[407] CATOIRA, Ana Aba. *La limitación de los derechos fundamentales por razón del sujeto.* Madrid: Tecnos, 2001.
[408] BOBBIO, Norberto. *A era dos direitos.* Rio de Janeiro: Editora Campus, 1992.
[409] GARCÍA DE ENTERRÍA, Eduardo. *La lengua de los derechos (La formación del derecho público europeo tras la Revolución Francesa).* Madrid: Aliança, 1994.
[410] VILLAVERDE, Ignacio. *Concepto, contenido, objeto y límites de los derechos fundamentales.* Estudios en homenagem al Profesor Francisco Rubio Lloriente. Madrid: Congreso de los Diputados, Tribunal Constitucional, Universidad Complutense de Madrid, Fundación Ortega y Gasset, Centro de Estudios Políticos y Constitucionales, 2002, p. 320.
[411] DÍEZ-PICAZO, Luis María. *Sistemas de derechos fundamentales.* Madrid: Civitas, 2003, p. 39.
[412] PEREZ LUÑO, Antonio E. *Los derechos fundamentales.* Madrid: Tecnos, 2004, p. 19.
[413] SARLET, Ingo Wolfgang. *A eficácia dos ...*, p. 68.
[414] PEREZ LUÑO, Antonio E. *Los derechos ...*, p. 20.
[415] Importante asseverar que as garantias parlamentares são pensadas para sociedades democráticas. Inegável o reforço que elas sofrem sempre após a queda de alguma ditadura, ou quando

direitos fundamentais, das que consagram a forma de Estado e das regradoras do sistema econômico esclarece o modelo constitucional de sociedade adotado.[416]

Das funções cumpridas pelos direitos fundamentais, a primeira é a de proteção, no sentido de que os direitos fundamentais nasceram precisamente como instrumentos de salvaguarda do indivíduo frente aos poderes públicos,[417] estabelecendo um âmbito de autonomia individual frente ao Estado. Ao lado desses direitos civis e políticos, colocam-se, mais recentemente, os direitos sociais e econômicos, e os coletivos, ampliando o conteúdo das declarações de direitos e, com ele, as exigências frente ao Estado, cada vez mais devedor dos cidadãos. É verdade que a dificuldade de efetivação do direito do cidadão a um agir positivo do Estado não é exclusividade do moderno Estado Social, ao contrário, "alguns dos 'típicos direitos liberais' apresentam problemas semelhantes aos dos modernos 'direitos a prestações',[418] debate interessante, mas que passa ao largo do aqui pretendido".

Além da ampliação do conteúdo das declarações de direitos, outra de suas características foi a internacionalização, fenômeno emergente após as atrocidades praticadas na Segunda Guerra Mundial.[419] Essa dupla ampliação de horizontes dos direitos fundamentais, no conteúdo e na abrangência territorial, permite afirmar que nunca na história universal os direitos fundamentais cumpriram uma função tão viva, nuclear, inspiradora do funcionamento global do ordenamento jurídico, quanto na contemporaneidade.

Olhando para a atual Constituição brasileira, percebe-se que logo após o estabelecimento dos Princípios Fundamentais aparece uma extensa relação de direitos e garantias fundamentais,[420] dentre eles a honra e a imagem das pessoas, direitos individuais intangíveis. Não por acaso, tal Carta quando da promulgação fora batizada de "Constituição cidadã", quer dizer, no seu nome político carregava sua essência: proteger o cidadão, promover os direitos fundamentais. Tenha-se em conta que uma das razões do Constituinte Originário

---

estabelecidas na superação de um regime de força. Em período de guerra ou de regime autoritário, as armas sempre foram outras, situações que não são menos cruéis em razão da existência de algumas garantias formais. No clássico ensinamento de Lassale, no possível choque entre as forças reais de poder e a Constituição formal, esta sucumbe.

[416] PEREZ LUÑO, Antonio E. Op. cit., p. 19.

[417] DÍEZ-PICAZO, Luis María. Op. cit., p. 38. Ao lado dessa função, o autor aponta a de *legitimação*, que consiste em que os direitos fundamentais operam como critérios para distinguir o justo do injusto, tanto no que diz respeito a atuações políticas concretas, como de cada Estado – ou, mais em geral, organização política – em seu conjunto.

[418] CANOTILHO, José Joaquim Gomes. *Estudo sobre direitos fundamentais*. Coimbra: Coimbra Editora, 2004, p. 50-1. O autor faz tais colocações apoiado em Alexy, *Theorie der Grundrechte*, Frankfurt, 1986.

[419] Sobre o tema ver DÍEZ-PICAZO, Luis María. Op. cit., p. 29-31.

[420] Ver art. 5º e segs da Constituição Federal.

brasileiro para posicionar no início da Constituição a declaração de direitos (posição tópica diversa das anteriores Constituições), além de sepultar as anteriores normas da ditadura militar (época de liberdades anêmicas) e seguir a trilha das Constituições hodiernas,[421] foi de salientar a importância, a precedência do indivíduo e das coletividades, antepondo-se, inclusive, ao regramento dos Poderes do Estado.

Na senda do debate sobre a (des)necessidade da inviolabilidade parlamentar, freqüentemente surge a questão da igualdade como uma das razões para sua abolição. Os estudiosos do Direito Constitucional são unânimes no entendimento de que no Estado Democrático Constitucional "(...) el principio de igualdad es piedra angular del ordenamiento".[422] A igualdade perante a lei é um princípio liberal que se dirige com mais contundência aos agentes públicos, e também aos particulares,[423] impondo-lhes um tratamento igualitário a todas as pessoas, sem discriminações arbitrárias e absurdas. Na clássica aristotélica, é tratar igualmente aos iguais e desigualmente aos desiguais, na medida de sua desigualdade, afirmação carregada de abstração, que pouco auxilia, no caso concreto, a estabelecer o limite aceitável da desigualação.

Abstratamente, não parece que a inviolabilidade, como prerrogativa a auxiliar o bom desempenho de uma função estatal relevante, concedida a esses "servidores públicos" de excelência, venha a ferir aquilo que se entende por igualdade. Embora quando falamos de igualdade, sempre estamos tentando justificar uma desigualdade, é entendimento doutrinário e jurisprudencialmente sedimentado que a discriminação não fere a idéia contemporânea de igualdade, desde que haja uma justificativa racional, uma correlação lógica e afinada com os valores constitucionais e uma identidade com o Estado Democrático de Direito. Evidente haver justificação forte o suficiente para sustentar a prerrogativa da inviolabilidade no seio das constituições contemporâneas, qual seja, "os fins institucionais superiores" protegidos pelas garantias. Em que pesem as duras críticas sofridas de doutrinadores reconhecidos,[424] ao menos formalmente, vislumbrando teoricamente a garantia, é razoavelmente fácil sustentar que a desigualdade de tratamento entre o homem comum e o parlamentar encontra sintonia com o Estado Democrático de Direito.

---

421 Espanhola, art. 10 e segs., Alemã, art 1° e segs., Portuguesa, art. 12 e segs.

422 ORTEGA SANTIAGO, Carlos. *Crónica constitucional italiana: a vueltas con las inmunidades del poder*. Madrid: Universidad Nacional de Educación a Distancia – UNED, n° 12-13, 2004, p. 500.

423 Sobre o tema, ver Bilbao Ubillos, Juan María, *La eficacia de los derechos fundamentales frente a los particulares*, Madrid: Centro de Estudios Políticos y Constitucionales, 1997; SARMENTO, Daniel. *Direitos fundamentais e relações privadas*. Rio de Janeiro: Lumen Juris, 2004.

424 Um dos mais duros críticos é KELSEN, Hans, que na obra *Esencia y valor de la democracia* (Granada: Comares, 2002, p. 51-2).

Inaceitável, entretanto, é admitir o aniquilamento de determinados direitos fundamentais dos cidadãos em razão de uma alargada e equivocada interpretação levada a efeito por parte da doutrina e da jurisprudência brasileiras, ancorada em argumentos como o de que o constituinte não limitou a inviolabilidade ao exercício do cargo ou da função, como o fazem constituições de outros países e as brasileiras anteriores.[425] Ora, se a lei não contém palavras inúteis, também não precisa explicitar o óbvio. A inviolabilidade sempre serviu (e esse deve continuar sendo o seu destino) para proteger o parlamentar no exercício de suas típicas funções. Estender além disso é impor um sacrifício intolerável a direitos fundamentais dos não-parlamentares.

Na lição de Garcia Roca, o direto não é só legislação dotada da feracidade de uma selva, mas também é um acervo de princípios, de valores, muito arraigados em uma sociedade, lentamente construídos pela razão e pela história depois de diversas experiências jurídicas e só consolidadas depois de décadas. Acabam, precisamente por essa gênese, sendo inderrogáveis e imprescindíveis.[426]

Conforme Baquer, o poder não se legitima sem limites e contenções, sua dinâmica tem exigências e reclama equilíbrios. Ao aplaudir o Tribunal Constitucional quando invoca uma interpretação sistemática dos diversos preceitos constitucionais, tanto os que consagram direitos fundamentais como os que consagram privilégios funcionais, reforça a necessidade da ponderação do sistema, a valoração do conjunto, algo a ser deduzido do desenho global do Estado.[427]

A dificuldade de encontrar o "método justo" em Direito Constitucional é um dos problemas mais controvertidos e difícil da doutrina juspublicista.[428] Como a norma espelha a vida, parece ser esta complexa demais para obedecer a um único método,[429] necessitando-se

---

[425] A redação do art. 53 (Os Deputados e Senadores são invioláveis, civil e penalmente, por quaisquer de suas opiniões, palavras e votos) é o pivô da polêmica.

[426] GARCÍA ROCA, Javier. *El concepto actual de autonomía local según el bloque de la constitucionalidad*. Madrid: Revista de Estudios de la Administración Local y Autonómica, n° 282, 2000, p. 24.

[427] MARTÍN-RETORTILHO BAQUER, Lorenzo. *El "amplio margem de liberdad" en el uso de los privilegios parlamentarios y su incidência sobre los derechos fundamentales*. Revista Española de Derecho Constitucional, n° 11, 1984, p. 134-135.

[428] CANOTILHO, J. J. Gomes. *Direito constitucional e teoria da constituição*. Coimbra: Almedina, 1999, p. 218.

[429] Sobre o tema, embora não se refira ao Direito, vale reproduzir: "Diante de alguns fatos inexplicáveis deves tentar imaginar muitas leis gerais, em que não vês ainda a conexão com os fatos de que estás te ocupando e de repente na conexão imprevista de um resultado, um caso e uma lei, esboça-se um raciocínio que te parece mais convincente do que os outros. Experimentas aplicá-lo a todos os casos similares, usá-lo para daí obter previsões, e descobres que adivinhaste. Mas até o fim não ficarás nunca sabendo quais predicados introduzir no teu raciocínio e quais deixar de fora. E assim faço eu agora. Alinho muitos elementos desconexos e imagino as hipóteses. Mas preciso imaginar muitas delas, e numerosas delas tão absurdas que me envergonharia de contá-las" (ECO, Umberto. *O nome da rosa*. São Paulo: Folha de São Paulo, 2003, p. 295-296).

uma espécie de composição complementar deles, particularmente para interpretar a inviolabilidade parlamentar. "A interpretação é a sombra que segue o corpo. Da mesma maneira que nenhum corpo pode livrar-se de sua sombra, o Direito tampouco pode livrar-se da interpretação. Sem interpretação não há Direito, não há direito que não exija ser interpretado".[430]

A Constituição, não por nada, também chamada de Carta Política, sempre será resultado de negociação, carregando o condicionamento político do seu tempo, refletindo a conjugação de forças presentes no momento histórico do seu nascimento. Sempre, e melhor que assim seja, será um pacto entre contrários.

A Constituição, na magnífica lição de Eros Grau, não existe, contudo, para ser lida, mas para ser interpretada, sendo seu intérprete não um mero leitor das palavras contidas no texto normativo. Não se interpreta a Constituição em tiras, aos pedaços, mas no seu todo, na sua totalidade. A interpretação do Direito constitui, não meramente declara, opera a inserção do Direito na realidade; opera a mediação entre o caráter geral do texto normativo e sua aplicação singular; em outros termos, opera a sua inserção na vida. Seguindo o ensinamento do autor, interpretar é expor o enunciado semântico do texto no contexto histórico presente, implicando a compreensão da realidade social; é caminhar de um ponto a outro, do universal ao singular, através do particular, conferindo a carga de contingencialidade que faltava para tornar plenamente contingencial o singular; é cotejar os textos normativos, os fatos do caso e, antes disso, a realidade no momento histórico no qual se opera a interpretação.[431] A Constituição, assim, é texto e contexto!

O contexto a partir do qual deve ser lida a inviolabilidade parlamentar em foco é o do democrático Estado constitucional, aquele que cultua os direitos fundamentais, que caminha em direção à igualdade, à dignidade das pessoas, que deseja superar o arbítrio, afirmar a responsabilidade dos gestores públicos, combater a impunidade (...), metas dificultadas se acolhido o entendimento de que o fato de ser parlamentar é um passelivre para atacar a tudo e a todos, em qualquer ocasião.

Quem interpreta não somente reproduz, mas também produz, ao captar os interesses e as exigências do presente, a realidade que a tradição modelou, pois a linguagem, também no direito, vincula o intérprete só no marco do significado vivo e atual.[432]

---

[430] PEREZ ROYO, Javier *apud* BONAVIDES, Paulo. *Curso de direito constitucional*. São Paulo: Malheiros, 1999, p. 532.

[431] Voto do Ministro do Supremo Tribunal Federal Eros GRAU, no Inq 1968/DF, proferido em 01.09.2004.

[432] JIMÉNEZ CAMPO, Javier. *Derechos..*, p. 72, colocações iniciais apoiadas na obra *Verdad y método*, de Gadamer.

É justamente do presente que se está a examinar a inviolabilidade parlamentar, na tentativa de demonstrar, repita-se, que a alargada interpretação de alguns Tribunais brasileiros, a começar por determinadas decisões do Supremo Tribunal Federal, implica um sacrifício excessivo e desnecessário a direitos fundamentais que a Constituição brasileira garante.[433] Alargar o rio histórico da inviolabilidade significa séria possibilidade de devastar a margem, composta hoje, como em nenhum outro tempo, pelos direitos fundamentais, assoreando o próprio leito corrente, que perde profundidade, substância.

Algumas metáforas podem ser mencionadas para ilustrar o afirmado. A primeira delas é a reclamação atribuída a um indígena dos Estados Unidos da América, que diante da fúria dos brancos de avançar com as atividades econômicas, a qualquer custo, reclamava da agressão sofrida pelo seu povo, patrocinada pelo invasor-colonizador. Dizia esse líder que o homem branco é como um rio na cheia, que destrói tudo ao seu redor, razão por que não poderiam os indígenas conviver lado a lado com alguém tão nocivo a sua forma de vida. A margem do rio são os limites que não podem ser devastados, sob pena de se perder o controle de sua dimensão e comprometer a razão de existir do próprio rio.[434]

O belíssimo episódio natural da "pororoca", produzido em determinada época do ano, na região amazônica brasileira, também pode ilustrar o exposto. Quando do encontro das águas, de diferentes temperatura e densidade, do rio Amazonas com as do oceano Atlântico, formam-se ondas que avançam longas distâncias "rio acima", arrancando árvores, devastando a vegetação ripária.

O último episódio a ser usado como parâmetro figurado a auxiliar a pensar a dimensão da inviolabilidade é o desmatamento da mata ciliar produzido pelos interessados em desenvolver atividades agropecuárias, de extração ou outras. A retirada da mata ribeirinha facilita a ação devastadora das enchentes, causando desequilíbrios ambientais, particularmente à bacia hidrográfica. Sem a vegetação protetora, a erosão das encostas carrega a terra para o fundo do rio (ou mesmo das barragens...), produzindo o fenômeno conhecido por

---

[433] Embora a expressão, cunhada pelo Tribunal Constitucional Espanhol, esteja empregada noutra situação fática, vale anotá-la por ilustrativa: "3. La desproporción entre el fin perseguido y los medios empleados para conseguirlo sólo puede dar lugar a un enjuiciamiento por este Tribunal cuando esa falta de proporción implica un sacrificio excesivo e innecesario de derechos que la Constitución garantiza. 4. El lugar privilegiado que en la economía general de nuestra Constitución ocupan los derechos fundamentales y libertades públicas que en ella se consagran está fuera de toda duda. De ello resulta no sólo la inconstitucionalidad de todos aquellos actos del poder, cualquiera que sea su naturaleza y rango, que los lesionen, sino también la necesidad de interpretar la Ley en la forma más favorable a la maximalización de su contenido". (STC 66/1985).

[434] Embora os poetas possam nutrir ótica distinta, afirmando que todos consideram o rio violento e ninguém, contudo, considera violentas as margens que o oprimem (Bertolt Brecht).

assoreamento, fazendo com que ele, ao invés de ser um elemento a auxiliar na qualidade da vida em seu entorno, passe a ser um motivo a mais de preocupação, especialmente para a população que vive às suas margens. Nos casos mais extremos, associando-se à poluição e a outros fenômenos, o rio muda o leito ou até desaparece, causando impactos ambientais gravíssimos.

Essas situações ilustram o que pode se passar com a inviolabilidade, caso se consolidar o entendimento ampliado, defendido por significativo grupo de doutrinadores e magistrados. Alguns direitos fundamentais, "conviventes" com a inviolabilidade no caldo constitucional, sofrem sério risco de serem devastados, cujo custo não parece aceitável no atual estágio de construção do Estado Democrático de Direito. A tese da leitura alargada da inviolabilidade não encontra respaldo histórico e justificativa fundada, podendo produzir muito mais danos do que gerar benefícios. Em definitivo, a inviolabilidade não pode ser algoz de direitos fundamentais.

3.4.2. A retorsão como defesa de direitos fundamentais – palavras chocantes vão e vêm...

O Tribunal Constitucional Espanhol tem reiterado em seus julgamentos, seguindo o Tribunal Europeu de Direitos Humanos, que as limitações às liberdades devem ser restritas, já que tais ingerências só se justificam se resultam imperiosamente necessárias em uma sociedade democrática. Isso porque a livre difusão de informação e a expressão em liberdade de idéias e opiniões – "aun cuando sean chocantes, molestas o incluso inquietantes" – constituem fundamentos essenciais da sociedade democrática e condições primordiais do desenvolvimento individual e de progresso coletivo.[435] Não há dúvi-

---

[435] STC 136/1999, fazendo referências: "T.E.D.H. de 23 de septiembre de 1998 (asunto Steel y otros, n° 101); 2 de septiembre de 1998 (asunto Ahmed, n° 55); 25 de agosto de 1998 (asunto Hertel, n° 46); 2 de septiembre de 1995 (asunto Vogt, n° 52); 22 de agosto de 1994 (asunto Jersild, n° 37); 8 de julio de 1986 (asunto Lingens, n° 41) y 7 de diciembre de 1976 (asunto Handyside, n° 49). Como hemos señalado repetidas veces, las libertades consagradas en los apartados a) y d) del art. 20.1 C.E. reconocen y garantizan la formación de una opinión pública libre, condición sine qua non del pluralismo político, que es un valor fundamental y un requisito de funcionamiento del Estado democrático v.gr., SSTC 6/1981, 12/1982, 32/1985, 104/1986, 104/1986, 159/1986, 107/1988, 51/1989, 121/1989, 105/1990, 171/1990, 172/1990, 214/1991, 40/1992, 85/1992, 240/1992, 15/1993, 178/1993, 170/1994, 42/1995, 78/1995, 132/1995, 176/1995, 19/1996, 204/1997, 1/1998, 46/1998, 144/1998. Más aún: cuando las injerencias en la libertad de expresión afectan, como es el caso, a dirigentes de una agrupación política, este Tribunal debe controlar su justificación constitucional del modo más riguroso v.gr., Sentencias del T.E.D.H. de 9 de junio de 1998 (asunto Incal, n° 46) y 23 de abril de 1992 (asunto Castells, n° 42), pues, al igual que no existe democracia sin pluralismo, éste, a su vez, no puede concebirse sin el concurso de una diversidad de partidos que, por representar las distintas corrientes de opinión de la sociedad, aportan una contribución irreemplazable al debate político, inherente a la esencia misma de un régimen democrático v.gr., SSTC 32/1985, 63/1987, 119/1990, 163/1991,

da que a democracia deve cavalgar sobre a tolerância, encontrando na crítica seu alimento mais saudável. Tanto é assim que, em regimes como o norte-americano, tal direito goza de alguma primazia em relação aos demais. Cabe perfeitamente nesse necessário e amplo direito de expressão a inviolabilidade parlamentar.

Há situações, entretanto, em que a inviolabilidade se transforma de salvaguarda e garantia da função do legislador em escudo protetor de abusos, cujo mais freqüente desvirtuamento de sua finalidade é a utilização para ofender e injuriar sem justificativa (se é possível justificar uma injúria como necessária), momentos em que a liberdade de tribuna passa a significar um privilégio odioso, que permite caluniar e ultrajar as gentes, transmudando-se de lícita prerrogativa destinada a cobrir o representante no ofício legítimo de emitir suas opiniões, em meio de conspurcar gratuitamente e comprometer a honra dos cidadãos.[436]

Incontrastavelmente, a inviolabilidade parlamentar não foi pensada para acobertar abusos. Contudo, não se lhes pode negar, fato a incentivar os críticos da garantia a defenderem sua extinção ou o estabelecimento de limites. Alguns, por exemplo, sustentam que injúrias gratuitas, não exigidas pela necessidade de exposição objetiva dos fatos, não são opiniões, nem votos, e, por isso, passíveis de persecução penal.[437] Essa proposta, teoricamente possível, na prática significaria decretar o fim da inviolabilidade, como demonstrado no presente texto.

Quando a injúria gratuita for dirigida a outro parlamentar (ataques cruzados entre colegas), esse imediatamente pode revidar, não parecendo desarrazoado a incidência da inviolabilidade nessas situações em que a possibilidade de defesa pode ser intermediada pela presidência da assembléia que, nos casos extremos, pode lançar mão do poder disciplinar.[438] Está-se diante da igualdade de posições, uma

---

19/1996, 93/1998 y, mutatis mutandis, SSTC 9/1990 y 30/1997; v.gr., Sentencias del T.E.D.H. de 30 de enero de 1998 (asunto Partido Comunista Unificado de Turquía y otros c. Turquía".

[436] BUGALLAL Y ARAUJO, Gabino. Op. cit., p. 593.

[437] MANCINI, Vincenzo. *Trattato di diritto penale italiano apud* BUGALLAL Y ARAUJO, Op. cit., p. 593. Essa proposta de cisão, presente no Tratado escrito pelo penalista italiano em 1918, é um dos fundamentos de Direito que sustentou a Sentença nº 4/2003, proferida pelo Tribunal Superior de Justiça do País Vasco, em 5 de setembro de 2003: "El segundo requisito de la aplicación de la inviolabilidad parlamentaria consiste en que las manifestaciones emanadas de quienes la invocan, constituyan verdaderas opiniones, es decir, pareceres o juicios cuyo poder de convicción – sumado a su cualidad central de razón de decidir – procure una ilustración indispensable para formar óptimamente la voluntad del órgano. Cuando, en vez de emitirse una opinión, se despliega un razonamiento comprometido con temas frágilmente conexos o estraños al eje del debate, y, además, se anuncia el propósito de alentar su consecutión, se está en presencia de declaraciones diferentes de lo que el concepto de opinión es y significa". Quer dizer, perdura ao menos por cem anos a preocupação de como combater o abuso da prerrogativa, sem que se encontre uma fórmula imune de questionamentos.

[438] BUGALLAL Y ARAUJO, Gabino. Op. cit., p. 594-5.

espécie de "duelo" verbal que não parece desbordar dos limites da inviolabilidade e que não tem merecido maior atenção doutrinária.[439]

Em se tratando de ofensas não necessárias ao exercício da função, dirigidas a terceiro, ausente e estranho ao Parlamento, cuja publicidade normalmente supera a normal e dificilmente sua resposta obterá análogo grau de difusão, haverá uma evidente superioridade em favor do parlamentar, que pode buscar todos os meios para defender sua honra, enquanto o privado não tem o direito nem de pedir retificação, nem garantia de defesa,[440] dependendo, ainda hoje, na maioria dos países, da boa vontade dos veículos de imprensa ou de alguma cortesia da própria Câmara para ser ouvido.

Nessas situações, quando a honra, a imagem ou outro direito fundamental forem feridos pela atuação de algum parlamentar, cabendo esse ato no rol dos invioláveis, pouco resta à vítima senão protestar, politicamente, visto que o seu direito à tutela jurisdicional efetiva sucumbirá, com todos os seus possíveis efeitos (indenização, condenação criminal...),[441] a não ser que se admita a responsabilidade do Estado por atos lícitos, no caso de danos materiais ou morais produzidos pela atuação parlamentar, tese juridicamente cogitável, mas politicamente perigosa para com a *res* pública, ainda mais em

---

[439] Embora as situações não se revistam das mesmas garantias, essa mesma lógica parece presidir a exclusão da culpabilidade do particular que, ao ser injuriado por outrem, defende-se injuriando, praticando retorsão imediata, ou quando assim agir devido à provocação reprovável do ofendido, tal qual previsto no art. 140, do atual Código Penal brasileiro: "Injuriar alguém, ofendendo-lhe a dignidade ou o decoro: Pena – detenção, de 1 (um) a 6 (seis) meses, ou multa. § 1º – O juiz pode deixar de aplicar a pena: I – quando o ofendido, de forma reprovável, provocou diretamente a injúria; II – no caso de retorsão imediata, que consista em outra injúria."

[440] BUGALLAL Y ARAUJO, Gabino. Op. cit., p. 595.

[441] No limiar deste ensaio, uma das hipóteses aventadas era pensar na possibilidade de, ao vislumbrar a inviolabilidade em perspectiva histórica, surgida para garantir a liberdade de expressão dos representantes do povo frente ao arbítrio do poder, defender que, na era dos direitos fundamentais seria possível reinterpretar o instituto no sentido de que ele se aplica frente ao arbítrio do poder – público –, e não na mesma extensão frente aos particulares porventura agredidos em sua honra ou noutro direito. Entretanto, o estudo fez desmoronar a convicção do acerto de tal cisão, até porque, talvez, os maiores perigos, hoje, possam advir da área privada. A rica jurisprudência brasileira não descuidou da tese, ainda que não acolhida no julgamento: "(...) Conforme já se manifestou o STF, a inviolabilidade parlamentar alcança, também, o campo da responsabilidade civil, com ressalva do entendimento do Juiz Vogal no sentido de que a inviolabilidade do vereador, consagrada no artigo 29, inciso VI, da Constituição Federal, alcança o campo da responsabilidade civil somente quando a ofensa à honra ou à imagem for feita no efetivo exercício do mandato, e mesmo assim quando a vítima for outro político. Se a vítima for o cidadão comum haverá lugar para a indenização por dano moral, mesmo quando a ofensa se fizer no efetivo exercício do mandato (...)." (TAMG, Rel. Edilson Fernandes, julg. 03.04.2002). Encontram-se, também, doutrinadores defendendo referido entendimento: "Pretendeu, a meu ver, o constituinte garantir não só os 'juízos de valor' (opiniões), mas a violenta emoção exteriorizadas nas 'palavras, afastando eventuais crimes de difamação caluniosa ou de atentado à honra e ou à imagem de outros políticos. Não às dos cidadãos correntes, que são garantidos pelos art. 5º, X, da CF" (GANDRA MARTINS, Ives. *Comentários à Constituição do Brasil*. São Paulo: Saraiva, 1993, p. 188).

época de corrupção, investigações e denúncias, como a atual.⁴⁴² Ou tentar provocar alguma sanção interna, imposta pela própria Casa Parlamentar, algo mais difícil de ocorrer. Inegável haver nessas ocasiões atritadas da vida um conflito de direitos, que pode ser resolvido com fundamento no princípio da unidade da Constituição e da defesa de interesses preponderantes do Estado, no caso os protetivos da coletividade representada pelos parlamentares, sustentando-se a incidência da inviolabilidade e o desabrigo do direito fundamental violado (normalmente à honra). Com muito esforço, diga-se, porque não é pouco aceitar o encolhimento do próprio núcleo, da essência da Constituição, em favor de um direito parlamentar que, ao menos topicamente na Constituição brasileira de 1988, não faz parte do rol dos direitos fundamentais.⁴⁴³

---

⁴⁴² Defendem a referida tese, CHIMENTI, Ricardo Cunha e outros. *Curso de direito constitucional*. São Paulo: Saraiva, 2005, p. 240-1, os quais vislumbram possível ação de regresso do Estado contra o parlamentar, algo, *data venia*, quase impossível.

⁴⁴³ O Tribunal Constitucional Espanhol construiu um entendimento, a partir da sentença 161/1988, de que a maior parte das faculdades que a Constituição e os Regulamentos parlamentares reconhecem aos membros das Câmaras estão incluídas no direito fundamental previsto no art. 23 da Constituição (*Los ciudadanos tienen el derecho a participar en los asuntos públicos, directamente o por médio de representantes, libremente elegidos en elecciones periódicas por sufragio universal*), e como tal passível de recurso de amparo perante o Tribunal Constitucional. Em que pese a qualidade das decisões do Tribunal Constitucional e a densidade que comporta citado art. 23, dilatado nesse caso como forma de proteger as minorias parlamentares frente ao arbítrio das maiorias, a tese suscita inúmeras interrogações doutrinárias, sendo compreensível apenas pelo alcance pragmático que propicia no ordenamento jurídico espanhol. Enquanto Paloma BIGLINO CAMPOS, em extenso e denso artigo (*Las facultades de los derechos parlamentarios ¿son derechos fundamentales?* Madrid: Revista de las Cortes Generales, n° 30, 1993, p. 53-100) demonstra a vulnerabilidade das decisões do Tribunal Constitucional (obstaculiza a compreensão dos distintos elementos que integram o direito de acesso aos cargos públicos, não serve para explicar as características que rodeiam o exercício da função parlamentar, provoca interrogações acerca da titularidade do direito – representante *x* representado – entre outras críticas, defendendo que definir as faculdades dos parlamentares como atribuições é mais adequado à Constituição que concebê-las como direitos fundamentais, p. 92), Ignácio TORRES MURO (*Los derechos de los parlamentarios*. Madrid: Revista de Derecho Político, n° 44, 1998) e Lorenzo MARTÍN-RETORTILHO BAQUER (*El "amplio margem de liberdad" en el uso de los privilegios parlamentarios y su incidência sobre los derechos fundamentales*. Madrid: Revista Española de Derecho Constitucional, n° 11, 1984), Ana Maria del Carmem REDONDO GARCIA (*El derecho de enmienda en los procedimientos legislativos de las Cortes Generales*. Madrid: Congreso de los Diputados, 2001), entre outros, defendem a interpretação elástica do referido art. 23, dada pelo Tribunal Constitucional. Esta autora, por exemplo, afirma que a inviolabilidade e a imunidade parlamentares não são senão extensões dos direitos fundamentais reconhecidos aos cidadãos na Constituição: a liberdade de expressão e a tutela judicial efetiva (Op. cit. p. 392). Levando em conta o estrito foco do presente estudo, a teoria dos direitos fundamentais e a realidade brasileira, em que qualquer parlamentar pode ingressar com Mandado de Segurança perante o Supremo Tribunal Federal para defender suas faculdades (ver MS. 23.565/DF), independente de serem elas consideradas direitos fundamentais, é possível afirmar que, neste contexto, as prerrogativas parlamentares não são direitos fundamentais, até porque, se assim fossem consideradas, a Emenda Constitucional n° 35/2001, que aboliu parte da imunidade formal, poderia ter sua constitucionalidade questionada, por colidir com a cláusula de intangibilidade prevista no art. 60, § 4° da Constituição Federal (Não será objeto de deliberação a proposta de emenda tendente a abolir: I – a forma federativa de Estado; II – o voto direto, secreto, universal e periódico; III – a separação dos Poderes; IV – os direitos e garantias individuais), tese sequer objeto de debate doutrinário.

Nesses episódios, nem tão excepcionais assim, é razoável que, para manter alguma isonomia, quando do revide daqueles agredidos pelas manifestações parlamentares, mesmo que praticado por meio diverso daquele inicialmente que produziu a ofensa, estabeleça-se uma maior tolerância que nas situações habituais da vida.[444] Em outras palavras, toda vez que um não-parlamentar, em defesa da honra ferida por uma agressão de um parlamentar, utilizar palavras semelhantes às contra ele proferidas, lançando mão, assim, de semelhantes palavras chocantes, é defensável que contra ele não sobrevenha qualquer condenação judicial.[445]

Em se tratando de inviolabilidade parlamentar em conflito com direitos fundamentais de terceiros, particularmente quando a colisão se der naquela faixa em que o ato parlamentar caberá ou não na garantia, dependendo da amplitude que se der a ela, não é de se desprezar a possibilidade de utilizar a técnica da ponderação,[446] sempre um caminho possível para o julgador diante de normas constitucionais (a textura aberta de determinadas normas constitucionais dificulta, muitas vezes, a identificação dos contornos dos bens em presença) ou legais que não definem adequadamente os bens e direitos

---

[444] Já no início do século passado, os Tribunais da Europa aceitavam como legítima defesa contra provocações vexatórias excessos praticados pelo ofendido, como o caso do Magistrado italiano Ronca, que respondeu violentamente na imprensa a um discurso em que o Deputado Pozzato lhe havia ultrajado e difamado. Em 4 de julho de 1911, o Magistrado foi absolvido pelo Tribunal de Verona, ao argumento de que o propósito de injuriar e, portanto, o delito, ficam excluídos quando se prova que quem proferiu a injúria obrou com um fim legítimo de defesa e em resposta a ultraje sofrido (BUGALLAL Y ARAUJO, Gabino. Op. cit., p. 596).

[445] Nesse diapasão, verteu a decisão do Supremo Tribunal Federal: "... Prosseguindo quanto ao julgamento do mérito, o Tribunal julgou improcedente a ação penal privada intentada por deputado federal contra Ministro de Estado, uma vez que este agira em legítima defesa da honra, não tendo a intenção de agredir, mas de rebater as ofensas feitas anteriormente pelo parlamentar em discurso proferido no Plenário da Câmara dos Deputados. Considerou-se, ainda, que não era exigível conduta diversa do querelado em face da inviolabilidade dos deputados por suas opiniões (CF, art. 53), que impediria qualquer defesa por meio judicial." (Inq 1.247-DF e 1.248-DF, rel. Min. Marco Aurélio, 15.4.98, Informativo STF nº 106).

[446] O juízo de ponderação é uma técnica utilizada para saber, no caso concreto, qual o máximo de efetividade possível de um valor ou bem jurídico, quando em colisão com outro. Para sua aplicação, é necessário: estudar o caso concreto, identificando onde e como se produz a colisão, verificando se não há uma solução mais simples de resolvê-lo; segundo, determinar qual dos valores é mais digno de proteção, em princípio dando-se prioridade àquele que em jogo aspectos mais próximos ao seu núcleo central de significado (ex. na colisão entre liberdade de expressão e intimidade de uma pessoa privada parece que este último direito se vê afetado em um aspecto mais central); terceiro, ter claro que as respostas não são sim ou não, mas mais ou menos, de modo que o resultado da ponderação não tem que ser necessariamente a prioridade absoluta de um dos valores, a custo de um completo sacrifício do outro, sendo preferível encontrar o ponto justo de equilíbrio entre valores opostos. O critério para tanto vai ser dado pelo princípio da proporcionalidade, que exige, entre outras coisas, que o valor ou bem jurídico sacrificado o seja unicamente na medida necessária para dar efetividade àquele que goza de prioridade, preferindo-se sempre a solução menos gravosa. Tudo de acordo com DÍEZ-PICAZO, Luis María. Op. cit., p. 46-9.

que se dizem contrapostos (um haverá de ceder), tarefa a ser levada a efeito tendo por parâmetro os princípios hermenêuticos.[447]

Repise-se, nessas situações excepcionais, é plausível advogar uma ampliação do direito de expressão a abarcar possíveis contra-ofensas que normalmente não cabem na órbita dessa garantia, algo que possa ser nominado de legítima defesa,[448] na maioria das situações, legítima defesa de direito fundamental.[449] Do contrário, o agredido, diante da desproporção das proteções constitucionais, teria que calar, submetendo-se a qualquer tipo de agressão verbal, situação a ferir o senso razoável de justiça.

3.4.3. O princípio democrático como limite à inviolabilidade?

O princípio democrático, hodiernamente, é legitimador do poder e do direito, "como método y principio de organización, como prin-

---

[447] JIMÉNEZ CAMPO, Javier. *Derechos fundamentales: concepto y garantias*. Madrid: Trotta, 1999, p. 55-8. Tendo em conta o princípio da equivalência dos bens e direitos e passando ao lado da discussão sobre hierarquização interna de bens e valores constitucionais (tese duramente criticada pelo autor (p. 58), para quem as decisões individuais nada têm a ver com a abstrata conformação da ordem dos direitos fundamentais como direitos hierárquicos (mas que pode encontrar algum fôlego diante de Constituições como a do Brasil, que alberga cláusulas pétreas, intangíveis), haverá sempre uma árdua tarefa hermenêutica na tentativa de identificar corretamente o conteúdo dos distintos direitos constitucionais, o que não deixa de ser, no fundo, o próprio objeto do presente estudo.

[448] Soa tranqüila essa possibilidade, em se tratando de Brasil, onde a legítima defesa da honra ainda é tese usada para absolver homicidas, em júris populares. A pesquisa *Legítima Defesa da Honra: Ilegítima Impunidade de Assassinos – Um Estudo Crítico da Jurisprudência Brasileira*, feito pelas advogadas Silvia Pimentel, Juliana Belloque e Vanessa Pandjiarjian, investigou 42 casos em que fora utilizada essa tese nos tribunais, dos quais 23 foram absolvidos, crimes que aconteceram entre 1999 e 2003. Segundo o estudo, antes de 1940, homicidas que argumentassem "perturbações de sentidos e da inteligência" podiam se ver livres da cadeia. Com a mudança do Código Penal, desapareceu essa possibilidade, surgindo, entretanto, a figura do homicídio privilegiado, que possibilita a redução em até dois terços da pena quando o assassino age "sob violenta emoção, em resposta à provocação injusta da vítima". Isso deu ensejo ao surgimento da legítima defesa da honra, que vingou, apesar do absurdo. A idéia de que o homem poderia matar a mulher porque ela feriu sua honra não faria sentido nem se fosse aceito o pressuposto de que a mulher é mera propriedade. Para a diretora do Centro de Liderança da Mulher no Rio de Janeiro, Rosiska Darcy de Oliveira, a tese é de um grau de ridículo que, se não fosse trágico, seria cômico. É uma covardia individual apoiada em uma covardia social (www. revistaepoca.globo.com, 30.01.05).

[449] Embora não adotando essa nomenclatura, o STF acolheu esse entendimento, mencionando a compatibilização de valores de igual envergadura, a proporcionalidade e a razoabilidade, *verbis*: "Crime contra a honra – Elemento subjetivo – o dolo – Inviolabilidade Parlamentar – Retorsão – Alcance. Tratando-se de hipótese a revelar prática inicial coberta pela inviolabilidade parlamentar, sentindo-se o titular do mandato ofendido com resposta formalizada por homem público na defesa da própria honra, único meio ao alcance para rechaçar aleivosias, cumpre ao órgão julgador adotar visão flexível, compatibilizando valores de igual envergadura. A óptica ortodoxa própria aos crimes contra os costumes, segundo a qual a retorsão é peculiar ao crime de injúria, cede a enfoque calcado no princípio constitucional da proporcionalidade, da razoabilidade, da razão de ser das coisas, potencializando-se a intenção do agente, o elemento subjetivo próprio ao tipo – o dolo – e, mais do que isso, o socialmente aceitável." (Inq. nº 1.248-DF Rel.: Min. Marco Aurélio. DJU, de 25/10/2002).

cipio explicativo de los derechos fundamentales, como principio general no ya de legitimación sino de aplicación del ordenamiento".[450] Somente é Constituição autêntica, Constituição normativa, a Constituição democrática, porque somente ela permite limitar a ação do poder. O princípio democrático é princípio legitimador da Constituição, isto é, princípio de congruência entre a soberania do povo e o estado democrático que o povo, através da Constituição, estabelece,[451] um verdadeiro princípio de organização da titularidade e exercício do poder.[452]

O sistema democrático tem uma imensa superioridade ética, política e técnica em relação aos demais, tendo na função de integração do Parlamento o seu sentido mais profundo, podendo-se ver por ela, na história moderna, a chave do funcionamento do sistema democrático, da existência e funcionamento de muitos movimentos sociais, sendo o Parlamento o único capaz de integrar todas as forças que aceitem as regras do jogo da liberdade e das maiorias, onde os enfrentamentos não terminam com o extermínio do adversário.[453] A existência da democracia moderna depende da questão de ser ou não o Parlamento útil para resolver as necessidades sociais de nossa era. Ainda que a democracia e o regime parlamentar não são idênticos, não cabe duvidar – diante da impossibilidade do exercício de democracia direta – que a forma parlamentar é a única capaz de plasmar a idéia de democracia dentro da realidade social presente.[454]

Já os partidos cumprem um papel essencial na manutenção do pluralismo e da democracia, não havendo democracia sem pluralismo,[455] cabendo ao Estado garanti-lo, sendo o grau de reconhecimento do direito de associação um termômetro da saúde da democracia.[456] Os partidos são "unas instituciones jurídico-políticas, elemento de comunicación entre lo social y lo jurídico que hace posible la integración entre gobernantes y gobernados, ideal del sistema democrático".[457]

---

[450] ARAGON REYES, Manuel. *Constitución y democracia*. Madrid: Tecnos, 1990, p. 25-63.

[451] Idem, p. 45.

[452] CANOTILHO, J. J. Gomes. *Direito constitucional e teoria da constituição*. Coimbra: Almedina, 1999, p. 280.

[453] PECES-BARBA MARTÍNEZ, Gregório. *Reflexiones sobre el parlamento*. Madrid: Revista de la Faculdad de Derecho de la Universidad Complutense, nº 10, 1986, p. 213.

[454] Conforme KELSEN, Hans, obra *Esencia y valor de la democracia*, Granada: Comares, 2002.

[455] As Sentenças do Tribunal Europeu de Direitos Humanos (Partido Comunista Unificado da Turquia, 30.01.1998) e do Tribunal Constitucional Espanhol (STC 3/1981e STC 85/1986) são categóricas nessa afirmação, seguindo KELSEN, Hans, *Esencia...*

[456] CATALÀ i BAS, Alexandre H. *La inviolabilidad parlamentaria a la luz de la ley de partidos políticos*. Madrid: UNED, 2004, p. 125.

[457] STC 48/2003, Fundamento jurídico 5, 12.03.2003.

Considerando a idéia de que, ou se é democrata ou não se é, não existindo espaço para zonas cinzas, titubeios,[458] e considerando ser o princípio democrático legitimador externo e interno da Constituição e do poder, cresce a possibilidade de admitir que toda vez que um parlamentar, um partido ou uma organização utiliza um espaço institucional, garantido pela Constituição, para combater a democracia, possa haver um legítimo contra-ataque defensivo (responsabilização, inclusive criminal). A democracia não pode "jugar a la gallina ciega"[459] à margem do abismo. Sempre que sofrer um ataque a um de seus valores essenciais deve ter instrumentos de defesa.[460] Claro, não se pode, também, matar moscas a canhonaço, ou seja, as condutas para merecer retribuição devem ser graves, aquelas que efetivamente coloquem em risco os valores democráticos, que sejam insuportáveis à democracia, examinadas com prudência.

Pensar abstratamente isso soa relativamente simples, o problema é quando os casos chegam aos tribunais, na maioria das vezes, limítrofes entre o democrático e o antidemocrático, situações da vida difíceis de classificar entre suportáveis ou atentatórias à sociedade democrática. Basta um exame superficial sobre algumas decisões do Tribunal Europeu de Direitos Humanos, secundadas por decisões do Tribunal Constitucional espanhol, para se ter uma idéia da complexidade do tema.

O Tribunal Europeu de Direitos Humanos, em algumas de suas decisões, assentou que o fato de determinado projeto político não ser compatível com a estrutura de um Estado não o converte, somente por este motivo, em incompatível com a democracia, pois esta tem em sua essência a proposição e a discussão de projetos políticos diversos, sempre e quando não suponham ataque à própria democracia.[461] O Tribunal de Estrasburgo, em importantes sentenças, afirma que as minorias nacionais não só devem ser toleradas, mas protegidas pelo Estado,[462] que a luta dos povos por independência é justa e legítima, se por métodos pacíficos.[463] Para o referido Tribunal, contudo, há projetos ou ideologias que não merecem albergue no Convênio, como

---

[458] CATALÀ i BAS, Alexandre H. *La inviolabilidad*, p. 122.

[459] Expressão espanhola equivalente à brasileira "cabra-cega".

[460] Não se ingressará no debate sobre "democracia militante" que para o Tribunal Constitucional Espanhol não foi acolhida pelo sistema jurídico espanhol: "Hay que admitir, con el recurrente, que la coincidencia entre el art. 9.2 y la ley penal no es absoluta; también hay que dejar sentado que en ningún momento se hace referencia a programas o ideologías sino a actividades de colaboración o apoyo al terrorismo o la violencia. En consecuencia, *no se abre ningún resquicio a la que se ha llamado «democracia militante» y no hay, por consiguiente, vulneración alguna de las libertades ideológica, de participación, de expresión o de información*". STC 48/2003.

[461] Sentença sobre o Partido Socialista Turco (25.05.1998) e Partido da Liberdade e da Democracia (08.12.1999). http://www.echr.coe.int.

[462] Sentença Associação Lar da Civilização da Macedônia, de 08.07.1998.

[463] Partido da Liberdade e da Democracia, Sentença de 08.12.1999.

a justificação de uma política pró-nazismo,[464] declarações tendentes a propagar uma raça superior,[465] e a manutenção de um partido[466] que preconiza a volta da tecnocracia, a imposição da lei muçulmana (Sharia) e a guerra santa (Yihab), com real possibilidade de violentamente implementar esses objetivos, cuja sentença que o ilegalizara, assim, é conforme Convênio Europeu de Direitos Humanos.[467]

O Tribunal Constitucional Espanhol segue a mesma toada, defendendo que " los dirigentes de una formación política no puedan verse inquietados por el solo hecho de querer discutir publicamente un problema, por molesto o perturbador que pueda resultar para terceros, siempre que dicho debate se desarrolle con el debido respeto a las reglas democráticas, esto es, mediante el diálogo y sin el recurso a la violencia"[468] e que os partidos não devem ser controlados, "(...) sin perjuicio de la exigencia constitucional del cumplimiento de determinadas pautas en su estructura, actuación y fines",[469] asseverando só incorrer "en causa de disolución el partido que, no en su ideología, sino en su actividad persiga efectiva y actualmente 'deteriorar o destruir el régimen de libertades'".[470]

Percebe-se, nas decisões acima nominadas, que uma associação (partido, sindicato...) só pode ser dissolvida quando estabelecer uma conexão real com a violência, um liame concreto, do contrário haveria perseguição ideológica, sancionamento do pensamento político, negando-se a própria democracia. A linha divisória dessas condutas parece movediça, colhendo-se uma sensação de que os tribunais avançam como equilibristas. Como direito é vida humana positivada, o suporte fático das decisões mais contestadas, sem dúvida, vai além das palavras chocantes, embora algumas delas dificilmente passariam, "sem dependência", em um teste mais criterioso de constitucionalidade. Entretanto, como exigir que a humanidade, e particularmente a Espanha, aceite nos marcos da legalidade democrática, sem repulsa

---

[464] Lehideux e Isorni, Sentença de 23.09.1998.

[465] Ibrahim Aksoy, Sentença de 10.10.2000.

[466] Partido da Prosperidade, da Turquia, Sentença de 31.07.2001.

[467] Sentença desse teor, segundo o TEDH, não contraria o art. 11 da Convenção: "Liberdade de reunião e de associação 1. Qualquer pessoa tem direito à liberdade de reunião pacífica e à liberdade de associação, incluindo o direito de, com outrem, fundar e filiar- se em sindicatos para a defesa dos seus interesses. 2. O exercício deste direito só pode ser objeto de restrições que, sendo previstas na lei, constituírem disposições necessárias, numa sociedade democrática, para a segurança nacional, a segurança pública, a defesa da ordem e a prevenção do crime, a protecção da saúde ou da moral, ou a protecção dos direitos e das liberdades de terceiros. O presente artigo não proíbe que sejam impostas restrições legítimas ao exercício destes direitos aos membros das forças armadas, da polícia ou da administração do Estado." http://www.echr.coe.int.

[468] STC 136/1999.

[469] STC 85/1986.

[470] STC 48/2003.

(inclusive jurídica), uma associação conexo-instigadora do terror? Ou no Brasil, uma associação destinada a arrecadar fundos para financiar a criminalidade urbana organizada (conjugação de tráfico de entorpecentes, corrupção, grupos de extermínio (...) – situação que amedronta algumas metrópoles brasileiras)? Direito é, sobretudo, bom-senso!

Nesse diapasão, verteu o entendimento do legislador espanhol quando da elaboração da Lei Orgânica 6/2002, expressamente prevendo a dissolução de partidos políticos que careçam de estrutura interna e funcionamento democráticos ou que em sua atividade vulnerem os princípios democráticos.[471] Não é outro o espírito dessa Lei que impedir que os intolerantes acabem com a democracia e vulnerem sistematicamente os direitos fundamentais das pessoas.[472]

A criminalização de condutas é a forma mais grave que tem o Estado de proteger seus bens jurídicos principais, como a democracia.[473] Em sendo assim, toda vez que uma associação atenta contra a democracia, é proporcional que sofra sanções. Há autores que defendem a possibilidade de dispensar tratamento similar ao dos partidos, aos parlamentares individualmente considerados, para que a supracitada lei não fique freada às portas do Parlamento, instituição que continua sendo o eixo da vida política da democracia.[474] Para tanto, um dos caminhos propostos é rever o caráter absoluto da garantia, reformando a legislação para estabelecer quais tipos penais, mesmo

---

[471] Lei 6/2002: "Artículo 9. Actividad. 1. Los partidos políticos ejercerán libremente sus actividades. Deberán respetar en las mismas los valores constitucionales, expresados en los principios democráticos y en los derechos humanos. Desarrollarán las funciones que constitucionalmente se les atribuyen de forma democrática y con pleno respeto al pluralismo. 2. Un partido político será declarado ilegal cuando su actividad vulnere los principios democráticos, particularmente cuando con la misma persiga deteriorar o destruir el régimen de libertades o imposibilitar o eliminar el sistema democrático, mediante alguna de las siguientes conductas, realizadas de forma reiterada y grave: a) Vulnerar sistemáticamente las libertades y derechos fundamentales, promoviendo, justificando o exculpando los atentados contra la vida o la integridad de las personas, o la exclusión o persecución de personas por razón de su ideología, religión o creencias, nacionalidad, raza, sexo u orientación sexual. b) Fomentar, propiciar o legitimar la violencia como método para la consecución de objetivos políticos o para hacer desaparecer las condiciones precisas para el ejercicio de la democracia, del pluralismo y de las libertades políticas. c) Complementar y apoyar políticamente la acción de organizaciones terroristas para la consecución de sus fines de subvertir el orden constitucional o alterar gravemente la paz pública, tratando de someter a un clima de terror a los poderes públicos, a determinadas personas o grupos de la sociedad o a la población en general, o contribuir a multiplicar los efectos de la violencia terrorista y del miedo y la intimidación generada por la misma".

[472] CATALÀ i BAS, Alexandre H. *La inviolabilidad parlamentaria a la luz de la ley de partidos políticos*. Madrid: UNED, 2004, p. 134.

[473] Uma das vias eficazes utilizadas na Espanha para combater o terrorismo praticado pelo ETA foi a atuação criminal. A última *ratio* do ordenamento jurídico, quando necessário, deve funcionar, evidentemente respeitando as garantias fundamentais, as quais, contudo, não foram pensadas, não se prestam a legitimar a atuação dos sabotadores da democracia. A esses, os rigores da lei!

[474] CATALÀ i BAS, Alexandre H. *La inviolabilidad parlamentaria a la luz de la ley de partidos políticos*. Madrid: UNED, 2004, p. 134.

que praticados por parlamentares no exercício da função, por opiniões, palavras ou votos, seriam excluídos da proteção.[475] Aliás, alguns textos constitucionais, como a Lei Fundamental de Bonh,[476] excluem da inviolabilidade as expressões caluniosas, de modo que essa proposta, em tese, possui viabilidade.

Entretanto, embora a intolerância talvez seja a maior doença social da nossa época,[477] causando repugna a qualquer pessoa de bem a defesa do terror como método político, a superioridade de uma raça, a limpeza étnica de um território, o extermínio de moradores de rua, a xenofobia, atitudes possíveis de serem praticadas por parlamentares ao abrigo da inviolabilidade, ao menos duas objeções são possíveis: a primeira, a duvidosa constitucionalidade da proposta, visto que em relação ao âmbito material, ao menos nas Constituições espanhola e brasileira, não há sinalização desses possíveis limites a serem edificados pelo legislador; a segunda, mais grave, é o risco da má utilização dessa idéia, ou seja, ela ser apropriada por ditadores (mesmo os disfarçados de democratas), dando um sentido completamente diverso do desejado, e se assim for, o dano ao sistema democrático poderá ser maior do que a manutenção da fórmula tradicional.[478]

Noutro enfoque, esse debate (re)estabelecido deve servir de parâmetro interpretativo da garantia no Brasil até para se superar contradições como defender, por exemplo, que a inviolabilidade não tem caráter absoluto e, de outro lado, dar a ela uma amplitude oceânica capaz de produzir verdadeiros "tsunamis" nos direitos fundamentais de não-parlamentares. Não há dúvida, assim, que o princípio demo-

---

[475] CATALÀ i BAS, Alexandre H. *La inviolabilidad parlamentaria a la luz de la Sentencia del TST del País Vasco de 5 de septiembre de 2003 (Caso del Diputado de H.B. Jon Salaberría)*. Valencia: Corts. Anuário de Derecho Parlamentario, n° 14, 2003, p. 166. No mesmo sentido, *La inviolabilidad parlamentaria a la luz de la ley de partidos políticos*, 2004, p. 140.

[476] Articulo 46 "1. Los diputados no podran en ningun momento ser perseguidos judicial o administrativamente ni de otra manera fuera de la Dieta Federal por su voto o manifestaciones en el seno de esta o de alguna de sus Comisiones, si bien no se aplicara esta norma a las injurias calumniosas (verleuntderische Beleidigungen)". Texto reproduzido em espanhol porque captado da magnífica página do Departamento de Direito Constitucional da Universidade de Valladolid (http://www.der.uva.es/ constitucional/verdugo/constitucion_ale_1949.html).

[477] Acerca do tema ver VERONESE, Luciane Gheller. *Intolerância: retrato do estilo de nossa época*. In: GARCIA, Claudio Boeira; BACKES, Edirles Mattje; VERONESE, Luciane Gheller. (Org.). *Linguagem, escrita e mundo*. Unijuí: Ijuí, 2001.

[478] Por exemplo, a decisão abaixo foi adotada durante o regime militar brasileiro. "Crime contra a segurança nacional. Parlamentar. Inviolabilidade. Ofensa à dignidade e à honra do Presidente da República (art. 33 da Lei 6.620/78). *Incitamento à animosidade entre forças armadas e classes sociais ou à luta pela violência entre classes sociais* (art. 36, III e IV da Lei 6.620/78). Recebimento da denúncia. 1. *Diante da ressalva contida no art. 32 da CF, a inviolabilidade parlamentar fica excepcionada no que tange aos crimes contra a segurança nacional*. Precedentes do STF. 2. Os fatos descritos na denúncia configuram, em tese, crime contra a segurança nacional previsto no art. 33 e parágrafo único da Lei n° 6.620, de 1978. Juízo limitado nesta fase, ao exame da viabilidade da acusação. Inexistência de demonstração cabal e conclusiva da improcedência da proposta acusatória. Precedentes do STF. 4. Denúncia recebida, em parte, para proceder pelo crime capitulado no art. 33 e parágrafo único da Lei n° 6.620, de 1978" (STF, AP, DF, DJ 28.11.80).

crático pode ser um sinalizador a coibir que se estenda o véu da inviolabilidade para muito além das típicas funções parlamentares, sob pena de em sua sombra se produzir uma *união estável* entre corrupção e impunidade, com graves danos institucionais. Em suma, o reconhecimento da inviolabilidade parlamentar, particularmente nas situações nebulosas, não pode significar um sacrifício intolerável a outros valores constitucionalmente consagrados, muito menos ser mais um elemento a colocar em perigo real a democracia.

No caldo cultural da contemporaneidade, época em que os riscos à democracia são iminentes, é preciso aperfeiçoar o sistema jurídico a fim de desenvolver mecanismos possibilitadores de sua sobrevida com sanidade. O preço a ser pago para viver num regime democrático não pode ser caro demais, nem vil, porque em ambas as situações o sistema perderá o respeito dos concidadãos. Alcançar o equilíbrio é o desejável para a inviolabilidade parlamentar e para a vida. Delimitar até onde as opiniões e ações chocantes são suportáveis em determinado ordenamento é tarefa diária dos edificadores da tolerância e da liberdade. Com a palavra, sempre, a democracia.

Considerações finais

1. Embora com auxílio de lupa se possa vislumbrar alguma raiz da inviolabilidade parlamentar no mundo antigo, ou no período medieval – particularmente na Inglaterra –, a raiz-tronco do instituto encontrou no solo francês, cultivado pelos revolucionários liberais de 1789, campo fértil para se desenvolver, distribuindo a partir dali sementes a fecundar a maioria das Constituições ocidentais. Sua genética é indissociável do Estado Moderno, seu modelo é produto do constitucionalismo, matriz em que deve buscar seus parâmetros histórico-constitutivos.

2. Duas dessas sementes, de caracteres muito semelhantes, foram plantadas no constitucionalismo espanhol e brasileiro, ali nascendo e sobrevivendo (mesmo enfrentando períodos de intempéries), guardando até hoje laços sólidos de parentesco, exibindo certa força juvenil (a primeira fora remoçada em 1978 e a segunda em 1988), embora seus ancestrais diretos já se aproximam de duzentos anos, sem que houvesse, contudo, mutação na espécie.

3. A história da inviolabilidade parlamentar é um poderoso guia a auxiliar na sua condução atual por caminhos corretos, sendo verdadeira bússola a orientar sua navegação pelo calado a ela reservado no leito do rio constitucional, cujo desbordamento avulta o risco de encalhar. O espelho histórico é capaz de projetar sua imagem ao presente – sem se limitar a fazer um inventário da história e obstaculizar o nascimento do novo –, propiciando dados significativos para sua justa contextualização no seio de um constitucionalismo de muitas velocidades.

4. Conquanto a função parlamentar não seja a única inviolável normativamente garantida nos países estudados (algumas – para diversos autores, todas – de questionável necessidade no atual estágio da sociedade), é possível vislumbrar nela, como em nenhuma outra, um núcleo normativo-doutrinário-jurisprudencial universal, no sentido de que, não só a maioria dos países de tradição constitucional a adota (a começar pela quase totalidade dos países europeus), como seus contornos doutrinários e jurisprudenciais mantêm certa estabilidade, em percurso que ultrapassa dois séculos. É no direito comparado, paradigma eterno robustecido na sociedade que se globaliza na

velocidade do som, cujo lento evolver lapidou o instituto, que se encontram as mais ricas e imprescindíveis fontes de inspiração do intérprete "do hoje", ainda mais em países de menor tradição no âmbito jurídico, como o Brasil.

5. Mantida a tendência atual do constitucionalismo de albergar a garantia em comento, melhor que se mantenham também suas características tradicionais: proteção *jurídica*, excluindo a possibilidade de qualquer sanção externa ao parlamento e incluindo a correção político-disciplinar *interna corporis* e a "censura" popular; alcance *perpétuo*, se o ato for inviolável, assim se manterá pela eternidade; *irrenunciável*, por proteger a função pública do parlamentar, por isso indisponível, não cabendo renúncia individual de garantia pertencente à instituição; *absoluta*, presentes as características atrativas da garantia, o ato será absolutamente inviolável, não cabendo nessas circunstâncias nem investigação, nem processamento; *exclusiva*, só protege o parlamentar no exercício da função, os atos funcionais que expressem a vontade da câmara, não protegendo os atos individuais do parlamentar, mesmo os do político que mantenham liame com seu mandato. Entendimento diverso conduz à admissão de uma espécie de inviolabilidade caso a caso, em evidente esfarinhamento da garantia.

6. É salutar à democracia a mantença do máximo de garantias parlamentares nos momentos de crise constitucional, cuja suspensão deve encontrar expresso suporte na Lei Fundamental, enquanto a revelação de segredo de Estado feita por parlamentar no exercício da função deve ser submetida à estreita possibilidade de sanção política por parte da respectiva assembléia. Isso não obsta possível arbítrio da maioria parlamentar, cujas fórmulas de contenção (limites procedimentais ao jogo democrático) devem ser aperfeiçoadas. Previsibilidade e estabilidade são importantes ao instituto, ao parlamento e ao ordenamento jurídico.

7. O Estado de Direito nasceu e vive "de" e "para" a igualdade, de modo que as graves exceções à regra, para serem suportadas, deveriam ser previstas na Lei Fundamental. A pulverização de inviolabilidades por diversas espécies normativas, ao lado da ampliação dos invioláveis, ao contrário de ser um mecanismo reforçador da eficácia protetiva de determinadas funções, mostra-se uma via de fragilização da garantia. Tanto que, turbinados pelos abusos praticados no exercício da prerrogativa, cada vez mais se encontram doutrinadores e magistrados espiolhando exceções, mesmo nas situações típicas de incidência da característica absoluta.

8. No contexto federativo brasileiro, em que os municípios são unidades federadas, nos quais a Câmara de Vereadores é Poder Legislativo Municipal, exercendo os edis funções tipicamente parlamentares (ex., elaborar a Lei Orgânica Municipal, legislar em faixas de

competência exclusiva e suplementar, consoante mandamento constitucional), é coerente dispensar tratamento equânime, quanto à inviolabilidade, a todos os parlamentares pátrios.

9. A inviolabilidade parlamentar à brasileira sofre, em mãos jurisprudenciais, de pelos menos dois males: o primeiro, uma interpretação excessivamente ampla, capaz de estendê-la a atos políticos ou particulares do parlamentar, numa espécie de salvo-conduto permanente por todo o período do mandato; o segundo, uma interpretação muito restrita, igualando-a ao direito de manifestação garantido a todos. Ambas as fórmulas se distanciam do ponto de equilíbrio, dando ao instituto contornos que ele nunca teve, merecendo, por isso, crítica e correção.

10. A leitura da garantia em epígrafe deve ser feita a partir do Direito Constitucional – embora alguns autores insistem em continuar a estudá-la a partir das categorias do Direito Penal (como se a Constituição devesse obediência ao Código Penal) –, porque a Carta Magna é o estatuto jurídico afiançador da legitimidade da inviolabilidade parlamentar e das demais instituições estatais.

11. O principal desafio do Estado Democrático constitucional é a efetivação dos direitos fundamentais (que encontram na Constituição a sede principal), declaradamente seu objetivo nuclear, de modo que todas as instituições estatais devem estar a serviço dessa que é a principal tarefa estatal hodierna. Interpretar amplamente a inviolabilidade parlamentar significa aniquilar direitos fundamentais de não parlamentares, como a honra, a imagem, a tutela jurisdicional efetiva, dentre outros, quer dizer, é direcionar uma arma do Estado contra seu próprio âmago.

12. O desgaste do Parlamento enquanto integrante do Estado Social, modelo de Estado que ao contemplar a emancipação da sociedade civil produz um excesso de demandas em contraposição à capacidade de atendê-las, não pode ser debitado somente ao mau uso das garantias parlamentares. A tão propalada crise do Parlamento é uma extensão da crise do *welfare state,* agravada pela impossibilidade do oferecimento de respostas em tempo real (algo viável à mídia), dessa incapacidade de andar no alucinante ritmo da sociedade plural-globalizada (embora se esforce, multiplicando leis que, entretanto, envelhecem rapidamente), contexto a produzir um deslocamento do Parlamento, do antes papel principal, para um papel periférico (ainda importante) no processo de globalização em marcha. O abuso das garantias parlamentares, contudo, é um *plus* a esse desgaste, que necessita combate firme, especialmente por parte do próprio Legislativo.

13. Há sólidos fundamentos, sem olvido às críticas, para a defesa da manutenção da inviolabilidade parlamentar, o principal deles de

ser um instituto democrático, de nunca, na fórmula estudada, ter-se colocado a serviço de regimes totalitários. Acresça-se que o Poder Executivo, a mais ágil das funções estatais no oferecimento de respostas às demandas sociais, tem-se tornado hipertrófico em relação aos demais, tanto que, em países como o Brasil, com o uso e o abuso das Medidas Provisórias, converteu-se no mais poderoso legislador do período pós-1988. Nesse panorama, a retirada de garantias do Parlamento, principal fiscal do superporder Executivo, deve ser pensada com cautela, para que não se turbine a fragilização do mais popular e democrático dos poderes estatais, debilitando a capacidade de imprimir "freios e contrapesos".

14. Na atual era global, assiste-se a um crescimento do poder das corporações privadas sem precedente, com as leis do capital privado cada vez mais constrangendo o público. Se outrora a principal ameaça ao livre exercício do Parlamento provinha do Poder Executivo (o excessivo fortalecimento do Executivo mantém a ameaça, ainda que em outro estágio), sendo essa uma das principais razões do estabelecimento das inviolabilidades parlamentares, hoje se soma a ela o ascendente poder das organizações privadas, mormente empresariais, nem sempre dispostas a percorrer caminhos éticos para atingir seus fins, capazes de, eventualmente, dirigir sua ira contra o Parlamento. Em tempos de sobrevalorização do privado, recomenda-se prudência no descortinar garantias do público. Essas novas possibilidades de justificar a manutenção da inviolabilidade parlamentar não legitimam, reitere-se, o abuso das garantias e sua interpretação excessivamente ampla.

15. A inviolabilidade garante a expressão, a palavra, o parlamentar a *parlamentare*, confundindo-se, no fundo, com a essência da função estatal que está a proteger. O Parlamento não existiria sem palavra e o Parlamento moderno não seria o mesmo sem palavra livre. Sopesando valores constitucionais, parece ainda aceitável suportar um indesejável ataque infame a alguém, patrocinado por um parlamentar escudado na inviolabilidade, pela vantagem de um poder que verbera, sem temor, de uma câmara falante – às vezes abusada –, em contraposição a uma medrosa e muda, mantenedora de um silêncio covarde e, na medida em que não contrasta os demais poderes, fomentadora de corrupção e do arbítrio.

16. O constitucionalismo moderno é um produto do Parlamento, emprestando-lhe legitimidade normativa assentada no princípio representativo, sendo possível afirmar que a história (e o presente) do constitucionalismo confunde-se com a do Parlamento. A democracia representativa, diante da inviabilidade de exercício da democracia direta, encontra no Parlamento sua sede. Essa democracia, cuja manutenção (suas decisões são normalmente complexas) é mais difícil

que a autocracia, traduz-se em um sistema político infinitamente superior a todos os que a humanidade já experimentou e continua tendo na liberdade do Parlamento um de seus pilares fundamentais. No mundo em que a intolerância é fato e o reconhecimento do pluralismo uma necessidade, melhor que se mantenha livre a voz do Parlamento, até porque, quando se reduz o espaço da palavra, amplia-se o do arbítrio e do extermínio!

Bibliografia

ACKEL FILHO, Diomar. *A autonomia municipal na nova Constituição*. São Paulo: Revista dos Tribunais, n° 638, 1998.

ALEXY, Robert. *Los derechos fundamentales en el Estado Constitucional Democrático, in Neoconstitucionalismo(s)*. Madrid: Trotta, 2003.

ALMEIDA, Alfredo de. *O vereador e a inviolabilidade constitucional*. São Paulo: *Revista Jurídica, n°. 177*, 1992, p. 31.

ARAGON REYES, Manuel. *Constituición e democracia*. Madrid: Tecnos, 1990.

ARAÚJO, Luiz Alberto David e NUNES Jr., Vidal Serrano. *Curso de direito constitucional*. São Paulo: Saraiva, 1998.

BACHOF, Otto. *Normas constitucionais inconstitucionais*. Coimbra: Almedina, 1994.

BARBOZA, Márcia Noll. *O Princípio da moralidade administrativa*. Porto Alegre: Livraria do Advogado, 2002.

BASTOS, Celso Ribeiro. *Curso de direito constitucional*. São Paulo: Saraiva, 1999.

BENJAMIN, Walter. *O narrador, considerações sobre a obra de Nikolai Leskov, in Os pensadores*. São Paulo: Abril, 1980.

BIGLINO CAMPOS, Paloma. *Los vicios en el procedimiento legislativo*. Madrid: Centro de Estudios Generales, 1991.

——. *Las facultades de los derechos parlamentarios ¿son derechos fundamentales?* Madrid: *Revista de las Cortes Generales, n° 30*, 1993.

——. *En los orígenes del Federalismo: la formación del modelo Norteamericano, in La democracia constitucional – Estudios en homenagem al Profesor Francisco Rubio Lloriente*. Madrid: Congreso de los Diputados, Tribunal Constitucional, Universidad Complutense de Madrid, Fundación Ortega y Gasset, Centro de Estudios Políticos y Constitucionales, 2002.

BILBAO UBILLOS, Juan María. *La eficacia de los derechos fundamentales frente a los particulares*. Madrid: Centro de Estudios Políticos y Constitucionales, 1997.

——. *La Excarcelación Tenia un Precio: el Tribunal Enmienda la Plana al Legislador*. Madrid: *Revista Española de Derecho Constitucional, n° 58*, 2000.

——. *Guión para el debate sobre la disolución de los grupos parlamentarios vinculados a partidos que han sido ilegalizados judicialmente*. Madrid: *Revista Española de Direito Constitucional, n° 68*, 2003.

BISCARETTI DI RUFFIA, Paolo. *Derecho constitucional*. Madrid: Tecnos, 1982.

BOBBIO, Norberto. *A era dos direitos*. Rio de Janeiro: Editora Campus, 1992.

——. *El futuro de la democracia*. Madrid: *Revista de las Cortes Generales, n° 2*, 1984.

BOBBIO, Norberto, MATTEUCCI, Nicola, e PASQUINO, Gianfranco. *Dicionário de Política*. Brasília: Editora Universidade de Brasília, 1983.

BONAVIDES, Paulo. *Curso de direito constitucional*. São Paulo: Malheiros, 1999.

———. *Jurisdição constitucional e legitimidade (algumas observações sobre o Brasil).* http://www.scielo.br.

BRASIL. *Constituição brasileira.* São Paulo: Saraiva, 2001.

BRETAL VÁSQUEZ, José Manuel. *Notas sobre la inmunidad parlamentaria.* Madrid: Revista Espanhola de Derecho Constitucional, n° 15, 1985.

BROSSARD, Paulo. *Imunidades parlamentares.* Brasília: Revista de Informação Legislativa, n° 63, 1979.

BUGALLAL Y ARAUJO, Gabino. *Inviolabilidad parlamentaria.* Madrid: Discurso de recepción en la R.A.C.M.P., 1921.

BULOS, Uadi Lammêgo. *Constituição federal anotada.* São Paulo: Saraiva, 2002.

BURDEAU, Georges. *Derecho constitucional e instituciones politicas.* Madrid: Editora Nacional, 1981.

CAAMAÑO, Francisco. *Mandato parlamentario y derechos fundamentales.* Madrid: Revista Española de Derecho Constitucional, n° 36, 1992.

———. *Autonomia local y Constitución. Dos propuestas para otro viaje por el callejón del gato.* Madrid: Revista Española de Derecho Constitucional, n° 70, 2004.

CANOTILHO, José Joaquim Gomes. *Direito constitucional e teoria da constituição.* Coimbra: Almedina, 1999.

———. *Estudo sobre direitos fundamentais.* Coimbra: Coimbra Editora, 2004.

———. MOREIRA, Vital. *Constituição da República Portuguesa anotada.* Coimbra: Coimbra, vol. II, 1984.

CARVALHO, Kildare Gonçalves. *Direito constitucional didático.* Belo Horizonte: Del Rey, 1997.

CARRO MARTÍNEZ, Antonio. *La inmunidad parlamentaria.* Madrid: Revista de Derecho Político, n° 9, 1981.

CASTELLS, Manuel. *A era da informação: economia, sociedade e cultura. A sociedade em rede.* São Paulo: Editora Paz e Terra, V. I, 1999.

CASTRO, Araújo. *A nova Constituição brasileira.* Rio de Janeiro: Freitas Bastos, 1936.

CASTRO, José Nilo de. *Direito municipal positivo.* Belo Horizonte: Del Rey, 1991.

CATALÀ i BAS, Alexandre H. *La inviolabilidad parlamentaria a la luz de la Sentencia del TST del País Vasco de 5 de septiembre de 2003 (Caso del Diputado de H.B. Jon Salaberría).* Valencia: Corts. Anuário de Derecho Parlamentario, n° 14, 2003.

———. *La inviolabilidad parlamentaria a la luz de la ley de partidos políticos.* Madrid: UNED, 2004.

CATOIRA, Ana Aba. *La limitación de los derechos fundamentales por razón del sujeto.* Madrid: Tecnos, 2001.

CHIMENTI, Ricardo Cunha, CAPEZ, Fernando, ROSA, Márcio F. Elias, SANTOS, Marisa F. *Curso de direito constitucional.* São Paulo: Saraiva, 2005.

CIOLO, Vittorio di. *Il diritto parlamentare nella teorie e nella pratica. Aspetti generali e profili strutturali.* Milan: Giuffrè Editore, 1980.

CRETELLA JÚNIOR, José. *Curso de direito romano.* Rio de Janeiro: Forense, 2002.

DALLARI, Adílson Abreu. *Imunidade parlamentar de vereador.* São Paulo: Revista de Direito Público, v. 23, n° 93, 1990

DÍEZ-PICAZO, Luis María. *Sistemas de derechos fundamentales.* Madrid: Civitas, 2003.

DURÁN ALBA, Juan Fernando. *Teoría general y régimen jurídico de las incompatibilidades parlamentarias en España.* Madrid: Congreso de los Diputados, 2001.

ECO, Umberto. tradução de Aurora Fornoni Bernardini e Homero Freitas de Andrade. *O nome da rosa.* São Paulo: Folha de São Paulo, 2003.

EMBID IRUJO, Antonio. *Los Parlamentos territoriales*. Madrid: Tecnos, 1987.

ESCUDERO, José Antonio. *Curso de história del derecho: fuentes e instituciones político-administrativas*. Madrid: Solana, 1988.

FALCÃO, Alcino Pinto. *Da imunidade parlamentar*. Rio de Janeiro: Forense, 1955.

FELDENS, Luciano. *Tutela penal de interesses difusos e crimes do colarinho branco*. Porto Alegre: Livraria do Advogado, 2002.

FERNÁNDEZ-MIRANDA Y CAMPOAMOR, Alfonso. *Origem historico de la inviolabilidad e inmunidad parlamentarias*. Madrid: *Revista de la Faculdad de Derecho de la Universidad Complutense*, n° 10, 1986.

——. *Las prerrogativas parlamentarias de inviolabilidad y inmunidad*, in *Comentarios a las leyes politicas*, Vol VI (Dirigidos por ALZAGA VILLAMIL, Oscar). Madrid: Editoriales de Derecho Reunidas, 1989.

——. *Del intento de ampliar el ámbito material de la inmunidad a determinados procedimientos civiles*. Madrid: *Revista Española de Derecho Constitucional*, n° 12, 1984.

FERNANDEZ SEGADO, Francisco. *Las prerrogativas parlamentarias en la jurisprudencia constitucional*. Madrid: *Revista de las Cortes Generales*, n° 38, 1996.

FERNÁNDEZ-VIAGAS BARTOLOMÉ, Plácido. *La inviolabilidad e inmunidad de los Diputados y Senadores – La crisis de los privilegios parlamentarios*. Madrid: Civitas, 1990.

FERRAJOLI, Luigi. *Pasado y futuro del Estado de Derecho*, in *Neoconstitucionalismo(s)*. Madrid: Trotta, 2003.

FERREIRA, Aurélio Buarque de Holanda. *Novo dicionário aurélio da língua portuguesa*. Rio de Janeiro: Nova Fronteira, 1986.

FERREIRA, Luiz Pinto. *Curso de direito constitucional*. São Paulo: Saraiva, 1998.

FERREIRA FILHO, Manoel Gonçalves. *Curso de direito constitucional*. São Paulo: Saraiva, 1996.

FIGUERUELO BURRIEZA, Angela. *Opinión pública, princípio de publicidad y garantias parlamentarias*. Madrid: *Revista de las Cortes Generales*, n° 14, 1988.

——. *Prerrogativas parlamentarias y quiebra del principio de igualdad*. Madrid: *Revista de las Cortes Generales*, n° 17, 1989.

FRANCO, Afonso Arinos de Mello. *Prerrogativas do Poder Legislativo*. Rio de Janeiro: *Revista de Ciência Política*, v. 23, n° 3, 1980.

GANDRA MARTINS, Ives. *Comentários à Constituição do Brasil*. São Paulo: Saraiva, 1993.

GARCÍA DE ENTERRÍA, Eduardo. *La lengua de los derechos (La formación del derecho público europeo tras la Revolución Francesa)*. Madrid: Aliança, 1994.

GARCIA GARCIA, E. *Prerrogativas parlamentarias: incidencia en el juicio de faltas*. Madrid: *Cuadernos de la Cátedra Fadrique Furió Cerol*, n° 4, 1993.

GARCÍA LÓPEZ, Eloy. *Inmunidad parlamentaria y estado de partidos*. Madrid: Tecnos, 1989.

——. *Crisis jurídica e crisis política de la inmunidad parlamentaria*. Madrid: *Revista de las Cortes Generales*, n° 18, 1989.

GARCÍA MORILLO, Joaquín. *El parlamento en la era global*. Madrid: *Cuadernos de Derecho Publico*, n° 1, 1997.

GARCÍA ROCA, Javier. *El concepto actual de autonomía local según el bloque de la constitucionalidad*. Madrid: *Revista de Estudios de la Administración Local y Autonómica*, n° 282, 2000.

──. *Los derechos de los representantes: una regla individualista de la democracia*. Separata de las Cortes de Castilla-La Mancha, Universidad de Castilha-La Mancha, 2000.

GARRIDO FALLA, Fernando y otros. *Comentarios a la Constitución*. Madrid: Cívitas, 1980.

GOMES, Carla Amado. *As imunidades parlamentares no Direito português*. Coimbra: Coimbra Editora, 1998.

GÓMEZ BENÍTEZ, José Manuel. *La inviolabilidad y la inmunidad parlamentaria*. Madrid: *Revista de la Faculdad de Derecho de la Universidad Complutense, n° 64*, 1982.

GONZÁLEZ CUSSAC, Josè. L, CUERDA ARNAU, Maria Luisa. *Aproximación al derecho penal parlamentario: inviolabilidades*. Madrid: *Cuadernos de Derecho Público, n° 1*, 1997.

GRANADOS CALERO, Francisco. *Diputados y Senadores: su igualdad ante la ley*. Madrid: *Revista de las Cortes Generales, n° 17*, 1989.

HAMILTON, Alexander, MADISON, James, JAY, John. *O Federalista* (Tradução Ricardo Rodrigues Gama). Campinas: Russel, 2003.

HORTA, Raul Machado. *Imunidades parlamentares*. São Paulo: *Revista de Direito Público, v.1, n° 3*, 1968.

JACQUES, Paulino. *Curso de direito constitucional*. Rio de Janeiro: Forense, 1987.

JESUS, Damásio Evangelista de. *Código de processo penal anotado*. São Paulo: Saraiva, 1989.

JIMÉNEZ CAMPO, Javier. *Derechos fundamentales: concepto y garantias*. Madrid: Trotta, 1999.

──. *La Igualdad como límite frente al legislador*. Madrid: *Revista Española de Derecho Constitucional, n° 9*, 1983.

KELSEN, Hans. *Esencia y valor de la democracia*. Granada: Comares, 2002.

──. Trad. BORGES, Luis Carlos. *Teoria geral do Direito e do Estado*. São Paulo: Martins Fontes, 2000.

KURANAKA, Jorge. *Imunidades parlamentares*. São Paulo: Juarez Oliveira, 2002.

LAVILLA RUBIRA, Juan José. *Diversas cuestiones relativas a las prerrogativas de los parlamentarios autonomicos*. Madrid: *Revista de las Cortes Generales, n° 25*, 1992.

LIMA SOBRINHO, Barbosa. *As imunidades dos deputados estaduais no regime federativo*. Rio de Janeiro: *Revista de Direito Público e Ciência Política, v. 6, n° 2*, 1963.

LOJACONO, Giuseppe. *Le prerogative dei membri del Parlamento*. Milano: Giuffrè, 1954.

MANUEL ABELLÁN, Angel. *El estatuto de los parlamentarios y los derechos fundamentales*. Madrid: Tecnos, 2001.

MANZELLA, Andrea. *Il Parlamento*. Bologna: Il Mulino, 1977.

MARTÍN-RETORTILHO BAQUER, Lorenzo. *El "amplio margem de liberdad" en el uso de los privilegios parlamentarios y su incidência sobre los derechos fundamentales*. Madrid: *Revista Española de Derecho Constitucional, n° 11*, 1984.

── y otros. *Inmunidad parlamentaria y jurisprudencia constitucional*. Madrid: *Cuadernos y Debates n° 46*, Centro de Estudios Constitucionales, 1994.

MARTÍNEZ MARINA, Francisco. *Teoría de las Cortes o Grandes Juntas Nacionales*. http://www.cervantesvirtual.com.

MAXIMILIANO, Carlos. *Commentarios – Constituição brasileira de 1891*. Rio de Janeiro: Jacinto Ribeiro dos Santos, 1918.

MORAES, Alexandre. *Direito constitucional*. São Paulo: Atlas, 2005.

MORALES ARROYO, José Maria. *Las prerrogativas parlamentarias a la luz de la jurisprudencia constitucional*. Madrid: *Revista de las Cortes Generales, n° 12*, 1987.

MOREIRA ALVES, José Carlos. *Direito romano*. Rio de Janeiro: Borsoi, 1966.

MORTATI, Costantino. *Instituzioni di diritto pubblico*. Pádua: Cedam, vol. I., 1969.

MOTA, Leda Pereira, SPITZCOVSKY, Celso. *Curso de direito constitucional*. São Paulo: Juarez de Oliveira, 1999.

MOTTA, Sylvio, DOUGLAS, William. *Direito constitucional*. Rio de Janeiro: Impetus, 2000.

NASCIMENTO, Antonio Benedito do, VALÉRIO, Eduardo Ferreira. *Da inviolabilidade dos vereadores na Constituição de 1988*. São Paulo: *Revista dos Tribunais n° 701*, 1994

NERY FERRARI, Regina M. Macedo. *A Criação e extinção de municípios, in Uma vida dedicada ao Direito: homenagem a Carlos Henrique de Carvalho, o editor dos juristas*. São Paulo: Revista dos Tribunais, 1995.

ORTEGA SANTIAGO, Carlos. *La inviolabilidad parlamentaria, las funciones propias de los parlamentarios y la doctrina de los interna corporis acta en la jurisprudencia recente de la Corte Costituzionale Italiana (Comentario a la Sentenza 379 de 1996) – Teoría y Realidad Constitucional*. Madrid: Universidad Nacional de Educación a Distancia, Editorial Centro de Estudios Ramón Areces, S.A, n° 3, 1999.

OTTO PARDO, Ignacio de. *Defensa de la Constitución y partidos políticos*. Madrid: Centro de Estudios Constitucionales, 1985.

PECES-BARBA MARTÍNEZ, Gregório. *Reflexiones sobre el Parlamento*. Madrid: *Revista de la Faculdad de Derecho de la Universidad Complutense, n° 10*, 1986.

PEÑARANDA RAMOS, Jose Luis. *La dimensión actual de las prerrogativas parlamentarias, in Comentarios a la Constitucion Española de 1978, vol VI* (Dirigidos por ALZAGA VILLAAMIL, Oscar). Madrid: Cortes Generales, Editoriales de Derecho Reunidas, 1996.

PEREZ LUÑO, Antonio E. *Los derechos fundamentales*. Madrid: Tecnos, 2004.

PEREZ SERRANO JÁUREGUI, Nicolas. *Tratado de Derecho político*. Madrid: Cívitas, 1976.

———. *Hacia uma teoría de los actos parlamentarios*. Revista de Derecho Político, n° 9, 1981.

PETIT, Eugène. Trad. Jorge Luís Curstódio Porto. *Tratado elementar de Direito Romano*. Campinas: Russell, 2003.

PIZZORUSSO, Alessandro. *Las inmunidades parlamentarias: un enfoque comparatista*. Madrid: *Revista de las Cortes Generales, n° 2*, 1984.

PONTES DE MIRANDA, Francisco Cavalcanti. *Comentários à Constituição de 1967*. São Paulo: Revista dos Tribunais, Tomo III, 1967.

PORTERO GARCÍA, Luis. *Inviolabilidad y inmunidad parlamentarias*. Universidade de Málaga, 1960.

PUNSET BLANCO, Ramon. *El control jurisdiccional de la actividad de las asambleas parlamentarias y del Estatuto de sus miebros en el Derecho español*. Madrid: *Revista de las Cortes Generales, n° 5*, 1985.

———. *Sobre la extensión del ámbito personal de las prerrogativas parlamentarias*. Madrid: *Revista Espanhola de Direito Constitucional, n° 3*, 1981.

———. *Inviolabilidad e inmunidad de los parlamentarios de las comunidades autonoma*. Madrid: *Revista de las Cortes Generales, n° 3*, 1984.

REGUERAL Y BAILLY, Salustino G. *La inviolabilidad y la inmunidad*. Madrid: Imprenta de la Viuda de Prudêncio Pérez, 1915.

REBOLLO VARGAS, Rafael. *Los otros límites al ejercício de los derechos a la liberdad de expresión e información: buena fe, honor de la empresa y deber de lealtad al empresario*. Madrid: *Cuadernos de Derecho Publico, n° 4*, 1998.

REDONDO GARCIA, Ana Maria del Carmem. *El derecho de Enmienda en los procedimientos legislativos de las Cortes Generales*. Madrid: Congreso de los Diputados, 2001.

REY MARTÍNEZ, Fernando. *El derecho fundamental a no ser discriminado en razón de sexo*. Madrid: McGraw-Hill, 1997.

ROCHA, Carmem Lúcia Antunes. *O papel do município na Federação brasileira, in Encontro Nacional de Procuradores Municipais, 24, 1988* (Anais). Porto Alegre: PGM/POA/IBDM, 1999.

SAINZ MORENO, Fernando. *Reuniones y manifestaciones ante la sede de los Parlamentos*. Madrid: Cuadernos de Derecho Publico, n° 15, 2002.

SANTAOLALLA LÓPEZ, Fernando. *Cronica parlamentaria*. Madrid: Revista Española de Derecho Constitucional, n° 3, 1981.

———. *La inmunidad parlamentaria y su control constitucional*. Madrid: Revista Española de Derecho Constitucional, n° 38, 1993.

———. *Parlamento y persecución del delito*. Madrid: Revista Española de Derecho Constitucional, n° 68, 2003.

SÁNCHEZ GARCÍA, Julián. *La inmunidad parlamentaria en la actual democracia española*. Madrid: Congreso de los Diputados, II Jornadas de Derecho Parlamentario, serie IV, Monografias, n° 4, 1986.

SARLET, Ingo Wolfgang. *A eficácia dos direitos fundamentais*. Porto Alegre: Livraria do Advogado, 2003.

SARMENTO, Daniel. *Direitos fundamentais e relações privadas*. Rio de Janeiro: Lumen Juris, 2004.

SCHMITT, Carl. *Legalidad y legitimidad*. Madrid: Aguilar, 1971.

———. *Teoria de la Constitución*. Madrid: Alianza, 1982.

SILVA, José Afonso da. *Curso de direito constitucional positivo*. São Paulo: Malheiros, 2001.

———. *O município na nova Constituição, in A nova ordem constitucional: aspectos polêmicos*. Rio de Janeiro: Forense, 1990.

STRECK, Lenio Luiz, FELDENS, Luciano. *Crime e Constituição: a legitimidade da função investigatória do Ministério Público*. Rio de Janeiro: Forense, 2003.

———. *Jurisdição constitucional e hermenêutica: uma nova crítica do direito*. Porto Alegre: Livraria do Advogado, 2002.

TEIXEIRA MACHADO Jr., J. *Regionalização ou municipalização do Brasil?* Minas Gerais: Revista Brasileira de Estudos Políticos, n°s 63/64, 1987.

TEIXEIRA NEVES DE PINHO TAVARES, Iris Eliente. *O município brasileiro: sua evolução histórico-constitucional*. Minas Gerais: Revista Brasileira de Estudos Políticos, n° 86, 1998.

TORRES MURO, Ignácio. *Los derechos de los Parlamentarios*. Madrid: Revista de Derecho Político, n° 44, 1998.

———. *El controle jurisdicional de los actos parlamentarios. La experiencia italiana*. Madrid: Revista Española de Derecho Constitucional, n° 17, 1986.

———. *Actos internos de las Câmaras y recurso de amparo*. Madrid: Revista Española de Derecho Constitucional, n° 12, 1984.

TOSI, Silvano. *Diritto Parlamentare*. Milano: Dott. A. Giuffré Editore, 1993.

TORON, Alberto Zacharias. *Inviolabilidade penal dos vereadores*. São Paulo: Saraiva, 2004.

TRAMONTANO, Luigi. *Quattro codici com le leggi complementari*. Torino: UTED, 1998.

TRAVERSA, Silvio. *Immunitá parlamentare, in Enciclopédia de Diritto*, vol XX: Milan, 1970.

TUDELA ARANDA, José. *Una reflexión crítica sobre el presente del parlamento desde una Cámara Autonomica*. Valencia: Corts. *Anuário de Derecho Parlamentario, n° 9*, 2000.

VELOSO, Zeno. *Imunidades Parlamentares dos Vereadores*. Brasília: *Revista de Informação Legislativa, v. 23, n° 92*, 1986.

VERONESE, Osmar. *Constituição: reformar para que(m)?* Porto Alegre: Livraria do Advogado Editora, 1999.

———. *Im(p?)unidade parlamentar?*. São Paulo: *Revista dos Tribunais, n° 797*, 2002.

———. *Im(p?)unidade parlamentar?* Santo Ângelo: *Revista Direito e Justiça, reflexões sóciojurídicas, n° 1, URI*, 2002.

———. *Poluição, reprimenda e gestão dos recursos hídricos*. Porto Alegre: *Revista do Ministério Público do Rio Grande do Sul, n° 35*, 1995.

VERONESE, Luciane Gheller. *Intolerância: retrato do estilo de nossa época, in Linguagem, escrita e mundo*. GARCIA, Claudio Boeira; BACKES, Edirles Mattje; VERONESE, Luciane Gheller (Org.). Unijuí: Ijuí, 2001.

VILLAVERDE, Ignacio. *Concepto, contenido, objeto y límites de los derechos fundamentales. Estudios en homenagem al profesor Francisco Rubio Llorente*. Madrid: Congreso de los Diputados, Tribunal Constitucional, Universidad Complutense de Madrid, Fundación Ortega y Gasset, Centro de Estudios Políticos y Constitucionales, 2002.

ZAGREBELSKY, Gustavo. *Le immunità parlamentari. Natura e limiti di uma garanzia constituzionale*. Turin: Einaudi, 1979.

Impressão:
Editora Evangraf
Rua Waldomiro Schapke, 77 - P. Alegre, RS
Fone: (51) 3336.2466 - Fax: (51) 3336.0422
E-mail: evangraf@terra.com.br